RAÚL ETTO
Jakobsweg für Manager

FIRMAS Y SELLOS

Raúl Etto

Jakobsweg für Manager
Die Business Class geht pilgern

Mit 25 Fotos

www.tredition.de

Alle Fotos vom Autor privat.

Mein großer Dank geht an Kerstin Jungk für die zuverlässige Fehlerkorrektur und die sich anschließenden Gespräche über den Camino. Weiterhin danke ich Hildegard, Helena und Flora aus Weinheim, dass sie uns von ihrem Camino ein Jahr zuvor so sehr begeistert und uns wertvolle Tipps für unsere eigene Reise mitgegeben haben. In diesem Sinne danke ich auch Herrn Kerkeling, der uns alle zu solchen Reisen inspiriert hat. Danke. Ganz besonderer Dank geht an meine Frau und meine beiden Töchter, Julia und Caroline, dafür, dass sie mich zu dem Buch ermutigt und mir während des Schreibens stets den Rücken frei gehalten haben. Ihr Lieben, ohne euch wäre das Buch niemals entstanden. Danke!

1. Auflage
© 2015 Raúl Etto
Umschlag, Illustration: Julia Otte
Lektorat, Korrektorat: Kerstin Jungk

Verlag: tredition GmbH, Hamburg

Paperback	ISBN 978-3-7323-5492-4
Hardcover	ISBN 978-3-7323-5493-1
e-Book	ISBN 978-3-7323-5494-8

Printed in Germany

Für Marén

Vorwort

Als mir meine Frau vor Jahren den Jakobsweg vorschlug, hatte ich nur ein fades Schmunzeln übrig. Der Jakobsweg, dort gehen doch nur Christen hin. Oder Aussteiger. Oder eben Hape Kerkeling. Was soll das alles mit mir zu tun haben? Ich lehnte rund herum ab und wir flogen wie gewohnt, Business-Class-mäßig in die Erholungsferien. Einmal USA, oder eben Bali, Thailand oder Mexiko. Schließlich arbeitet man hart genug.

Aber der Jakobsweg, der Camino, hat seine Geheimnisse. Einmal mit ihm begonnen, lässt er einen nicht mehr los. Er schafft sich seine Räume und er sorgt dafür, dass du ihn gehen wirst, wenn er zu dir passt. Nicht ohne Grund ist er ein uralter Weg. Schon vor der großen Zeitwende war er Jahrtausende lang der Einweihungsweg keltischer Priester. Dann, mit der Wiederentdeckung der Reliquien wurde er der wichtigste Pilgerweg der Christenheit. Über tausend Jahre pilgerten ihn tiefgläubige Christen, erlagen seinem Zauber, starben am Straßenrand und in seinen Gebirgen oder kamen nach Monaten oder Jahren geläutert zurück.

Und heute? Heute ist der Camino ein unerklärliches Phänomen geworden. Christen aus aller Welt gehen wieder diesen Weg, aber auch Andersgläubige und auch Menschen, die an gar nichts mehr glauben. Warum tun die das? Es ist doch nur ein Weg. Und sind die Reliquien wirklich echt? Muss man ihre Existenz nicht wissenschaftlich bezweifeln, ist nicht alles nur Legende? Diese Fragen stellt man sich vielleicht vorher, hinterher nicht mehr. Denn jeder, der den Camino gegangen ist, wird von ihm verändert werden. Ein Weg, der seit mehreren Jahrhunderten ein heiliger Weg ist hat nun mal seine Wirkungen. Was bedeuten unsere 100 Jahre? Wie flüchtig ist alles, was wir tagtäglich erringen? Wie grandios die Landschaft des Camino, die Leute, der Zauber und seine Magie.

Davon werde ich berichten.

Aber selbst wenn man sich nun vorgenommen hat, den Camino zu wagen, können moderne Menschen das überhaupt? Menschen, die jahrzehntelang im Büro sitzen. Schafft man das, 700 bis 900 Kilometer zu Fuß. Und wie hält man es in den berüchtigten spanischen *Albergues* - den Herbergen für Pilger - aus? Wie findet man dort seine Ruhe? Können ganz normale Leute den Camino gehen?

Die Antwort ist bereits an dieser Stelle ein klares JA. Jeder Normalbürger, jeder Büromensch, jeder in die Jahre gekommene Manager kann den Camino gehen, man muss nur genügend Zeit mitbringen. Aber wie hält man das durch, 6 Wochen ohne richtigen Schlaf. Nun, das ist das Wichtigste: Niemand muss in den 30- bis 40-Bett-Zimmern der spanischen Albergues schlafen. Der Autor und seine Frau haben tatsächlich keine einzige Nacht in solch einer Massenunterkunft verbracht.

Wie das geht? Auch davon werde ich erzählen.

Und für den hochmotivierten Business-Kollegen, der wie üblich nicht allzu viel Zeit hat, sei direkt auf den Anhang verwiesen. Dort werden alle Hotels, Hostals und Albergues mit Privatzimmern aufgelistet, in denen der Autor übernachtet hat.

Man kann die Prosa getrost überspringen.

Doch eines vorab. Dieses Buch ist ein sehr privates Buch geworden. In der Tat, es ist die überarbeitete Abschrift meines Tagebuches, mit allen Gedanken, Irrungen und Wirrungen. Diesem Buch fehlt daher jeglicher professioneller *Abstand*, den man bei Erzählungen und Berichten eigentlich erwarten sollte. Hier gibt es diesen Abstand nicht, im Gegenteil. Die 42 Tage auf dem Camino waren für mich das größte Abenteuer seit Jahrzehnten und ich habe dabei all meine Emotionen und Gedanken - naive, hintergründige, spirituelle, aber auch banale Gedankensplitter - aufgeschrieben und verarbeitet.

Natürlich habe ich in dem Tagebuch auch versucht, den Camino selbst zu beschreiben, seine Wege, seine Städte, seine Menschen.

Ich bin jedoch kein Schriftsteller, sondern ein Ingenieur, der seit über 10 Jahren ein Unternehmen leitet. Dies hat nun gar nichts mit dem hier Dargelegten zu tun oder eher, mein eigentliches Leben ist das pure Gegenteil vom Pilgern. Ich bitte den Leser daher um Verständnis, dass ich Erkenntnisse notiert habe, die er selbst schon lange besitzt. Dass ich in Kathedralen Gänsehaut bekomme, die er schon lange besucht hat. Und dass ich mich an der Landschaft erfreue, die der Naturverbunde schon seit Jahrzehnten gesehen hat. Jeder geht seinen eigenen Camino, dies sollte bereits zu Beginn klar sein.

Und jeder verdient seinen Respekt.

Warum wage ich das Experiment – mein Tagebuch der Kritik zu übergeben – dann überhaupt?

Nun, ich denke, viele Menschen stecken in einem Hamsterrad. Tun Dinge, die sie nicht tun wollen. Würden gerne ausbrechen, wissen aber nicht mehr wie. Und viele haben vom Jakobsweg gehört und von seinen kleinen Wundern.

Aber ihn selber gehen?

Schön wär's, doch wie soll man Zeit finden? Wie soll man das schaffen? Wie kann man es mit all der Mühsal, den Flöhen und Wanzen, den Unbequemlichkeiten des Weges nur aushalten? Man braucht keinen Luxus, aber einen solchen Weg, dies sei zu hart, so hört man viele sagen. Denn um diesen Weg ranken sich zahlreiche Mythen, Missverständnisse und falsche Vorstellungen. Und viele Filme und Bücher betonen geradezu die Mühsal, die Strapazen und die schlechten spanischen Unterkünfte. Das stimmt auch alles, aber es ist nicht die ganze Wahrheit. Und das ist schade. Viele, ja viel zu viele Menschen, denen der Weg sehr gut tun würde, werden dadurch vom *Camino Francés*, dem Sternenweg nach Santiago de Compostela, abgehalten.

Für diese Menschen – Menschen wie Sie und ich - gebe ich mein Tagebuch frei. Genau für Sie also, damit auch Sie den Weg gehen werden, denn er wird vieles verändern. Im Inneren und im Äußeren.

Beginnen wir mit dem Abenteuer.

Inspiration vom Wegesrand

Pilger, was ruft dich?
Tausende, seit über 1.000 Jahren.

Pilger, was ruft dich?

Ist es der eisige Schneesturm in der Navarra
oder der köstliche Wein der Rioja
ist es die grandiose Kathedrale von Burgos
oder sind es die Berühmtheiten von Astorga?

Und der Pilger schaut in mein Gesicht
nein, das ist es alles nicht.

Ist es die ewige Hochebene der Tierra de Campos
oder sind es die weißen Hähne von Santo Domingo
ist es die erhabene Gotik von León
oder sind es die mysteriösen Templer von Ponferrada?

Und der Pilger schaut in mein Gesicht
nein, das ist es alles nicht.

Ist es das bescheidene Cruz de Ferro
oder das malerische Villafranca del Bierzo
sind es die schmackhaften Pulpo Gallego
oder die schauerlichen Nebel von O Cebreiro?

Und der Pilger schaut in mein Gesicht
nein, das ist es alles nicht.

Ist es die Einsamkeit des Wegs
auf den endlosen Feldern der Meseta
oder sind es die warmherzigen Menschen
in den Dörfern und Städten, durch die du gehst?

Und der Pilger schaut in mein Gesicht
nein, das ist es alles nicht.

Dann ist es die Kathedrale von Santiago de Compostela
was euch lässt schlagen eure Herzen schneller!
Doch der Pilger schaut in mein Gesicht
nein, das ist es alles nicht.

Aber Pilger, sag, was ist es dann?
Was ist es, was dich treibt so an?

Und der Pilger schaut auf und spricht
ja, das war es alles und es war es nicht.
Dann steht er auf, dreht sich mir zu
in mir wird es leise, unendliche Ruh

Er schaut mich still an und sagt dann bestimmt
es ist jene Stimme, die in uns erklingt.

Ich sehe ihn an, versteh ihn nicht
der Pilger lacht in mein Gesicht...
Es ist jene Stimme, die am Ziele spricht
dass dein Leben deine eigene Wallfahrt ist.

Raúl Etto
frei nach Fundstücken und Erlebnissen
auf dem Jakobsweg

Tagebuch

42 Tage auf dem Camino Francés

Alle Personennamen vom Autor geändert

Tag 1 - 1. März

Jeder Mensch trägt all das in sich, was er für ein glückliches Leben braucht, viele haben es nur vergessen.
W. Shakespeare

Anreise: Von Bilbao nach Pamplona

Heute sind wir in Bilbao angekommen, mit Lufthansa, direkt aus Frankfurt. Was für ein angenehmer Flug, der Pilot hat die Maschine jederzeit im Griff. Irgendwo habe ich mal gelesen, dass Lufthansapiloten tatsächlich noch fliegen können. Das ist gut so. Zuerst hatte ich mich beim Lesen schon gewundert, dass dieser Umstand im Artikel so betont wurde, man sollte ja denken, dass ... Aber es war natürlich *manuell* fliegen gemeint. Und selbst das können unsere Jungs also. Gut zu wissen, dass im Cockpit Menschen sitzen, die fliegen können, selbst dann, wenn die Technik mal aussetzt.

Danke, Lufthansa!

Warum interessiert mich so etwas? Nun, ich bin Ingenieur. Ich liebe die Technik. Ich liebe die Mathematik. Und komplexe Systeme zu analysieren, ist mein bevorzugtes Element. Dafür wurde ich ausgebildet. Und je komplexer ein System, desto besser fühle ich mich. Irgendwann steigen immer mehr Wettbewerber aus dem Ring, was mir die Luft zum Atmen bringt. Was mir Freiräume bringt. Was mir meinen Lebensunterhalt einbringt. Komplexität ist meine Welt, hier bin ich zu Hause. Aber man kennt so leider auch die Tücken der Systeme. Einfach gut, dass es Piloten gibt, die fliegen können. Ich grinse vor mich hin. Meine Frau rüttelt mich aus meinen Gedanken.

Bilbao. Die Stadt empfängt uns freundlich. 20 Grad Lufttemperatur. Und das am 1. März. Damit haben wir nicht gerechnet. Die schlimmsten Schauergeschichten wurden uns erzählt. Nordspanien im März. Die Hölle. Schneestürme. Kälte, genauso wie in Deutschland. Aber wir wollten es trotzdem wagen, konnten am Termin nichts mehr ändern. Man muss ja erst einmal 6 Wochen frei bekommen. Das ist nicht so einfach. Nein, das Wetter war mir egal. Der Rucksack voller Wintersachen. Schlafsack schützend bis minus 20 Grad. Mütze, Schal, Thermojacken. Man will ja nicht frieren. Aber Bilbao meint es gut mit uns. Hier friert keiner, im Gegenteil. Ein paar Jogger kommen mit kurzen Hosen auf uns zu. Sind wir in der falschen Stadt, Südspanien vielleicht, wir kommen ins Schwitzen. Natürlich sind wir richtig. Aber das Wetter. Ach nein, nicht das Wetter. Es ist der Rucksack, ca. 15 kg sind auf meinem Rücken. Meine Frau hat ca. 12 kg. Soll man nicht machen! Es gibt da diese goldene Regel, dass der Rucksack nur 10% des eigenen Körpergewichtes schwer sein soll. Das wissen wir auch. Aber wir haben wochenlang gepackt, überlegt, Listen gemacht, wieder überlegt, neue Listen gemacht. Und wir haben nur noch das aller Nötigste dabei. Ehrlich. Mit weniger kann kein Mensch überleben, das wissen wir genau.

Und doch. Der Rücken schmerzt bereits jetzt. Der Schweiß rinnt nur so runter. Wir machen eine längere Pause. Bilbao ist schön, warum nicht einfach mal eine Pause machen und die Stadt genießen. Geschäftskollegen haben gemeint, Bilbao sei hässlich. Das war wohl mal so. Aber heute ist es anders. Eine tolle Stadt. Und vorne am Fluss das Guggenheim-Museum. Aber dafür steht uns heute nicht der Sinn. Unser Tag 1 der Pilgerreise hat begonnen. Was mussten wir uns nicht alles anhören. Pilgern? Was du? Du bist doch der langweilige CEO einer Firma. Was soll das denn jetzt? Hast du einen Schuss oder bist du gar verrückt geworden? Willst du etwa aussteigen? Und - *by the way* - (wofür hat man sonst Freunde) das schaffst du nie! Deine Frau vielleicht, die ist ja eh die sportlichere von euch beiden. Aber du? Niemals, nicht den ganzen Weg. Nicht den *Camino Francés*.

Nun gut. Ich bin zu klein für mein Gewicht, viel zu klein. Hohe Schuhe machen den BMI auch nicht besser. Was soll's also. Jeden Tag Geschäftsessen. Der Magen knurrt auch jetzt wieder. Ich suche eine Tapasbar. Wir sind in Spanien. Ich liebe Tapas, Spanien selber kenne ich nicht, jedenfalls nicht das Land. Alle Inseln sind besucht. Alle Hotels, immer alles inklusive, abgegrast. Aber das Land? Wie spricht man hier? Ich kenne ca. 20 Wörter. Mein bestes ist *la cerveza* aus dem Familienurlaub. Alles inklusive. Die Kinder bekommen immer so schöne Armbänder, und man selber hat dann seine Ruhe, schließlich muss man ausspannen.

Bilbao. Wir gehen durch einen wunderschönen Park, sieht neu angelegt aus. Die Sonne brennt. Scheiß-Rucksack, denke ich leise. Sagen tue ich lieber nichts, meine Frau hat sich riesig auf die Reise gefreut. Ob sie auch schon Schmerzen hat, ich blinzle unauffällig rüber.

Wir sind in Spanien und wir finden natürlich eine Tapasbar. Da hier niemand Englisch spricht, muss ich die Finger benutzen. Und es klappt gut. Niemand ist frustriert darüber, dass ich kein Spanisch kann. Zum Glück sind wir nicht in Frankreich gelandet. Es fängt gut an. Meine Frau ist super glücklich mit den Tapas, ich auch. Ich könnte an der Bar herausschreien, dass ich *pilgern* werde. Ob die Leute an unseren Rucksäcken erkennen können, dass ich Pilger bin. Ich drehe mich vorsichtig um. Meine Frau erkennt mein Anliegen sofort und ist amüsiert. Ich bin bereits jetzt schon ziemlich stolz, bis jetzt haben wir es vom Flughafen zum Bus geschafft und vom Bus bis in die Tapasbar. War doch ganz gut, denke ich mir so. Wird schon, muntere ich mich auf.

Oh Gott, ich habe ja noch keine Ahnung.

Ich bin - wie immer bei Urlaubsreisen - überhaupt nicht vorbereitet, weiß aber trotzdem, dass ca. 900 Kilometer Fußweg vor uns liegen. Drei Kilometer haben wir heute bereits geschafft. Es klappt gut, ich bin in Hochlaune. Die Arbeit zu Hause, bloß nicht dran denken, dass bringt nur Sorgen. Ich esse Tapas und strahle meine Frau an. Dann suchen wir den Rückweg, denn um 18 Uhr geht der Bus nach Pamplona. Wir müssen heute noch dort hin. Pamplona. Dies ist die verrückte Stadt mit den Stierkämpfen. Spanier sind komisch, aber wir müssen dorthin. Denn wir wollen nicht schummeln. Wir wollten ganz vorne anfangen. St.-Jean-Pied-de-Port. Der Beginn des berühmten Jakobsweges. Davon gibt es viele. Aber keiner soll sein wie der *Camino Francés*. Der Sternenweg. Wir werden sehen.

Unterwegs sehen wir wohl sehr hilfesuchend aus. Eine einheimische Familie spricht uns an und erklärt uns den Weg zum Busbahnhof. Mir ist sofort klar, dass die Mutter dies nur macht, um der Tochter ihr perfektes Englisch vorzuführen. Aber warum nicht. So lernt die Kleine hautnah, wie wichtig eine Fremdsprache ist. Ich stupse ihr mit dem Finger auf die süße Nase. Sie grinst. Ich auch. Dann gehen wir weiter. Irgendwann sitzen wir im Bus. Ich bin völlig kaputt. Hoffentlich muss ich nicht auf die Toilette. Vor uns liegen zwei Stunden Fahrt. Nun, nach Fahrplan, aber man weiß nie, wir sind schließlich in Spanien. Mein Kopf driftet ab. Hey Raúl, wir sind nicht Dritte Welt. Eine gute Freundin meiner Frau schimpft, wenn ich von Geschichten anfange, die aus dem Business stammen. Deutschland hat es aber auch wirklich drauf. Sind wir nicht wirklich die größten? Man sieht es ja jetzt wieder in der EU. Wer zahlt? Deutschland. Wer empfängt? Auch Spanien.

Der Bus fährt jedoch überraschend gut und ich schlafe ein. Endlich. Denn schlafen ist nicht so meine Stärke. Ein eigenes Thema.

Immer arbeiten, bis Mitternacht. Dann keine Ruhe finden. Dann Alkohol. Wein. Natürlich den teuren, die Firma zahlt, ich lebe seit 10 Jahren in einem Hotel auf Kosten der Firma. Aber so geht man irgendwann kaputt. Man merkt es sogar selber, aber man ändert es nicht, man hat nicht den Mut es zu ändern. Bis, ja bis der Blitz einschlägt. Ich träume verrückte Dinge. Der Bus wackelt. Meine Frau schmiegt sich an mich. Seit 25 Jahren sind wir verheiratet. Die beste Entscheidung meines Lebens. Wieder höre ich im Halbtraum unsere Freunde. Waaas, mit deiner Frau? Niemals geht das gut. Und die Freunde meiner Frau sind noch viel, viel schlimmer. Waaas, mit deinem Mann? Niemals. Denkt immer dran, der Camino schmiedet Ehen, und der Camino zerstört Ehen. Aber mal unter uns, ich würde diesen Weg niemals ohne meine Frau gehen. Für uns war klar, nur zusammen. Und es war eine gute Entscheidung. Aber das weiß man natürlich erst hinterher. Ja, was für ein Weg.

Ich habe ja immer noch keine Ahnung.

Ich glaube, niemand weiß, auf was er sich hier wirklich einlässt.

Du musst Hape lesen, sagt meine Frau, sie liebt diesen Komiker, ich nicht. Ich will Hape nicht lesen und ich widersetze mich. Meine geniale Begründung. Dann vermittelt er mir Erwartungen, die mich später total enttäuschen. Das überzeugt meine Frau und ich habe meine Ruhe, von Hape. Aber heimlich lese ich doch Abschnitte aus Jakobsbüchern. Ich bin diesmal zu aufgeregt, um den Weg wirklich völlig zu ignorieren.

Der Bus hält. Wir sind in Pamplona. Übrigens auf die Minute. Ich bin überrascht.

Pamplona. Ich schlage in meinem Reiseführer nach. Vor über 2.000 Jahren von den Römern gegründet. Später Zentrum der Christianisierung der Basken. Heute, die Stadt der Stierkämpfer und Hauptstadt der Navarra. Und die größte Stadt am Jakobsweg.

200.000 Einwohner. Städtisches Flair. Sehr schöne Altstadt. Und zwei berühmte Tapas-Gassen. Eigentlich ein sehr guter Eintrittspunkt für Pilger. Insbesondere die Tapas-Gassen möchte ich genauer kennen lernen. Aber nicht heute, denn wir wollten ja ganz vorne anfangen. Nun, ich sage bereits *wollten*. Leider ist der Pyrenäenpass nämlich noch gesperrt, so haben wir erfahren. Viel zu viel Schnee, der Pass ist für Pilger nicht passierbar. Wir haben daher auf der Busreise entschieden, in Roncesvalles zu starten. 20 Kilometer später, direkt an der französischen Grenze. Dadurch gewinnen wir einen Tag, verlieren aber den Wunsch-Startpunkt auf unserer Karte. Ich bin ehrlich enttäuscht, meine Frau jedoch glücklich, dass wir am ersten Tag nicht 1.000 Höhenmeter zu überwinden haben. Nun gut, es ist ja irgendwie auch ihre Reise.

In Pamplona angekommen gehen wir in die Kathedrale Santa Maria, Sitz des hiesigen Erzbischofes. Ich bin beeindruckt. Was für ein schönes gotisches Bauwerk. 100 Jahre lang wurde sie gebaut, 1501 fertig gestellt. Ich suche den Heiligen Jakob und stelle mich davor. Meine Frau weiß Bescheid. Sie darf mich jetzt nicht stören. Denn ich habe mir einen persönlichen Text überlegt, den ich dem Jakob jeden Tag vortragen möchte. Man weiß ja nie. Vielleicht hilft er ja wirklich. Ich habe einen riesen Bammel vor den 900 Kilometern, bin so etwas noch nie gelaufen. Es ist die größte sportliche Herausforderung meines bisherigen Lebens. „Heiliger Jakob, unterstütze und bestärke uns auf unseren Weg …", beginne ich … und werde nachdenklicher und nachdenklicher und nachdenklicher. Gleich am Eingang ist die Passstelle, ruft meine Frau nach 15 Minuten, um mich aus den Gedanken zu reisen. Man erhält dort seinen *Credencial del Peregrino*, seinen Pilgerpass. Wir haben unseren jedoch bereits in Deutschland besorgt, vom Jakobsverein aus Paderborn. Wir stempeln jedoch nicht ab, denn heute soll es noch nicht losgehen.

Nach der Kathedrale geht es doch in die Tapas-Gassen, man darf sich den Schönheiten einer Stadt einfach nicht verschließen. Und was für eine schöne Sitte ist das auch. Kleinigkeiten, mit besten Fisch, Fleisch, Käse. Dazu Wein. Spanien ist einfach toll. Ich beginne es zu lieben. Gegen 22 Uhr geht es leider schon zurück. Unser Hotel liegt in der Altstadt, das war eigentlich eine gute Idee, aber nun? Was für ein Krach. Unser Zimmer zeigt auf eine Gasse mit - ich glaube es nicht - Tapasbars. Was für ein Krach. Die Leute dort unten lachen, schreien, pöbeln und lieben sich. Spanien nervt total. Es ist 2 Uhr nachts. Erst um 3 Uhr kommt Ruhe in die Stadt und langsam – endlich - kommt Ruhe in meinen Kopf. Ich denke noch mit Sorge an den Weg, dann wirkt der viele Wein und ich schlafe ein.

Tag 2 - 2. März

Es sind deine Gedanken, die Dich traurig oder glücklich, arm oder reich machen.
Ch. Brandstetter

Roncesvalles – Espinal (Aurizberri)

Als ich aufwache, steht meine Frau auf dem kleinen Balkon und hält ihren Block in der Hand. Was machst du, frage ich. Zeichnen, antwortet sie lapidar. Und in der Tat. Meine Frau macht eine erste Skizze von der Gasse. Pilgern mit Zeichenblock. Warum nicht, wenn man es denn tragen kann (natürlich können wir es nicht tragen).
Überraschenderweise gibt es Frühstück, obwohl der Hotelier ausdrücklich gesagt hat, dass es kein Frühstück gäbe. In der Lobby ist jedoch Kaffee und Gebäck für alle gedeckt. Ein guter Tag be-

ginnt. Leider stellt sich jedoch heraus, dass der Bus nach Roncesvalles erst um 18 Uhr abfährt. Wir würden einen ganzen Tag verlieren, was wir auf gar keinen Fall wollen, obwohl wir genug Reserven eingeplant haben. Wir entscheiden uns daher für ein Taxi. Die Taxifahrer wissen sofort Bescheid, Roncesvalles, *no problema*, sicherlich arbeiten die heimlich mit dem Busunternehmen zusammen. 60 Euro für die knapp 50 Kilometer. Das ist überteuert, denke ich, aber wir willigen ein.

Die Taxifahrt ist schön, aber jetzt verstehe ich erst die Entfernungen. Oh ja. Das müssen wir alles wieder zurück. In drei Tagen pilgern wir ja hochoffiziell in Pamplona ein. Die Straßen ziehen sich endlos dahin. Das geht es alles wieder zurück. In meinem Kopf hämmert es. Tausende haben das schon geschafft, sage ich mir. Warum nicht auch du, versuche ich mich zu beruhigen. Die Landschaft lenkt mich ab. Es geht kurvig die Berge hoch. Und jetzt kommt der Schnee. Links und rechts der Straße ca. 2 Meter hoher Schnee. Ja, man hatte uns gewarnt. Im März sind die Pyrenäen nicht passierbar, höre ich Freunde vortragen. Aber ich kenne das Aufzählen von Problemen aus dem Job. Irgendwie geht dann doch immer alles, man muss nur wirklich wollen. Dachte ich. Aber hier, so ganz alleine? Meine Frau mustert mich besorgt, sie kennt mich eben ziemlich gut, und drückt meine Hand. Ich beruhige mich, die Landschaft ist faszinierend. Schnee. Wie schön, sage ich mir, wie jungfräulich. Ich atme tief ein und wieder aus. Mit einmal wirkt alles ruhig und majestätisch. Dort vorne dann Roncesvalles, sage ich souverän zu meiner Frau. Aber ich irre mich, und zwar noch vielmals. Der Taxifahrer lacht, nein, es dauert noch! Plötzlich kreuzen Pilger unsere Straße. Der Taxifahrer erklärt, dass dies nun wirklich ungewöhnlich sei, scheinbar sind selbst hier unten die Pilgerwege immer noch nicht passierbar. Ohje.

Nach gefühlten drei Stunden Fahrt kommen wir endlich an.

Roncesvalles. Das Eintrittstor des *Camino Francés* auf spanischer Seite. Es ist mittags 11 Uhr. Wir steigen aus, … und sind alleine. Dichter Nebel ringsherum. Kein Mensch zu sehen. Mein Herz hüpft, ob vor Freude, weiß ich selbst nicht recht. Aber langsam erkenne ich die Schönheit des Ortes. Und seine Bedeutung. Seit über tausend Jahren pilgern hier die Menschen durch, kommen geschwächt aus Frankreich an, müssen versorgt werden. Im Hospital. Oder müssen schlafen. Im 40-Mann-Schlafraum. Der Ort ist bereits dadurch etwas Besonderes. Es ist mucksmäuschenstill im gesamten Dorf.

Alles liegt im Nebel. In mir kommt endlich, endlich Ruhe auf. Wir gehen in die Kirche, sie ist offen, was wir erst später zu schätzen wissen, denn bestimmt 70% aller Kirchen auf dem Weg werden geschlossen sein. Die Kirche ist dunkel, leider, bis meine Frau einen Geldschlitz findet, in welchen sie 1 Euro hineinsteckt. Jetzt wird die Kirche für 8 Minuten hell … und wunderschön. Der Altar ist pures Gold. Ich zünde 4 Kerzen an. Für uns und unsere Kinder, die in

Gedanken immer bei uns sind. Und ich zünde eine 5. Kerze an, für einen guten Bekannten, der kürzlich erkrankt ist. Ich drücke ihm fest die Daumen, dass er das durchsteht. Krankheit entsteht immer zuerst im Kopf, ob die Ärzte das wahr haben wollen oder nicht. Doch sie heilen nur den Körper. Aber erst wenn auch der Geist wieder geheilt ist, ist man gesund, so sehe ich das. Lange stehe ich vor dem Altar und bin in Gedanken. Dann sehe ich eine Büste vom Heiligen Jakob, er steht vorne rechts. Ich sehe ihn an und spreche mit ihm, jetzt wird es ernst.

Es ist 12 Uhr mittags. Die Kirchturmglocken verbreiten einen magischen Klang. Der Ort atmet Magie, würde ein Dichter sagen. Es klingt kitschig, aber es ist wahr. Dieser Ort atmet Magie. Seit über 1.000 Jahren pilgern hier Menschen los. So etwas ist für mich unbegreiflich. Und ich stehe hier und denke, was wird bitteschön in 1.000 Jahren sein? Ich habe keine Ahnung. Nun gut, was wird in 100 Jahren sein? Ach was, was wird in einem Jahr sein? Ich kann mich vom Altar nicht losreisen, seit ewigen Zeiten war ich nicht mehr in einer Kirche. Höchstens, um sie als Bauwerk zu bestaunen. Aber Roncesvalles ist einmalig. Benommen trete ich aus der Kirche. Wir sind immer noch ganz alleine in diesem Ort. Der Nebel ist allgegenwärtig. Man sieht nichts als graues Weiß und überall Schnee. Dann entdecke ich Bauarbeiter auf der anderen Straßenseite und betrete einen riesigen Schlafsaal. Das also ist der berühmte Saal aus den zahlreichen Büchern und Filmen. Platz für 100 Leute. Zwei Duschen, zwei Toiletten, unterirdisch. Man muss wirklich sehr müde sein, wenn man hier ausspannen will, denke ich sarkastisch. Aktuell ist er zum Glück geschlossen. Die Pilger schlafen in einem anderen Haus. Wie wir später erfahren, hat aber auch dieser Schlafsaal kein einziges Fenster. Das 4-Sterne Haus am Ort öffnet erst am 1. April, wir dürfen es trotzdem besichtigen.

Hier könnte man nächtigen.

Wir suchen den offiziellen Startpunkt und finden neben der Kirche den Eintritt. Nach mehrmaligem lauten Klopfen kommt ein altes Männlein.

Der hat bestimmt schon die Pilger im Mittelalter abgefertigt, denke ich. Dann holt er sein Büchlein raus. Name, Anschrift, Beruf. Alles muss eingetragen werden. Warum pilgern Sie? Religiös. Spirituell. Sportlich. Wer hier sportlich einträgt (und dies in Santiago wiederholt), bekommt später keine Compostela. Und sportlich stimmt bei mir sowieso nicht. Ich kreuze meinen Grund an. Dann will er wissen, ob wir nach Santiago zu Fuß wollen, mit dem Rad oder mit dem Pferd. Man staunt, ja Pferd kommt öfters vor als man denkt. Hätte man mir früher sagen sollen, flachse ich zu meiner Frau. Sie sieht mich böse an. Sei bitte ernst, will sie mir sagen. Irgendwann treffen wir tatsächlich Pilger mit Pferd, auch welche mit Esel, aber davon später.

Stolz teile ich ihm mit, dass wir zu Fuß pilgern wollen, was das Männlein aber in keiner Weise erstaunt. Klar, machen ja alle. Ich bin trotzdem enttäuscht. Nachdem wir alles eingetragen haben, bekommen wir den Eingangsstempel, den ich 5 Wochen später in Santiago vorzeigen werde, was auch dort niemanden erstaunen wird. Klar, machen ja alle! Um es gleich zu sagen. Es machen nicht alle, die wenigsten Pilger unterziehen sich dieser Tortur. Im März 2015 werden 5.000 Pilger in Santiago ankommen, aber die meisten werden in Sarria gestartet sein, 111 Kilometer vor Santiago. Und nicht mal jeder zweite, der hier in den Pyrenäen startet, wird sein Ziel erreichen. 52% hören auf, sagt die Statistik, warum auch immer. Jeder zweite. Einfach ist es also nicht, aber das wusste ich ja schon. In dieser Woche starten ca. 40 Leute mit uns, was in dieser Jahreszeit normal ist. Knapp 15 werden in Santiago eintreffen. Wir werden alle noch kennen lernen und all das wird eine der schönsten Erfahrungen meines Lebens.

Es ist 13 Uhr. Meine Frau drängelt, denn schließlich pilgern wir heute noch los. Wir wollen nicht in Roncesvalles übernachten. Demnächst kommen auch die ersten Pilger, die es doch ab St-Jean-Pied-de-Port in Frankreich probiert haben. Man kann die Straße laufen, die ist jetzt geräumt worden, sagt das Männlein. Ich überlege noch, ob ich mit einem Taxi nach St.-Jean-Pied fahre und zurücklaufe, gebe das dann aber schnell auf. Keine Extratouren. Meine Frau entdeckt das Straßenschild. 790 Kilometer bis Santiago. Ich denke, ich werde noch genug zu laufen haben.

Wir haben bereits vorgebucht und unser heutiges Ziel liegt sagenhafte 6 Kilometer weit weg von hier. Ich gebe zu, es klingt nicht gerade überambitioniert, war aber eine kluge Entscheidung. Wir hatten uns entschieden, nicht die Fernverkehrsstraße entlang zu gehen, sondern die offizielle Pilgerroute zu versuchen. Leider geht es nicht, überall liegt Schnee und Eis.

Hinter Roncesvalles wagen wir dann doch, die Straße zu verlassen, da der Schnee weniger wird. Wir gehen rechts in einem Dorf den Camino (einen schönen Feldweg) hinunter. Der Nebel löst sich auf und riesige Vogelschwärme werden sichtbar. Sowas habe ich noch nicht erlebt. Ein lautes Gezwitscher liegt in der Luft. Das ist einmalig. Noch heute sehe und höre ich diese Vogelmassen in den Lüften.

Wir stapfen guten Mutes durch den Matsch. Der Rücken beginnt zu schmerzen. Bestimmt haben wir schon eins bis zwei Kilometer geschafft. Jedenfalls hoffe ich das.

Urplötzlich kommt ein spanischer Bauer um die Ecke. Er geht direkt auf meine Frau zu und küsst sie ab. Sie ist völlig erschrocken, ich deute ihr aber an, dass sie das jetzt wohl überstehen muss. Der alte Mann lächelt uns zu und wünscht von ganzem Herzen *„Buen Camino"*, einen guten Weg. Genau so plötzlich wie er gekommen war, ist er auch wieder weg.

Buen Camino. Es ist ein gutes Omen, das weiß ich. Ob mich der Heilige Jakob vorhin gehört hat? Hoffentlich hat mich jedoch keiner meiner Geschäftskollegen belauscht.

Buen Camino, guter Weg.

Doch der Weg wird gar nicht gut, jedenfalls der Grund und Boden auf dem wir marschieren nicht. Aber die Stimmung ist super. Der Weg führt in einen Wald hinein, es wird richtig matschig, da mehrere Bachläufe den Camino überfluten. Und auf einmal hört der Weg ganz auf. Vor uns liegt ein Bach, mindestens ein Meter breit. Überspringen kann man den sicher nicht. Zurück geht es aber auch nicht mehr, viel zu weit sind wir in den Wald gelaufen, die Straße ist weit weg. Wir entscheiden uns notgedrungen eine kleine Brücke zu bauen (immerhin bin ich Ingenieur), zwei bis drei dicke Äste sind schnell gefunden. Nach 30 Minuten passieren wir den Bach. Geschafft. Jetzt geht es hoch und runter und hoch und runter. Der Rücken schmerzt immer mehr. So klappt das nie, das weiß ich jetzt schon. Irgendwann kommen wir auf einen großen Waldweg und es geht endlich bergab.

Und dann sehen wir Espinal. Unsere erste Station. 6 Kilometer weg von Roncesvalles, wir sind fix und fertig, völlig durchgeschwitzt. Es ist 17 Uhr, wir betreten die Bar unseres Hostals und werden freundlich empfangen. Die Hoteliers denken tatsächlich, wir kämen aus St.-Jean-Pied, und sie fragen interessiert nach den Verhältnissen auf den Bergpässen. Wir wollen nicht korrigieren und antworten irgendwas.

Abends werden wir mit einem Pilgermenü verwöhnt, direkt am Kamin. Für 10 Euro pro Person. Vorspeise, Hauptspeise, Dessert und – unglaublich – für jeden von uns eine ganze Flasche Rotwein. Es wird gut. Alles wird gut. Ich lächle meine Frau an und sage ihr, dass es jetzt nur noch 784 Kilometer bis Santiago sind. Sie findet das gar nicht witzig. Früh gehen wir zu Bett.

Morgen wird sich zeigen, ob wir jemals Pilger werden.

Tag 3 - 3. März

Nicht die Erfahrungen sind es, die Dich prägen, sondern das was Du daraus machst.

Unbekannt

Espinal – Larrasoaña

Als wir gegen 9 Uhr das Hotelrestaurant betreten, um zu frühstücken, halte ich verdutzt inne. Himmel und Menschen sind dort versammelt, kein Vergleich zu gestern. Was ist denn hier los? Ich gehe zur Bar und bestelle weltmännisch, *dos cafés*.

Etwa ooooch Deutscher?, spricht mich ein älterer Herr von der Seite an. Er heißt Eddy, und er wird mein deutscher Lieblingsfreund. Eddy ist am 1. März in St.-Jean-Pied gestartet, hatte den Wetterbericht nicht gehört. Jetzt ist Eddy hier. Er erzählt vom Aufstieg und Abstieg nach Roncesvalles. Und er sucht einen Arzt, sein Knie ist definitiv kaputt. Er kann nicht mehr gehen. Da Eddy kein Englisch spricht, versuche ich zu vermitteln. Aber es gibt keinen Arzt hier oben. In der Gruppe der anderen Pilger, es sind Italiener, gibt es jedoch einen Physiotherapeuten. Er wird sich Eddy annehmen. Zum Glück. Eddy fragt, ob er mit uns laufen kann. Ich sage ihm, dass wir sehr langsam sind, er lacht. Sicher nicht langsamer als er jetzt. Wir gehen zusammen los, Eddy humpelt neben uns her. Wir haben entschieden, auf der Straße zu bleiben, die Erfahrung des Baches am gestrigen Tag haben wir noch im Gedächtnis. Am Ende von Espinal stehen drei Japaner mit einer Karte. Wir beraten und entscheiden uns, zusammen zu gehen, sicher ist sicher. Es zieht Schneegestöber auf. Die Pyrenäen können sehr ungemütlich werden. Sehr ungemütlich. Es soll hier oben schon Tote gegeben haben.

Der Weg auf der Straße ist nicht schön, die Autofahrer rasen dicht an uns vorbei. Die Pfützen spritzen. So geht das nicht. So kommen wir nie an, sage ich meiner Frau. Sie schüttelt nur den Kopf. Nach zwei Stunden treffen wir den offiziellen Pilgerweg wieder, er kreuzt erneut die Straße und wir entscheiden, nun doch den richtigen Camino zu wagen. Schließlich geht es ins Tal hinab, der Schnee wird bald weg sein.

Eddy hat Anschluss gefunden und bleibt auf der Straße, wir gehen in den Wald hinein. Es ist ein traumhafter Wanderweg. Man kann es kaum beschreiben. Die Luft ist rein und klar. Der Schnee sauber. Und er wird tatsächlich geringer. Hochgefühl kommt in uns auf. Hurra, wir pilgern! Das ist es also, was alle so inspiriert. Alleine in der Natur. Alleine mit sich. Wir reden nicht. Der Weg fordert volle Konzentration. Und dann wird er doch wieder unpassierbar. Überall liegen entwurzelte Bäume. Was ist hier passiert? Wir erfahren später, dass ein hochgefährlicher Sturm der Vorwoche eine Vielzahl von Bäumen in der Luft herumgewirbelt hat. Hunderte Bäume liegen kreuz und quer im Wald, zahlreiche sind auf den Weg gestürzt. Es dauert eine Ewigkeit bis wir voran kommen. Man braucht erneut volle Konzentration. Der Rücken schmerzt immer schlimmer. Auch regen sich die Füße. Ich schaue meine Frau an, ehrlich, das schaffen wir nie.

Das geht so nicht!

Wir geben trotzdem nicht auf und schlagen uns Stück für Stück bis Puerto de Erro durch. Es klappt immer besser, wir arbeiten uns voran. In Erro kommen wir endlich aus diesem Urwald raus und vor uns steht – das gibt's doch nicht - ein einsamer Campingwagen als Mini-Shop. Fanta, Cola, Bier, alles was wir wollen, wird hier angeboten. Wir trauen unseren Augen nicht. Wo sind wir? Wir atmen auf. Zurück in der Zivilisation. Wir kehren ein, oder besser fallen auf eine Steinbank und genießen die süße Brause. Man soll

Fanta trinken, habe ich gelesen, denn dort ist Zucker drin und alles was man sonst so noch braucht. Und es stimmt. Die Kräfte kehren zurück. Der Mut kommt zurück. Wir haben es geschafft. Doch wie wir auf der Karte erfahren, ist es gerademal die Hälfte des heutigen Weges. Aber egal. Wir packen das, zumindest heute.

Es geht steil bergab, wieder volle Konzentration. Der Rucksack wackelt auf dem Rücken, man muss das Gleichgewicht wahren. Und dann, irgendwann, sind wir in Zubiri. Wir erstürmen die nächstgelegene Bar und genießen den besten Espresso des Tages. Nach dem Café treffen wir die Italiener aus Espinal wieder, die gerade in einer Albergue einchecken. Und ihr, fragen sie. Nun, wir gehen weiter, wir schlafen in Larrasoaña, antworten wir selbstbewusst. Die Italiener sind schwer beeindruckt von uns. Die jungen Männer können nicht mehr. Aber die sind ja auch in Roncesvalles gestartet, wir in Espinal. Die haben 6 Kilometer mehr in den Knochen. Und doch, das Weitergehen war ein Fehler. Mühsam und demotiviert schleppen wir uns nach Larrasoaña. Auf einem Hang entlang. An einem großen Tagebau vorbei. Und etwas hat sich verändert. Das Wetter. Hier unten, am Fuße der Pyrenäen ist es regelrecht heiß geworden. Wir können nicht mehr. Eben noch im Schnee. Jetzt sind wir viel zu dick angezogen. Wir fallen fast um mit den ganzen Wintersachen, setzen uns an einen kleinen Bach. Dann endlich. Ein Schild. In einem Kilometer sind wir da, verspricht es uns.

Damals haben wir jedoch noch nicht gewusst, dass Spanier die Entfernung oftmals bis zum Ortsschild angeben, nicht bis zum Zentrum. Denn aus dem einen Kilometer wurden mindestens vier. Gegen 18 Uhr kommen wir an und suchen unsere Pension, Pension Tau. Wir werden warmherzig empfangen. Meine Frau geht sofort ins Bett und fällt in einen Tiefschlaf. Ich gehe unter die Dusche. Und ich bin wahnsinnig stolz.

Was für ein Tag.

Wir sind jetzt Pilger.

Das Abendessen nehmen wir direkt in der Pension ein, die ich sehr empfehlen kann. Im Anhang ist jede Unterkunft, die wir aufgesucht haben, aufgeschrieben und bewertet, natürlich rein subjektiv. Am heutigen Abend sind wir in der Pension Tau. Es gibt ein Pilgermenü und Wein so viel ich will. Und ich will viel. Der Ort selber ist hässlich. Zubiri war viel, viel schöner. Aber dafür sind wir 6 Kilometer weiter als die anderen Pilger. Und morgen wollen alle nach Pamplona. Ich bin mir sicher, dass wir das zumindest schaffen können.

Tag 4 - 4. März

Leben ist die Suche des Nichts nach dem Etwas.
Ch. Morgenstern

Larrasoaña – Pamplona / Cizur Menor

Wie aus einer fernen Welt wache ich auf. Die Pension war sehr gut, die Betten auch. Ich bin zufrieden. Leider tut alles weh. Der Muskelkater wird schlimmer statt besser, denke ich. Die Knie tun weh, die Achillessehne schmerzt. Meiner Frau geht es nicht besser. Wir müssen noch langsamer machen, ein Büromensch bleibt ein Büromensch, bleibt ein Büromensch.

Nach dem Frühstück treten wir raus, die Sonne scheint bereits, es ist blauer Himmel. Dies werden wir noch öfter haben. Es wird der beste März in Nordspanien seit Jahrzehnten, aber davon wissen wir ja noch nichts. Hinter uns liegen die Pyrenäen. Wir sind noch ca. 500 Meter hoch, auch Pamplona hat diese Höhe. Es geht also nur noch geradeaus, sagt die Karte. Aber die Karte täuscht. In dieser Hinsicht hat sie nie gestimmt. Es gibt keine einzige Etappe, die keine Höhenunterschiede hat. Nie geht es gerade aus. Egal was die Karte sagen will. Der Jakobsweg, den wir gehen werden, hat insgesamt 30.000 Höhenmeter. Es wird eine Tortur, man wäre mit dieser Kraftanstrengung sicher auch auf den Mount Everest gekommen.

Aber was wollen wir dort?

Die Sonne hat leider getäuscht, es ist bitter, bitter kalt. Bestimmt um die 5 Grad. Ich bin unzufrieden mit meiner Bekleidung, bloß nicht erkälten, denke ich, denn das ist ein echtes Problem auf dem Jakobsweg. Laufen ist ja nur das eine. Klar, man muss es jeden Tag. Man muss immer 6 bis 8 Stunden gehen. Immer und immer. Aber man darf eben auch nicht krank werden, nicht umknicken, sich nicht erkälten und auch keine Zahnschmerzen bekommen. Nichts, was einen in der Zivilisation einen Tag Auszeit bescheren würde. Hier kann es das Ende der gesamten Reise sein. Aber bloß nicht dran denken. Ich spreche meinen persönlichen Text an den Heiligen Jakobus, muss ja niemand wissen.

Gab es den Heiligen Jakobus eigentlich? Ist das nicht alles Hokuspokus, denke ich beim Laufen und ich erinnere mich an die Legende aus diversen Reiseführern ... Jakobus, auch Jakobus der Ältere genannt, war Sohn des Fischers Zebedäus. Er gehörte zusammen mit seinem Bruder Johannes zu den Aposteln Jesu. Alle Apostel sollten das Wort Jesu in die Welt hinaus tragen und Jakobus bekam nach dem Tode Jesu die Aufgabe, die Iberische Halbinsel zu christianisieren. Sein Versuch scheiterte jedoch kläglich, er hatte nach vielen Jahrzehnten gerade mal 8 Gefolgsleute. Daraufhin kehrte er enttäuscht nach Jerusalem zurück, wurde dort jedoch im Jahre 44 im Auftrag von Herodes enthauptet. Schlimme Zeiten damals. Seine Jünger trugen die sterblichen Überreste zu einem Schiff, welches die Gefolgsleute nach Iria Flavia in Galicien brachte.

Aber es waren schlimme Zeiten für Christen. Damals soll in jenem Lande eine mächtige Königin, namens Lupa, geherrscht haben, die von den Jüngern auf der Suche nach einer Grabstätte um Hilfe gebeten wurde. Die Königin wollte ihnen jedoch überhaupt nicht helfen, im Gegenteil, sie wollte alle Jünger ermorden lassen, scheiterte aber mehrmals mit ihrem Versuch. Schließlich lenkte Lupa ein und gewährte den Gefolgsleuten eine Grabstätte, auf der sie später eine kleine Kirche bauen durften. Sicherlich nicht uneigennützig, sondern mit beginnendem Respekt vor diesem Glauben und seiner dahinter stehenden Macht. Dies alles geschah im 1. Jahrhundert. Danach geriet das Grab für eine sehr lange Zeit in Vergessenheit. Es gab nur Gerüchte, Sagen und Legenden. Im 9. Jahrhundert wurde das Apostelgrab auf mysteriöse Weise wieder entdeckt und an der Grabesstelle wurde eine Kirche erbaut. *Santiago de Compostela*, der Ort „Heiliger Jakob vom Sternenfeld", war geboren. Und mit diesem Ort begann eines der größten Wunder in der Geschichte der Christenheit. Es entstand ein Wallfahrtsort, der Rom und Jerusalem zeitweise den Rang abzulaufen drohte.

Soweit zur Legende, irgendwie ist sie sehr schön. Doch nun pilgern seit über 1.000 Jahren Menschen aus aller Welt an das vermeintliche Apostelgrab.

Was ist, wenn es gar nicht seine Reliquien sind, die man im 9. Jahrhundert fand? Ist dann nicht alles umsonst? Vergebene Pilgermüh?

Ich bin wirklich verwirrt und erfahre erst auf dem Weg, dass man es nicht umsonst macht, niemals. Denn wenn Millionen Pilgern vor dir diesen Weg gegangen sind, seit Hunderten von Jahren Kirchen und Kathedralen an den Wegesrand gebaut werden, wenn all diese Pilger ihre Spuren und Gedanken am Straßenrand hinterlassen, in Stein geritzt, in Eisen, in Holz oder als Kunstwerk verbaut, wenn erneut tausende Pilger auf diesen Weg wandern und du manche davon intensiv kennenlernen wirst, dann hinterlässt das tiefe Spuren in deiner Seele.

Aber es ist eine riesige Herausforderung, jedenfalls für jemanden wie mich, spreche ich zu mir selbst. Ich mache meine Jacke bis oben hin zu und lege mir ein Tuch um. Jetzt ist es zu warm, vorhin war es zu kalt. Ich finde meinen Rhythmus einfach nicht. Nur langsam kommen wir vorwärts. Der Weg ist völlig matschig. Der Schnee ist geschmolzen und es hat zu regnen angefangen.

Auf einmal grüßt uns ein alter Mann, der mit einem alten Rucksack an uns vorbeizieht. Er hat einen weißen Rauschebart und wir kommen ins Gespräch. Der Mann heißt Luji und er kommt aus Grenoble. Wir erfahren, dass er diesen Weg zum wiederholten Male geht.

Luji ist Landstreicher, er pilgert mit *nada*, wie er später sagt. Ich bin schwer beeindruckt. Wir werden Luji noch öfters treffen. Für den Augenblick überholen wir ihn jedoch wieder und gehen einen Hügel hoch. (Irgendwann teilt sich der Weg vor einer Kirche, man sollte unbedingt den rechten Weg gehen). Es ist weit nach Mittag als erneut dicke Wolken aufziehen. Und sie ziehen schnell. 30 Minuten später kommt heftiger Regen herunter. Wir sind mitten auf einem Berg, der Weg wird umständlich umgeleitet, Bäche überfluten alles. Es dauert noch ewig bis Trinidad de Arre.

Hätten wir nicht die Straße nehmen sollen?

Wir sehen, wie sie sich im Tal langschlängelt. Wir sind zum wiederholten Male auf einen Berg gejagt worden. Wer hat sich diesen Weg nur ausgedacht? Ich kann das nicht begreifen. Die Pilger wollten auf dem einfachsten Weg nach Santiago. Niemals wäre doch jemand im Mittelalter freiwillig den Berg hoch und wieder runter und wieder hoch und wieder runter. Erst viel, viel später sollte ich erfahren, warum der Weg so ist.

Mittlerweile ist der Regen zu Hagel geworden, es hat 0 Grad. Die Regenjacke hält zwar den Regen ab, aber die Hagelkörner drücken ihre Kälte bis auf die Haut durch. Wir suchen einen Unterschlupf und machen genervt Pause. Die Stimmung ist gedrückt. Als der Hagel nachlässt, gehen wir weiter und irgendwann kommen wir tatsächlich nach Trinidad. Am Marktplatz gibt es sehr schöne Kaffeebars. Wir stürmen hinein und lassen uns nass und frustriert auf die erstbesten Sitze fallen. Während des Kaffees beschließen wir das Pilgern abzubrechen. Ich meine, für heute. Bei diesem Wetter kommen wir nie heil an. Es sind zwar nur noch drei Kilometer bis Pamplona, aber wir haben keine Lust mehr auf Pilgern. So war das nicht gedacht. Trotzdem stehen wir wieder auf und schleppen uns völlig durchnässt weiter. Keiner will der Spielverderber sein. Plötzlich macht vor uns ein Bus halt, durch Zufall stehen wir zur rechten Zeit an einer Bushaltestelle. Ohne auch nur nachzudenken steigen wir ein. Logisch. Dieser Bus wurde uns geschickt. Wir schmunzeln. Und folgerichtig, der Bus fährt genau ins Zentrum von Pamplona. Wir sparen eins bis zwei Kilometer Fußweg, nicht viel, aber die Stimmung steigt trotzdem rapide.

Der Bus ist warm, die Leute schauen freundlich, sie erkennen an unserem Aussehen, dass wir gerade aus den Pyrenäen herab gestiegen sind, sicher hat jeder Spanier hier den Weg auch schon ausprobiert. Ohne dass wir fragen, dreht sich eine Spanierin um und erklärt uns, dass wir in zwei Stationen aussteigen müssen, damit wir auf dem schnellsten Weg zur Kathedrale kommen. Wie nett. Als wir aussteigen hat der Hagel aufgehört. Es nieselt nur noch und wir machen uns auf den Weg zur Kathedrale. Vorbei kommen wir am Stadion der *Toreros*. Was für ein grausiger Sport, bei der Stierhatz im Juli wird es wieder Schwerverletzte geben. Und alle Stiere, die durch die Altstadt getrieben werden, werden am Abend in diesem Station getötet. Eine schreckliche, mittelalterliche Tradition. Ich denke, man betreibt einen solchen Sport, weil er absolute Konzentration verlangt. Der Mensch ist scheinbar am glücklichsten, wenn er voll konzentriert ist. Wenn ihn nichts mehr ablenkt. Wenn er wie im Trance seiner Passion nachgeht. Es muss doch aber nicht Stiere töten sein, meine Herren!

Nach der Kathedrale besichtigen wir das alte Rathaus, dies ist eine Augenweide. Dann geht es zur Post. Der Rücken fordert seinen Tribut. Meine Frau und ich haben beschlossen, dass jeder mindestens 3 kg Gepäck abgeben muss. Die Betonung liegt auf müssen, denn wir können uns von nichts trennen. Alles ist wichtig. Ich bestehe auf meinem Pfefferspray, zum Glück, wie ich später weiß. Ich gebe nur Mütze, Handschuhe und dergleichen her. Die Kälte sollte ja hinter uns liegen. Aber vor uns, in ca. 500 Kilometer, kommt das *Cruz de Ferro*. 1.500 Meter hoch, ich mag gar nicht dran denken. Unser letzter Pass war nur 900 Meter hoch, und das hat schon gereicht. Ich trenne mich trotzdem von den Wintersachen, denn das *Cruz de Ferro* erreichen wir frühestens in drei Wochen. Dann ist sicher Sommer dort. Meine Frau gibt auch irgendwelchen Krimskrams in den Karton und wir geben unser (erstes) Paket ab. Die Dame lächelt, sie weiß Bescheid. Wir sind wohl nicht die ersten, die Gepäck nach Hause schicken. Ich nehme an, damit finanzieren wir ganz Spanien, denn über 20 Euro kostet der Spaß, viel Geld, aber es hilft ja nichts. Überhaupt. Pilgern ist teuer. Unser Pilgern jedenfalls. Wir haben uns vorgenommen, immer in Hostals oder Pensionen zu übernachten. Das kostet 40 bis 80 Euro pro Nacht, dann noch essen und trinken. Unser Ziel, mit 100 Euro pro Tag auszukommen für uns beide, werden wir nicht ganz erreichen. Wir müssen noch sparsamer mit Geld umgehen. Letztlich wird es trotzdem teuer, nach Santiago FLIEGEN, selbst First Class, wäre billiger gewesen. Aber der Vergleich hinkt natürlich. Jeder Cent wird sich lohnen. Ich denke an Luji, er pilgert mit *nada*. Was für ein

Mann! Was für eine Herausforderung. Ich kann es nicht glauben, dass man dies durchsteht. Der sogenannte Standardpilger hat natürlich nicht unsere Ausgaben. 7 bis 10 Euro kostet die Übernachtung in den privaten Albergues, und die *Albergues Munizipal* kosten sogar nur 5 Euro pro Nacht und Bett, aber die sollte man großräumig meiden. Von dort kommen all die Schauermärchen, von dort kommt das ganze Ungetier. Die privaten Albergues sind jedoch in der Regel schön und sauber. Natürlich nicht ruhig. Auch hier hat man 20 bis 40 Leute auf einem Zimmer. Wer das aber aushält, muss nicht in die Hostals. Härtere Pilger als wir es sind, kommen also mit 25 Euro pro Tag aus. Billiger geht nicht, es sei denn man kann im Freien schlafen und traut sich, vor den Kirchen zu betteln. Luji pilgert nur mit solchen Spenden, wie er mir später beim Bier in Los Arcos erzählt.

So schön Pamplona ist, wir müssen weiter nach Cizur Menor, das ist bereits 5 Kilometer außerhalb in Richtung Alto del Perdón. Wir gehen diesen Weg heute schon, denn dann haben wir ihn morgen nicht mehr vor uns. So geht Pilgerlogik. Der Weg ist jedoch nicht schön. Es geht an einer Schnellstraße entlang. Hier ist gar nichts mehr schön. Es hat sich eingeregnet, die Autos sausen durch die Pfützen und bespritzen uns. Die Stimmung ist trotzdem noch einigermaßen gut. Wir gewöhnen uns langsam an diesen Weg. Am frühen Abend kommen im Hotel Marriott an. Ich bin mit diesem Hotel sofort zufrieden, die Nacht wird gut werden. Da der Regen immer stärker wird, bleiben wir im Hotel und essen dort auch zu Abend. Ein wunderbares Essen, an was ich mich heute noch erinnere. Wir sitzen in der Lobby, hinter uns prasselt der Kamin, und leise säuselt der Fernseher. Ohne den geht in Spanien ja überhaupt nichts. Nach dem Essen buchen wir die nächsten Übernachtungen am Internet-PC, zumindest die nächsten Nächte wollen wir nicht dem Zufall überlassen.

Die Nacht ist unruhig. Traumfetzen verfolgen mich. Deine Zahlen stimmen nicht, säuselt mein Chef schweizerisch nett und wir bestellen beide ein vorzügliches Dessert. Hinten wetzen sie ihre Messer. Daran muss man sich gewöhnen. Ich weiß, sage ich, unser Verkauf klappt nicht so wie geplant, der Franken ist zu stark geworden, wir können nur noch intern Kosten sparen. Dann tue das bitte, sagt er freundlich und gießt mir einen eleganten Rotwein nach. Ich nicke und weiß, was das heißt. Business ist nicht nett, war nie nett gemeint. Es ist einfach die moderne Art der Kriegsführung. Früher nahmen wir uns gegenseitig das Land weg. Das machten wir Jahrhunderte so. Jetzt sind die Grenzen festgesteckt. Der Krieg geht natürlich weiter. Wirtschaft ist ein Nullsummenspiel, ich muss anderen was wegnehmen, um meinen eigenen Gewinn zu erhöhen. Ich wache gestresst auf. Trinke Wein, viel Wein. Was für ein Schwachsinn träume ich da bloß. Unruhig wälze ich mich bis zum Morgengrauen hin und her.

Tag 5 - 5. März

Du bist König und Bettler, Du bist alles und Nichts.
Ch. Brandstetter

Pamplona / Cizur Menor – Puente la Reina

Um 8 Uhr drängen Geräusche aus dem Bad an mein Ohr. Meine Frau ist bereits wach, ach ja, wir wollten heute ja früher los. Und in der Tat, wir sind bereits 11 Uhr auf dem ersten Berg, dies ist völlig ungewöhnlich für uns.

Der Alto del Perdón (der Berg der Läuterung) ist zwar nur 770 Meter hoch, aber er ist eine Klasse für sich. Weit reicht der Blick von hier oben zurück ins Tal, über Pamplona bis zu den Pyrenäen zurück. Und überall auf dem Berg stehen monströse Windräder. Die sind gut investiert, denke ich, denn ein riesiger Sturm tobt auf dem Berg. Man muss sich permanent irgendwo festhalten. Was für ein Berggipfel. Hier stehen also die berühmten Pilger aus Bronze. Jeder kennt sie von Fotos. Aber das Eigentliche kann man nicht sehen, denn es sind ihre Töne. Der Wind pfeift mit aller Macht durch die Figuren und sie klirren in einer einzigartigen Musik. Das ist wirklich schön. Meine unruhige Nacht ist längst vergessen.

Ich stehe da und bin beeindruckt. Soviel Naturgewalt. Ich hatte gehofft, dass meine Frau hier oben zeichnen wird, aber der Wind lässt es einfach nicht zu. Sie will nur kurz verweilen, aber ich bestehe auf 30 Minuten Pause und setze mich auf einen Felsstein nieder. Wir sind ganz alleine hier oben. Weit sind wir schon gekommen! Über 50 Kilometer liegen hinter uns.

Wir sind jetzt Pilger, rufe ich dem Wind entgegen.

Meine Frau schüttelt amüsiert den Kopf und geht voraus. Wir sind echte Pilger, dies hätte ich niemals gedacht. Der Rücken schmerzt jedoch noch immer. Aber ich habe nur noch 12 kg aufgeladen. Irgendwann müssen die Muskeln sich dran gewöhnen, hoffe ich. Ich will nicht weg und spüre keine Kälte hier oben, meine Frau aber schon. Wir gehen den Hang hinab.

Der Abstieg erweist sich übrigens als viel schwerer als der Aufstieg. Sehr steil, und sehr viel Geröll. Volle Konzentration, aber das ist es ja, was ich suche. Wir kommen in Uterga an, ein verschlafenes Städtchen. Schnurstracks gehe ich ins Rathaus, will meinen Pass abstempeln lassen. Die Frau vor Ort ist überrascht und amüsiert, aber nett. Sie sucht lange nach einem Stempel und ich bekomme ihn in meinen Pass gedrückt.

Die Stempel sind so eine Erfindung der Neuzeit. Ganz früher, im Mittelalter, mussten die Pilger nur die berühmte Jakobsmuschel mit nach Hause bringen. Dies war der Beweis ihrer erfolgreichen Pilgerschaft. Und diese Muschel gab es in Finisterre, dem Ende der Welt, dies ist ja auch unser Ziel. Man musste also noch weiter als „nur" bis nach Santiago. Doch die Kirchenoberen merkten bald, dass man sie betrügen konnte. Man konnte die Muscheln auch unterwegs kaufen, um damit viel schneller zurück zu kehren. Nicht jeder Pilger ging ja freiwillig. Es war auch eine beliebte Strafe, ein Bußgang eben. Und wenn man diesen Weg selber geht, merkt man auch, dass es mit Sicherheit ein Bußgang war, zumindest im Mittelalter. Bei diesem Wetter, mit einfachen Holzsandalen, das war ganz sicher kein Zuckerschlecken.

Die Muscheln wurde abgelöst von der *Credencial*, einem Ausweis, welcher in Santiago ausgehändigt wurde. Den musste man dann zu Hause vorzeigen, ähnlich der heutigen *Compostela*. Auch diese wird in Santiago ausgehändigt. Alle vorherigen Stempel im *Credencial del Peregrino* sind nur für einen selbst.

Diese Gedanken hatte ich beim Austritt aus dem Rathaus bis ich damals lakonisch bemerkte, dass eigentlich alles für einen selbst war, auch die berühmte *Compostela*. Aber dennoch, ich wollte jeden

Tag einen Stempel in meinem Pilgerausweis haben. Die zu Hause sollten schon sehen, wo wir überall waren.

In Uterga lernen wir eine nette Kanadierin kennen. Sie ist in Pamplona eingestiegen und wir gehen etwas zusammen. Sie pilgert alleine. Ich könnte das nie. In Muruzábal trennen sich unsere Wege. Wir haben einen Abstecher vor. 4 Kilometer von unserem Navarresischen Pilgerweg entfernt, direkt am Aragonesischen Camino liegt ein Wahrzeichen der alten Templer, eine einmalige 8-eckige Kirche. Man sagt, dass sie für deren Einweihungsriten benutzt wurde, jedenfalls ist sie einmalig in Spanien. Dort angekommen, macht meine Frau natürlich eine Zeichnung. Gut, dass wir keine Ölfarben dabei haben. Ich nutze die Zeit und lese über die Templer.

Die mysteriösen Templer. Schutzherren des Pilgerweges seit dem 12. Jahrhundert. Ein Eliteorden des Mittelalters. Bis sie zu mächtig und brutal zerschlagen wurden. Im Castillo de Ponferrada – ihrer damaligen Hochburg Ende des 12. Jahrhunderts – werden wir noch viel über die Templer erfahren. Der gesamte Orden wurde vom Papst und dem französischen König zerschlagen, er erholte sich danach nie wieder. Einige Ordensbrüder gingen zu den Freimaurern über, einem Bund, der auch heute noch aktiv ist. Jeder kennt seine Zeichen auf dem Dollarschein und vieles mehr. Selbst in der Kathedrale von Santiago thront heute noch ein riesiges Auge über dem gesamten Innenraum. Ich weiß nicht, was es bedeutet, wahrscheinlich, Gott sieht uns alle, die Freimaurer aber auch.

Die Kirche der Templer ist zu. Diese Enttäuschung bleibt uns leider auf dem gesamten Weg nicht erspart. Viele Kirchen, viel zu viele sind geschlossen, darüber werde ich mich fast jeden Tag aufregen. Wir fühlen uns als spirituelle Pilger. Ich habe den festen Wunsch in jede Kirche zu gehen, die sich mir anbietet, denn diese

Kirchen am Pilgerweg sind etwas Besonderes. Die spanische Tradition, ja die ganze spanische Herrlichkeit um 1500 zeigt sich in ihnen. Ich weiß, vieles ist Blutgold, vieles wurde den Nordamerikanern abgepresst. Geraubt und gemordet wurde für all das Gold hier. Spanien war mal eine Weltmacht, eine sehr brutale. Aber jede Weltmacht ist so. Und ich kann nichts verurteilen. Doch was mich am meisten beeindruckt, sind die tiefreligiösen Menschen in all den Kirchen, ihre Gesänge, ihre Gebete. Jeden Tag. Wirklich jeden Tag. Spanien – jedenfalls hier oben - ist ein tiefgläubiges Land. Es tut ihm bestimmt gut.

Wir müssen zurück auf unseren Jakobsweg, dem Navarresischen, der sich nun hier in Puente la Reina mit dem Aragonesischen zum berühmten Camino Francés vereint. Geographisch vereinigen sich beide Wege bereits in Obanos, 4 Kilometer vorher, seit jeher streiten die Örtchen um diese Berühmtheit. Und Obanos ist auch für das *Misterio de Obanos* bekannt. Eine adlige Dame ließ sich im Mittelalter auf dem Pilgerwerg bekehren, entsagte allen weltlichen Dingen und ging hier ins Kloster. Ihr Bruder erschlug sie daraufhin, wurde aber selbst bekehrt und verrichtete hier anstatt der Schwester seinen Dienst als Eremit bis zu seinem Lebensende. Ich denke an diese Geschichte, als wir den kleinen Aufstieg nach Obanos erreichen, dann geht es leicht bergab nach Puente. Geschafft kommen wir dort an und nehmen gleich am Anfang des Ortes die Albergue Jakue. Sie ist für ihren guten Standard weit und breit bekannt und besitzt darüber hinaus Hotelanschluss, oder besser, Privatzimmer zur Vermietung. Genau das Richtige für uns. Ich freue mich auch schon auf die Bar am Abend, auf die Gespräche mit all den anderen Pilgern hier in der Albergue.

Nach einem Mittagsschläfchen gehen wir in den Ort. Puente la Reina hat eine der schönsten Brücken am Jakobsweg. Die Sonne steht günstig, wir machen zahlreiche Fotos. Heute zeigt sich alles von seiner schönen Seite.

Der ganze Ort ist eine Pracht. Eine feine Altstadt, schöne Kirchen, und wieder Tapasbars. Die Spanier zelebrieren alles. Wir kehren irgendwo ein und genießen den Abend. Als wir in die Albergue zurückkommen, bin ich enttäuscht. Keiner ist an der Bar. Ich spreche mit dem Barmann, er schüttelt frustriert den Kopf. Die Pilger sind nie abends hier, sagt er, Pilger schlafen eigentlich immer. Gleich wenn sie kommen, gehen sie ins Bett, dann essen sie kurz, dann gehen sie wieder ins Bett. Schade. Hätte heute gerne noch ein Bier getrunken.

Ich bin noch nicht müde.

Tag 6 - 6. März

Stirb & Werde.
J.W. Goethe

Puente la Reina – Estella

Die beiden großen Pilgerwege sind jetzt vereint, aber dennoch sind nicht mehr Pilger unterwegs als vorher. Wahrscheinlich starten doch die meisten wie wir, auf dem Weg der Navarra. Oder es liegt daran, dass der Somport-Pass, der Pyrenäenpass des Aragonesischen Weges, noch gar nicht passierbar ist. Er ist noch höher als Roncesvalles. Dort wird zu viel Schnee liegen. Wie auch immer, wir sind wieder alleine unterwegs. Die Sonne wärmt bereits die Haut. Spanien zeigt sich erneut von seiner Sonntagsseite. Unterwegs gibt es schöne Stellen für die Rast. Wir treffen die Kanadierin vom Vortag und kommen ins Gespräch. Sie hält ihre Füße in einen kalten Fluss. Man soll das nie machen, steht überall, denn hinterher bekommt man garantiert Blasen. Aber was soll's, es ist wirklich heiß heute. Die Kanadierin erzählt, dass sie gerade eine Trennung von ihrem Mann durchgemacht hat, sie braucht diesen Weg, ihren Camino, um wieder in Balance zu kommen. Und sie wollte ihn alleine gehen, obwohl sich manche Freundinnen angeboten hatten. Ich bemerke später, dass jeder, der den Weg geht, eine Geschichte hat. Oder einen Wendepunkt im Leben. Niemand geht diesen Weg einfach so. Was ich irgendwie schade finde, denn der Weg ist bereits als Naturpfad phänomenal. Er verwebt uns wieder mit der Natur. Er bringt uns zurück zur richtigen Geschwindigkeit. *Down to earth*, würde der Amerikaner sagen. Ich nehme mir vor, diesen Weg irgendwann einfach so zu gehen.

Aber kann man einfach so pilgern? Ist das dann nicht Wandern? Ist Pilgern nicht eine Art Langstreckenwandern, wie viele denken. Nach dieser Reise glaube ich das übrigens nicht mehr. Ganz und gar nicht. Pilgern hat immer geistige Urgründe, Wandern körperliche. Das ist der Hauptunterschied, auch wenn man in beiden Fällen zu Fuß geht, auch wenn Körper und Geist letztlich eine Einheit bilden.

Nach einer Stunde Rast gehen wir weiter. Irgendwann kommt ein kurzer, aber steiler Aufstieg, direkt vor Lorca. Wasser. Wasser. Wasser. Meine Welt ist geschrumpft. Aber die Trinkflasche ist bereits leer. Der Rucksack zerrt erbarmungslos am Rücken und die Sonne brennt auf dem Kopf. Die Stimmung ist völlig gekippt. Warum tun wir uns das bloß an? Was soll das alles? Ich kann nicht mehr. Auch meine Frau schleppt sich nur noch so dahin. Schritt für Schritt für Schritt. Wir müssen mehr Gepäck nach Hause schicken, das ist mir klar. Aber ich weiß, dass wir nur noch die nötigsten Dinge im Rucksack haben. Viel leichter kann der Rucksack nicht mehr werden. Wir müssen dringend eine Pause machen. Oder langsamer laufen. Wir kämpfen gegen uns selbst und gehen mühsam weiter. In Villatuerta atmen wir auf, hier dringt Lebensfreude an unsere Ohren. Endlich kommen wir auf andere Gedanken. Junge Leute haben ein Volksfest veranstaltet und sich in allerlei Trachten gehüllt. Dies sieht nach einem richtig gesunden Dorfgelage auf. Die Jugend grölt als wir kommen und lädt uns ein. Wir lassen dies lieber bleiben und schauen den hübschen Mädchen in ihrem Rot und Grün und Pink nach. Jedenfalls ertappe ich mich dabei. Sie ihrerseits sehen einen erschöpften, verschwitzen und leicht übergewichtigen älteren Herrn, und denken sich sicher amüsiert ihren Teil über den komischen Pilger. Im nächsten Leben werde ich eine Frau, das hatte ich mir aber schon länger vorgenommen. So soll es sein!

Als wir einen Berg hinunter kommen, sitzen drei junge Leute im Gras und dösen vor sich hin. Wir merken bei der Begrüßung, *Buen Camino*, dass sie Deutsche sind und bleiben kurz stehen. Es sind Medizinstudenten aus Potsdam, die sich vorgenommen haben, den Weg während ihrer Semesterferien zu gehen. Was für eine gute Idee. In uns kommt der Plan auf, unseren eigenen Kindern den Pilgerweg zu schenken. Ob sie das wollen? Wir wissen es nicht. Die drei Studenten jedenfalls sehen sehr glücklich aus und wir gehen zusammen weiter.

Irgendwann wird der Weg jedoch richtig hässlich. Es geht an einer Industriefabrik vorbei. Es stinkt maßlos. Jetzt bloß nicht atmen, denke ich noch und durch diesen Gedankenstress bekomme ich Atemnot und ziehe den gesamten Gestank mit einem tiefen Atemzug in meine Lunge. Ekelhaft. Jetzt bin ich bestimmt krank, rede ich mir sofort ein. Irgendeine Gummifabrik oder was auch immer. Rechter Hand sieht es auch nicht besser aus, die Armutsviertel von Estella. Auf einmal kommen uns viele Arbeiter entgegen. Es sieht nach Schichtwechsel in der Gummifabrik aus. Uns fällt auf, dass hier jeder zu Fuß läuft, keiner kommt, keiner geht mit dem Auto. Die Luft wird dadurch aber auch nicht besser, denke ich sarkastisch. Und dann erreichen wir endlich Estella. Estella, die Schöne, wie der Volksmund hier sagt. Und es stimmt. Nachdem wir eine steile, aber eindrucksvolle Brücke überquert haben, sind wir in der Altstadt. Unser Hotel liegt perfekt, mal wieder. Es ist Tag 6 und wir haben bis jetzt nur gute Unterkünfte gehabt. Dies soll so bleiben, mit eins, zwei Ausnahmen. Wir sind in einem 4-Sterne-Haus, Hospederia Chapitel, und bekommen ein gutes Zimmer, mit Badewanne. Die Muskeln werden es uns danken. Obwohl der Pilgerführer mal wieder nur ebene Wege anzeigte, ging es in Wirklichkeit hoch und runter, hoch und runter. Ich blättere in der Map durch die kommenden Tage. Beim *Cruz de Ferro* höre ich lieber auf.

Das schaffen wir nie, hier zeigt selbst die Karte steile Anstiege an. Wie wird es dann erst in Wirklichkeit sein?

Erschöpft fallen wir auf das Bett. Jetzt geht gar nichts mehr. Im Hinterhof bellt ein Hund, aber auch das ist egal. Was für eine Etappe. Wir dösen sofort ein. Am Abend gehen wir in das Stadtzentrum, und sind sofort begeistert. Was ist denn hier los? Eben waren wir noch in abgelegensten Dörfern. Einsamkeit pur. Und hier ist der Teufel los. Hunderte von Kindern rennen durch die Gassen. Auf dem Marktplatz eine überdimensionale Hüpfburg. In den Gassen Verkaufsstände mit Kinderbegleitung. Sieht nach einem Tag des Kindes aus. Ich freue mich, denn Kinderlärm liebe ich. Hier ist ordentlich was los. Wir nehmen wieder ein Pilgermenü zu uns. Wieder nur 9,50 Euro, pro Person, jeder eine Flasche Wein. Wir entscheiden uns, wenigstens eine Flasche Wein in Wasser umzutauschen, sonst ist der Abend zu schnell rum. Zumindest für meine Frau. Ich bin von den vielen Geschäftsessen gut trainiert. Zu irgendwas müssen die endlosen Meetings ja auch nütze sein.

Auf dem Rückweg schauen wir spontan in die Kathedrale. Und ich bin hocherfreut. Es ist Gottesdienst, und das gegen 21 Uhr. Spanien ist erwacht. Der Gottesdienst ist eine tiefe Erholung. Spanisch scheint die Sprache der Gebete zu sein. (Deutsch, die der Maschinenbauer, denke ich nicht ganz so erfreut). Alles klingt erhaben. Obwohl ich nichts verstehe, lasse ich mich in die Stimmung hineinziehen. Der Pilgerweg beginnt mich zu umwerben. Wie im Nebel sind die Dinge von zu Hause, verblasst der Stress auf Arbeit. Pilgern ist nicht Wandern. Pilgern ist viel mehr, hier ahne ich es langsam. Vor meinem geistigen Auge kommen all die Leute der vergangenen Tage hoch, ihre Geschichten, ihre Beweggründe, diesen Weg zu gehen. Man trifft viele junge Leute, das hat mich überrascht, aber auch viele Ältere. Nur mein Alter ist wenig vertreten, zu wenig finde ich, aber wer hat mit Ende 40 auch 6 Wochen Zeit.

Nun, ich habe sie, habe ja meinen Job gekündigt. Und bin mittlerweile echt froh, dass wir diesen Weg gehen. Viele Wochen später, in Deutschland, werde ich einem smarten Großindustriellen gegenüber sitzen und ihm sagen, dass jeder seiner Führungskräfte auf den Camino muss. Besser als jedes Firmenevent, oder jede Teambildungsmaßnahme. Was habe ich früher nicht schon alles zur Teambildung machen müssen. Mit anderen Trainees in Kindergärten ausgeholfen, mit dem Führungsteam Holzfiguren geschnitzt, in U-Form gesessen und über Probleme geschwafelt, im Kletterwald gegenseitig Vertrauen gewonnen, eben all der ganze Schwachsinn, den sich Personaler ausdenken, die selbst niemals ein Team führen werden. Die nicht wissen, wie es wirklich ist. Der Großindustrielle wird mir nachdenklich zunicken, er wird es machen. Ein kluger Mann.

Ja, der Jakobsweg ist etwas für Manager. Er ist das Beste, was denen - nein, was uns Typen - passieren kann. Wir alle brauchen unseren Reset-Knopf. Ein Leben lang 70 Stunden pro Woche arbeiten, ja, dies geht selbstverständlich, Frau Merkel kann das schließlich auch. Aber man muss trotzdem irgendwann innehalten. Und man muss sich bewusst *für* oder *gegen* ein solches Leben entscheiden. Wiegt die (geborgte) Macht, der Luxus und die eigene Wichtigkeit die Minusseiten auf? Der Jakobsweg hilft, zu seiner eigenen Wahrheit zu finden, das ist jetzt schon klar. Und es ist erst Tag 6. Zufrieden lausche ich der Messe, dann gehen wir ins Hotel und buchen die nächsten Nächte. Der Jakobsweg ist etwas für mich geworden, auch wenn ich mich niemals in den Massenunterkünften heimisch fühlen werde.

Aber das muss ich eben auch nicht.

Tag 7 - 7. März

Übe Dich in Gelassenheit.
A. de Mello

Estella – Los Argos

Obwohl das Hotel sehr gut war, habe ich leider schlecht geschlafen. Zuviel Kopfkino. Das Hotel konnte nichts dafür. Wir frühstücken auf dem Zimmer, da im Preis kein Frühstück enthalten ist. Unser Essen ist denkbar einfach. Chorizo, Weißbrot, etwas Fanta. Kaffee wird es unten geben.

Bei bestem Wetter gehen wir los. Nach ca. 40 Minuten kommt ein Highlight des gesamten Weges. Das *Monasterio de Irache*. Aber nicht das Kloster ist das Besondere, ... obwohl ist es doch. Aber der Clou ist etwas anderes. Bei allen Pilgern weit und breit ist der Weinbrunnen bekannt. Luji aus Grenoble sprach zuerst davon. Natürlich wusste meine Frau Bescheid, ich damals aber noch nicht. Hier im *Monasterio* kann man Wein zapfen so viel man will. Und ich will. Es ist zwar erst 10 Uhr, aber das muss man einfach machen. Ich hole meine Wasserflasche raus, schütte all das lästige Wasser weg (schmeckte eh fad!) und fülle die Literflasche mit Wein auf. Nach der Hälfte protestiert meine Frau, wir haben ja noch 20 Kilometer vor uns, und es soll heiß werden. Mürrisch mache ich die Flasche zu. Aus Dankbarkeit an *Bodegas*, die das finanzieren, kaufe ich ein kleines Weinglas, es wird mein Begleiter und mich lange daran erinnern. Was für eine schöne Tradition.

Nach der kleinen Weinprobe, so will ich das Gelage mal nennen, gehen wir doch noch in das Kloster. Riesig ist der Innenraum. Riesig und still. Ehrfurcht kommt auf. Richtige Ehrfurcht, vielleicht liegt es ja auch am Wein. In Gedanken wandere ich in die Zeit zurück, als hier noch Hochbetrieb geherrscht haben muss. Wenn man hier gelebt hat, musste man gottesfürchtig werden, das ist mir klar. Und warum auch nicht? Jede Zeit prägt seine Kinder. Und jede Zeit denkt ironischer Weise, sie hätte mit ihren Ansichten recht. Endlich sei die ganz große Wahrheit gefunden, hört man dann. Waren die früher nicht alle blöd, denkt man dann. Bis die nächste Generation kommt und die *jetzige* für dumm und dämlich erklärt, und zum Glück alles erneut zertrümmert. So geht das Spiel, so geht das Leben. Heute sind wir die Klugen und wissen alles (besser). Bis, ja klar, ... unsere Kinder warten schon. Auch unsere Märchen werden einmal zerrissen werden. Und irgendwann in naher Zukunft werden sie uns bestaunen, die, die wir so ehrfürchtig an Wissenschaft und Fortschritt geglaubt haben. Und sie werden herzerfrischend über uns lachen. Doch das ist irgendwann.

Jetzt bestaunen wir diejenigen, die hier einmal ihren Gott anbeteten.

Interessiert schaue ich mir die Grabsteine an, gehe durch riesige Hallen. Richtig vorstellen kann ich mir das frühere Leben aber immer noch nicht. Aber ich finde, gottesfürchtig ist nicht schlecht. Sicher hilft es bei Pein und Schmerz.

Meine Frau will weiter, wir haben immerhin noch 20 Kilometer vor uns. Ein großes Problem beim Pilgern. Wenn man nicht geht, kommt man nicht an. Wie weise. Es gibt keine Alternative! Natürlich gibt es die und morgen werden wir auch eine ausprobieren. Doch heute wird anständig gepilgert.

An den Aufstieg nach Villamayor kann ich mich nicht mehr erinnern. Ich habe keine Bilder dazu im Kopf. Vielleicht lag es am Wein, an der Sonne oder ich war zu tief in Gedanken gewesen. Aber ich erinnere mich, dass oben am Rathaus ein Stempel auslag. Jeder Pilger konnte dort selber seinen Ausweis abstempeln. Das fand ich toll. Das Heft füllte sich langsam. Ich war glücklich über diese neuen Stempel, das weiß ich noch. Und es gab einen Getränkeautomaten in dem kleinen Ort auf dem Berg. Eine nette Geste des Dorfes. Da es oftmals an Bars mangelte, hatten die Einheimischen in mehreren Dörfern Getränkeautomaten aufgestellt. Dort konnte man für faire Preise Wasser oder Cola kaufen. Leider gab es die Tradition später nicht mehr.

Überhaupt erscheint mir im Nachhinein der Camino hier – weit weg von Santiago – viel energiegeladenerer, viel schöner und mit viel mehr Freundlichkeit ausgestattet gewesen zu sein. Ab Sarria sollte es eine Massenpilgerung geben. Aber damals waren wir noch Hunderte von Kilometern davon entfernt.

Irgendwann hat die Wirkung des Weins nachgelassen und ich spüre den Camino wieder. Der Weg in der Navarra ist sehr hart. Die Sonne glüht ohne Erbarmen am Himmel. Der Weg geht zwar leicht bergab, aber er hört einfach nicht mehr auf. Nach einiger Zeit des Abstieges werden wir von einer netten 3er-Gruppe überholt, drei Iren, wie sich herausstellt. Ein lustiges Mädel um die 20 spielt auf der Mundharmonika irische Lieder. Wie schön. Die beiden Männer sind smart und sehr stark. Einer der beiden läuft mit freiem Oberkörper an uns vorbei. Sein Rucksack sieht auf seinem Rücken wie ein Picknicksäckchen aus. Wie macht er das bloß? Braucht er nichts? Wir nicken uns zu und jeder sagt, wo er gestartet ist. Man ist sehr nett zueinander, das ist das Außergewöhnliche. Alle Pilger hier freuen sich aufeinander. Man trifft sich kurz, spricht miteinander und geht weiter. Abends trifft man sich in einer Bar wieder. Alle, die in den Pyrenäen gestartet sind wachsen langsam zu einer Pilgerfamilie zusammen. Wenn man andere trifft, fragt man sofort, ob der oder die schon gesehen wurden. So erfahren wir später, dass das nette Mädel mit der Mundharmonika irgendwann aufgeben musste. Füße voller schlimmster Blasen. Schade. Aber 52% der Pilger hören eben auf.

Die Gruppe verabschiedet sich von uns. Wir treffen sie erst wieder, als alle drei in einem Pool am Wegesrand sitzen. Vielleicht ist es auch eine Kuhtränke, aber es sieht aus wie ein Pool. Wir lächeln uns zu und laufen weiter. Aber der Weg findet kein Ende. Irgendwo stand, dass es noch 13 Kilometer bis zum nächsten Ort sind, doch 13 Kilometer beim Pilgern sind lang. Der Rücken schmerzt. Die Gedanken drehen sich nur noch darum. Ich singe leise in mich rein. Und ich merke, dass ich mein Gebet aufsage, welches ich gelernt habe. Heiliger Jakob, beschütze und bestärke uns auf unserem Weg ... Ich bin trotz Strapazen zufrieden. Morgen haben wir die erste Woche geschafft. Wer hätte das gedacht.

Erst gegen 16 Uhr kommen wir in Los Argos an. Die Stadt scheint eine Geisterstadt zu sein. Wir gehen ca. 2 Kilometer die Hauptstraße entlang und alles scheint leer zu stehen. Was für ein Einmarsch. Hier könnte man einen Gruselfilm drehen. Wo sind all die Leute hin? Da wir einfach nicht mehr können, gehen wir in die erstbeste Albergue und machen Rast. Der Chef hier ist ein Österreicher und er spart nicht mit klugen Sprüchen. Viel Wasser trinken und so. Danke. Und bist du selbst schon gepilgert? Nein, dafür leider keine Zeit. Ich lasse meinen Ausweis abstempeln und gehe. Keine Ratschläge vom Österreicher, der selber noch nicht pilgern war.

Unser Hotel Suetexe ist eine einzige Baustelle, war so schön angepriesen im Internet, ist aber nichts als eine staubige Baustelle. Es wird die zweitschlechteste Unterkunft unseres gesamten Weges werden. Ein Bauarbeiter telefoniert kurz und gibt uns dann einen Schlüssel. In all dem Chaos haben sie tatsächlich noch ein Zimmer, was nicht voller Staub ist. Wir bekommen es zugewiesen und haben eine wunderbare Aussicht auf die Kirche. Los Argos ist doch schön. Die Kirchturmglocken schlagen. Meine Frau geht sofort wieder ins Bett. Diesmal folge ich. Es war ein schwerer Weg. Und die unerwartete Hitze. Es ist Anfang März, niemand hat uns darauf vorbereitet. Wir werden einen Sonnenhut brauchen.

Der Abend wird interessant. Zuerst kommen wir in eine Bar mit ca. 50 grauhaarigen Männern. Keine einzige Frau ist hier. In mir steigt ein Gedankenfetzen hoch. Na, Dr. Etto, hier ist die Welt noch in Ordnung, sagte der Bereichsleiter prustend neben mir, als ich mit 35 Jahren in den Oberen Führungskreis eines großen ausländischen Konzerns eingeführt wurde. Nirgends Weiber, schauen Sie sich mal um. Nirgends Weiber. Ich lächelte und hielt meinen Mund. Die Welt war übrigens nicht wirklich in Ordnung zu jener Zeit. Wenig später musste man sich von knapp 50.000 Mitarbeitern trennen. Ja, der Führungskreis hat mir viel beigebracht. In der Zeitung stand immer etwas von gegenseitigem Einvernehmen und guten Betriebsteilverkäufen, klang irgendwie gut. Wir sagten lieber nichts. Das Elend begann ja auch eine Etage unter uns.

Ich komme zurück ins Jetzt und sehe, dass alle Männer meine Frau anstarren. Sie ist auch wirklich schön, aber das ist nicht der wahre Grund, nein, sie ist hier nicht erwünscht. Zum Glück erkennt die Dorfgemeinschaft rechtzeitig, dass wir einfache Pilger sind und wir bekommen an der Bar einen Kaffee. Aber die Blicke der Männer verfolgen uns weiterhin. Ein Kaffeehaus voller Männer. Mitten in Europa. Ein Land voller Traditionen. Ich erzähle meiner Frau, dass Appenzell in der Schweiz bereits im Jahre 1990 das Frauenwahlrecht eingeführt hat. Gegen ganz große Widerstände, dies versteht sich von selbst, es ist ja Appenzell, aber es wurde durchgesetzt. Geht doch! So fortschrittlich ist die Schweiz. Meine Frau weiß natürlich, dass ich die Eidgenossen gar nicht mag. Seit dem du sie eben durchschaut hast, wie sie immer sagt, und sie hält meine Ironie locker aus.

Hier verhandeln wir lieber nicht weiter, der Gastwirt ist zudem freundlich geworden. Und wir verstehen die Zusammenkunft der Herren besser. Die Männer wollen einfach nur Karten spielen und Sport schauen. Ist doch geselliger, als jeder bei sich zu Hause, denke ich. Deshalb erscheint die Stadt so ausgestorben. Man lebt gemeinsam. Eine gute Tradition und der Gegenentwurf zu uns Städtern. Jeder macht seins.

Auf dem Marktplatz treffen wir die Kanadierin wieder und verabreden uns zum Abendessen. Dann kommen die Medizinstudenten vorbei, jetzt nur noch zu zweit. Der Dritte will langsamer laufen und hat sich von der Truppe entfernt. Außerdem will er nicht mehr bis Santiago gehen (Sollte uns das freuen? Jeder zweite muss aufhören, so sagt es die Statistik.) Und nun sehe ich Luji wieder. Ich gehe auf ihn zu und gebe ihm 20 Euro in die Hand. Er ist erschrocken und will es nicht, aber ich bestehe drauf. Ich merke das fehlende Geld nicht und er kann sich eins, zwei Tage betteln ersparen. Aber er macht es trotzdem. Nachdem sich Luji von seinen 20 Euro ein Bier geholt hat, was meine Frau zu Unrecht erbost, geht er zur Kirche und setzt sich an den Ausgang. Nach dem Gottesdienst wird er 4 bis 5 Euro einnehmen, wie ich sehe. Dann sucht er mit den Augen nach Pappe und einen Schlafplatz. Die Nächte sind kalt, erklärt er mir. Ohne Pappe auf den Steinfußboden geht noch nicht. Ich weiß nicht, ob ich noch mehr Geld geben sollte, besinne mich aber. Luji macht heute einen sehr zufriedenen Eindruck. Er geht in einen Supermarkt und holt Weißbrot mit Chorizo. Später erfahren wir, dass eine Frau aus unserer Pilgergruppe Luji zum Abendessen eingeladen hatte. Da Luji aber kaum etwas isst (sein Magen ist bestimmt drastisch verkleinert), ließ er sich im Restaurant die ganzen Teller in Silberfolien einpacken und nahm alles mit. Hoffentlich hat er eine gute Woche.

Nach der Messe gehen wir zu Bett. Ich denke an Luji und genieße mein Bett im staubigen Hotel. Was für ein Luxus. Egal ob staubig oder nicht. Was für ein Luxus! Jeder geht seinen Camino, das beginne ich langsam zu begreifen und das ist etwas, was sich auch heute noch, Wochen nach dem Weg tief in mein Gehirn eingebrannt hat. Jeder geht seinen eigenen Camino, so wie jeder hier seinen Camino geht. Bewerten wir uns nicht, lassen wir das ständige Verurteilen. Jeder geht seinen Camino.

Ich denke an den alten Bauern in Roncesvalles und schlafe zufrieden ein.

Tag 8 - 8. März

Leben ist das, was passiert, während Du eifrig dabei bist, andere Pläne zu machen.
J. Lennon

Los Argos - Logroño

Meine Frau weckt mich lachend und fordert ihr Geschenk zum Internationalen Frauentag. Ich pruste los und bin hell wach. Frauentag, so ein Quatsch. Heute ist Sonntag, wir sind seit einer Woche unterwegs. Und sind mehr als 100 Kilometer gepilgert. Wir sind im Rhythmus. Aber wir haben heute beide keine Lust aufs Wandern. Meine Frau erklärt mir beim Zähneputzen, dass ich mich kümmern soll, sie möchte unbedingt ein Stück fahren, irgendwie, mit dem Esel, Bus oder Helikopter, alles egal. Bitte, sagt sie, nur 4 bis 5 Kilometer! Alles tue ihr weh. Zu den Muskelschmerzen kommen Fußschmerzen und Knieschmerzen und was noch immer. Aber ich bin unschlüssig. Das wäre Schummeln. Und doch lasse ich mich erweichen. Muss doch keiner wissen, sagen wir uns gegenseitig beim Frühstück. Wir entscheiden daher, zur erstbesten Bushaltestelle zu gehen und eine Station in unsere Richtung zu fahren. Die heutige Etappe nach Logroño ist auch sehr weit, über 30 Kilometer. So weit sind wir noch nicht gepilgert.

Und es soll wieder heiß werden, sagen wir uns.

Als wir bei der Bushaltestelle stehen, stelle ich trotzdem etwas erleichtert fest, dass am Sonntag kein Bus fährt. Jedenfalls nicht am Vormittag. Wir müssen also doch laufen, sage ich meiner Frau. Etwas murrend schmeißt sie sich den Rucksack auf den Rücken und wir gehen die Straße entlang. Damit können wir etwas abkürzen. Der Feldweg, also der richtige Camino, geht erneut hoch und runter. Hier an der Straße ist es leichter zu gehen. Und es gibt auch weit und breit kein Auto, was stören könnte. Doch weit gefehlt. Plötzlich, nach einigen Minuten Wanderung hält ein altes, völlig klappriges Auto an und zwei nette, ältere Gesichter strahlen uns an. Uns wird mit Händen und Fingern klar gemacht, dass wir einsteigen sollen. Die beiden sehen sehr vertrauenserweckend aus, wenn auch ihr Auto aus Christus Zeiten zu stammen scheint. Meine Frau hat ihren Rucksack schon lachend in den Kofferraum geschmissen, ich stutze noch. Sie schaut verschmitzt. Hat sie etwa auch Gebete an den Heiligen Jakobus gerichtet? Macht sie das auch? Und was sagt sie da?

Jeder hat seine Geheimnisse.

Auf der Rückbank ist es eng, aber wir fahren auch nicht lange. Nach 10 Minuten halten wir irgendwo in der Pampa und sollen aus dem Auto aussteigen. Wir werden entführt, das ist mir sofort klar. Deutsche Pilger vermisst. Vor meinem geistigen Auge sehe ich schon die Bildzeitung auf Seite 1. Es stellt sich jedoch schnell heraus, dass wir doch nicht gekidnappt worden sind, sondern, dass die beiden alten Leute aus Ecuador kommen und unbedingt Fotos mit uns machen wollen. Wir sind perplex, willigen aber gerne ein. Was für ein ulkiges Paar. Wir machen 20 bis 30 Fotos mit seinem Handy. Dann fahren sie uns weiter nach Sansol. Da die Kirche erneut zu ist – war ja klar! - fahren wir in eine Bar und die Frau besorgt uns einen *originalen* Kirchenstempel. Dann machen wir wieder Fotos. Er mit meiner Frau, ich mit ihr. Es hört einfach nicht auf. Nach der Foto-Session geht es weiter nach Torres del Rio. Hier beenden wir unsere verrückte Fahrt, nachdem wir uns alle mehrmals abgeküsst haben. Lange winken wir uns hinterher. Ein nettes Paar und jetzt sind wir auch in Ecuador bekannt.

In Torres del Rio gehen wir in die erstbeste Albergue und bestellen einen Espresso. Auf der Landkarte erfahren wir, dass wir soeben 7 Kilometer eingespart haben, das sind locker zwei Stunden Fußmarsch. Es ist 10 Uhr, die Sonne scheint herab und wir fühlen uns sauwohl. Plötzlich kommen die beiden Medizinstudenten vom Vortage um die Ecke und dann folgt Luji. Luji stößt einen Schrei der Überraschung aus. Er kann es kaum fassen, dass wir hier sitzen und völlig entspannt einen Espresso trinken. Er ist bereits jetzt völlig erschöpft und schüttelt nur noch den Kopf. Ich merke, wie er langsam Respekt vor mir bekommt. Er dachte, ich wäre so'n Büromensch, so'n Weichei eben, dass niemals Sport treibt. Einer, der den Pilgerweg mit dem Auto fährt. Wie kann er nur? Jetzt nimmt er mich genauer unter die Lupe und nickt mir mit einem kühlen Morgenbier in der Hand anerkennend zu. Ich nicke zurück. Männerfreundschaft für die Ewigkeit. Niemals werde ich das Rätsel auflösen. Ich bin doch nicht verrückt. Hat sich sowieso schon herumgesprochen, dass ich irgendein Bürohengst bin. Auch wenn ich nichts davon erzähle, dass ich eine Schweizer Firma leite. Wir rufen den Pilgerkollegen freundlich zu, *der frühe Vogel fängt den Wurm,* dann gehen wir lächelnd weiter. Internationaler Frauentag, mir soll's Recht sein.

Der Weg, der sich nun auftut ist einmalig. Es geht zwar wieder hoch und runter, aber er ist bis jetzt der schönste Weg seit Roncesvalles. Vielleicht auch, weil das Wetter so mitspielt. Von der Ferne sehen wir Logroño, mit dem Auto vielleicht 30 Minuten, wir werden noch 6 Stunden brauchen, oder mehr. Aber es ist wunderbar. Ich kann mich an dem Weg nicht satt sehen. Wir nähern uns der Rioja, die Weinberge beginnen, der Camino schlängelt sich durch sie hindurch. Ich merke nichts von Fuß und Rücken. Ich will einfach nur gehen. Unser Leitspruch für heute, "einfach nur gehen". Dann kommt Viana. Eine sehr hässliche Außenstadt, aber sehr berühmt. Hier starb 1507 *Cesare Borgia*. Wir besichtigen seine Grabstädte in der Kirche. Bis, ja bis wir hinaus geschmissen werden. Entweder ein Euro Eintritt oder wir müssen gehen, sagt der Gottesfürchtige. Ich protestiere, es ist ein Gotteshaus, aber der Seelsorger bleibt hart. Wir entscheiden uns zu gehen, insbesondere weil er bereits das Wort *policia* ins Spiel brachte. Viana besitzt eine wunderbare Festung, mit Blick in die Ebene. Gehen wir halt da hin. Dort machen wir Rast, fast eine Stunde. Wir essen Chorizo und Weißbrot, dann steigen wir ins Tal hinab.

Man sieht Logroño immer besser, aber die Sicht täuscht. Es wird mühselig werden. Noch mindestens drei Stunden. Vor uns humpelt eine grauhaarige Dame aus Holland. Wir erfahren später, dass sie einen Schlaganfall hatte und es ihr großer Traum war, diesen Weg zu gehen. Sie kämpft gegen die Tränen, ihr Sohn tröstet sie, dann gehen wir weiter. Hoffentlich wird sie ankommen. Wir werden sie nicht mehr treffen.

Vor Logroño geht es steil hoch, wir können nicht mehr, alleine wegen der Hitze. Und dann kommt der Einmarsch. Und wie es im Buche steht - meine Frau ist super glücklich - am Eingang von

Logroño steht ein altes Mütterlein und stempelt die Ausweise der Pilger ab. Das Mütterchen ist mittlerweile richtig berühmt. Einst tat es ihre Mutter, bis sie mit über 92 Jahren verstarb. Jetzt stempelt die nicht mehr ganz so junge Tochter unsere Ausweise und macht brav eine Strichliste. Was für eine schöne Arbeit. Wie sinnvoll! Sage niemand, dass es nutzlos sei. Wie viel Arbeit machen wir, die hinterher weggeschmissen wird. Alles? Oder doch nur mehr als die Hälfte? Hier bleibt etwas. Ich mag Logroño jetzt schon. Und die alte Frau.

Ja, Logroño, die Hauptstadt der Rioja, 150.000 Einwohner, tolle Altstadt, schöne Kathedrale. Und eine Stadt des Essens. Zwei berühmte Tapas-Gassen - wir werden dringend einkehren müssen.

Doch Logroño ist groß, wir stehen verzweifelt vor einem Stadtplan und verstehen ihn nicht. Auf einmal spricht uns ein 20-jähriges Mädchen in perfektem Deutsch an, ob sie helfen könne. Sie komme aus Hannover und studiere hier Spanisch, sie liebt diese Stadt und sie kenne sich gut aus. Besser können wir nicht empfangen werden. Wir erreichen das Carlton Rioja gut gelaunt. Der Hotelier ist überrascht, denn das Hotel ist kein ausgesprochenes Pilgerhotel, eher etwas für die Geschäftsleute, aber er ist sehr nett. In der Nacht lässt er mich dann an seinen PC, damit ich weitere Hotels im Voraus buchen kann. Auch er möchte in keiner Albergue schlafen. Wir verstehen uns prima und dann lädt mich das Hotel – weit nach Mitternacht - noch zu zwei Glas Wein ein. Logroño, du hast es mir angetan.

Im Bett lasse ich den Tag Revue passieren. Hätte nicht besser laufen können. Mir scheint, wir sind im *Flow*. So viele glückliche Zufälle. Soviel Zeichen auf dem Camino, ja so viel Hilfe. Man muss nur schauen. Die Zeichen sehen! Und der ganze Spaß, am Abend trafen wir die Iren in einer Kneipe wieder. Was für ein Hallo. Wir sind eine große Familie geworden, wenn auch nur zeitweise. Man freut sich aufeinander. Und jeder berichtet von seinen Überraschungen. Jeder von seinem Tag.

Mein Alltag ist mir fern geworden.

Tag 9 - 9. März

Realität oder Illusion, was ist was?
Ch. Brandstetter

Logroño – Nájera

Dieser Tag wird schwer. Und zwischendrin sehr monoton, aber auch das gehört zum Pilgern. Ich weiß das. Aber wissen und erfahren sind zwei grundverschiedene Dinge. Wissen ist gar nichts wert, dies steht in den Büchern, es sind die Erfahrungen anderer, niemals die eignen. Kein Buch der Welt kann die Erfahrung des Camino ersetzen, kann nur vorbereiten, kann helfen, aber die Erfahrung muss jeder selbst machen. Ich würde sagen, Wissen ist noch nicht geborene Erfahrung, Wissen ist noch im Embryonalzustand, wird für einen Menschen vielleicht zur Erfahrung, vielleicht aber auch nicht. Ich *erfahre* gerade die Monotonie des Weges.

Während ich so was denke, gehe ich seit zwei Stunden an einer Autobahn entlang. Der Weg aus Logroño raus ist nicht schön. Irgendwann kommt Navarette, ein Lichtblick, die Stadt der Korbflechter. Wir haben uns dort schnell einen Stempel geholt und sind sofort weiter. Ein sehr langer Weg. Jetzt gehen wir die Straße entlang. Ein Umwegschild will uns weismachen, dass es sich lohnen könne, den Pilgerweg um einen Kilometer zu verlängern und durch Ventosa zu laufen. Uns ist sofort klar, dass wir das nicht machen werden. Wer will schon nach Ventosa? Zum Glück haben wir genug Essen und Trinken dabei. Heute gibt es fast 20 Kilometer keine Einkehrmöglichkeit. Man muss das vorher wissen, einfach lospilgern wäre fahrlässig. Der Weg ist schwer. Wir machen an einer Autobahnraststätte halt und meine Frau schläft sofort auf der Parkbank ein. Sie kann nicht mehr. Aber der Wind ist eiskalt, die Sonne verbrennt uns trotzdem, wir finden unseren Rhythmus einfach nicht. Wir fluchen. Warum machen wir das eigentlich? Gestern war es der Traum. Und heute? Wir möchten nach Hause.

Wir raffen uns trotzdem auf und trotten weiter. Irgendwann kommt der Aufstieg auf den Alto de San Anton. Ich hatte mich davor gefürchtet, da er selbst in meinem Heftchen steil aussah. Aber er war es ganz und gar nicht. Was Karten täuschen können. Und er hat sich gelohnt. Oben gehen wir durch romantische Kiefernwäldchen, eins schöner als das andere. Malerische Landschaft. Wir haben einen Traumblick nach Nájera. Vor uns liegen 12 Kilometer leichter Abstieg. Das Beste vom Tage. Meine Frau geht weit vorne weg. Ich schreie hinten meine Freude raus. Glücksgefühle durchströmen mich. Eben noch geflucht. Jetzt das. Lass dich drauf ein, sage ich mir, das ist der Camino. Lass dich einfach drauf ein. Und ich bekomme eine Gänsehaut. Ich lasse mich ja drauf ein, schreie ich in den Wald hinein. Pilgern ist nicht Wandern, ich *erfahre* soeben den Unterschied im Körper und im Geist. Ich fühle mit all den Pilgern vor mir, mit mir, nach mir...

Für einen Augenblick sind wir eins.

Das Wetter ist phantastisch geworden. Gegen die Sonne haben wir uns eingecremt, jedenfalls meine Frau, ich bin ja gegen Sonnencremes und nutze sie nur in Ausnahmefällen. Die sehe ich noch nicht. Ich rückte mir meine Sonnenmütze zurecht, die wir mit Müh und Not gefunden haben. Von wegen, der Camino wäre touristisch geworden, von wegen, an jeder Ecke wird mit den Pilgern Geld gemacht. Das stimmt einfach nicht, jedenfalls nicht hier. In Santiago wird es stimmen, aber nicht hier, 500 Kilometer fern des Zieles. Hier muss man nach allem Nötigen suchen gehen. Irgendwie macht es das Land auch sympathisch. Pilger sind keine Geldquelle. Pilger werden gerne gesehen, fast jeder wünscht uns Buen Camino. Ja, Buen Camino. Der Weg nach Nájera zieht sich ewig, wir unterqueren eine Autobahn oder Bahn und sind dann endlich da.

Auf einmal ist meine Frau verschwunden, sie hat dichterische Verse entdeckt und verweilt vor einer Mauer. Diese Zeilen von damals inspirierten mich sehr. Sie inspirieren mich später auf 1.300 Meter Höhe im dichten Nebel des Kantabrischen Gebirges zu einem eigenen (laienhaften) Gedicht, dieses am Buchanfang.

Pilger, was ruft dich... Ich weiß es jetzt.

In Nájera nehmen wir das erstbeste Kaffeehaus. Dies haben wir gelernt. Immer Pause machen. Immer einkehren. Wasser. Kaffee. Tapas. Die Spanier leben es uns ja vor. Und weit weg ist das überhebliche Lachen. Von wegen, die Spanier können von den Deutschen lernen.

Daran glaube ich nicht mehr.

Ich habe gelesen, dass Spanier die höchste Lebenserwartung in Europa haben, weit vorne, weit vor den Deutschen. Warum sollten die von uns lernen. Ich habe Achtung vor ihrem Lebensstil gefunden. Brauchen wir noch mehr Produkte in dieser Welt? Brauchen wir noch mehr Arbeitsstunden? Die Gewerkschaften waren auf dem richtigen Weg mit ihrer 35-Stunden-Woche, auch wenn es heute nach Utopie klingt, auch wenn ich auf der Arbeitgeberseite sitze. Nein, wozu der ganze Stress? Und warum muss man Exportweltmeister sein? Muss man nicht. Schauen wir hin und wieder nach Spanien. Wir könnten gegenseitig lernen. Deutschland ist sicher kein Vorbild für die Welt. Geht ja auch gar nicht. Wer braucht denn diesen ganzen Kram?

Ich stehe an der Bar und lasse mir - immer noch weit in Gedanken - den Weg zu unserer neuen Unterkunft erklären. Bis die hübsche Tochter vom Wirt aus der Küche heraustritt und mich verschmitzt anblinzelt. Eine kecke junge Dame.

Papa, sagt sie zu ihrem Vater in astreinem Englisch, du zeigst ihm die falsche Unterkunft. Dieser Herr schläft im Hotel, nicht in einer Albergue.

Ich lächele zurück. Das Mädchen irritiert mich. Sehe ich etwa nicht wie ein richtiger Pilger aus? Nun gut, ich bin jeden Tag frisch rasiert, aber sonst. Ich will protestieren, aber sie hat recht, der Vater versteht und wir finden den Weg ins Duques de Nájera. Lange lächelt sie mir nach, ich winke ihr zurück.

Ja, ins Duques, das allerbeste Hotel bis jetzt. Einfaches Landhotel, in dem aber alles stimmt. Ich bin angetan.

Meine Frau möchte eine Stunde schlafen, ich gehe zum Fluss und sitze dort mit meinem Tagebuch auf den Knien. Ich schreibe alles auf, niemals davor hatte ich so viel Muße. Jetzt sind wir knapp 200 Kilometer gepilgert. Und ich fühle mich besser denn je. Die Muskelschmerzen sind weg. Nur die Achillessehne tut weh, das wird sich auch erst nach weiteren hundert Kilometern ändern. Einfach langsam weitergehen, ist meine Devise. Aber bei der Achillessehne muss man aufpassen, jeder Arzt würde jetzt eine Woche Ruhe verschreiben. Doch die haben wir nicht. Und ich gehe sicher nicht zu einem spanischen Arzt (dachte ich damals noch).

Nájera ist sehr schön, direkt am Wasser gelegen, auf der einen Seite die Altstadt, auf der anderen Seite zahlreiche Spielplätze. Spanien, Land der Spielplätze und der Trimm-Dich-Parks für alte Leute. Habe ich in Deutschland noch nie gesehen. Spielzeugparks für Alte. Und sie werden gut genutzt. Tolles Land. Ich gehe einen Berg rauf, um gute Fotos zu machen. Die Kirchtürme spiegeln sich in der Abendsonne, die Stadt wacht langsam auf. Es wird Nacht.

Ich muss meine Frau wecken gehen. Spanien halt. Das Abendessen wird sehr angenehm. Wir treffen Inessa, eine Dame Ende 50, die wir schon seit Tagen von Ferne grüßen, mit der wir aber noch nicht gesprochen haben. Es wird ein sehr schöner Abend.

Wir verabreden uns, morgen gemeinsam zu pilgern.

Tag 10 - 10. März

Jede Begegnung, ist eine Begegnung mit sich selbst.
Unbekannt

Nájera – Santo Domingo de la Calzada

Das beste Frühstück seit Tagen. Wir haben uns entschieden, die 5 Euro auszugeben und in der Lobby zu frühstücken. Und es gibt nicht nur typischen Süßkram, sondern Ei, Brot, Käse und jede Menge frisch gepressten O-Saft. Am Nachbartisch sitzen Marc und Sophie, zwei Chinesen. Sie sind nach Australien ausgewandert und haben sich neue Namen gegeben. Es ist ein sehr nettes Pärchen. Leider hat die junge Frau große Probleme mit dem rechten Fuß bekommen. Nur mit starken Tabletten kann sie noch weitergehen. Wir empfehlen ihr *Jacotrans* zu nutzen, und sie entscheidet sich auch dafür. Ohja, *Jacotrans* kann nützlich sein, für 7 Euro fahren die dein Gepäck zur nächsten Unterkunft. Und es klappt immer. Ein guter Service. Wir haben es noch nicht gebraucht, aber gut, dass es so etwas gibt. Allerdings hat man mit *Jacotrans* kein Anrecht mehr auf einen Platz in einer staatlichen Albergue, denn offiziell heißt es dann, *Pilgern mit Begleitfahrzeug*. Das gibt dir dann nicht mehr die Garantie auf eine Unterkunft in den *Albergues Munizipal*, die sonst der Staat zur Verfügung stellt.

Spanien macht viel für seine Pilger.

Gleich hinter Nájera geht es ziemlich steil hoch. Die Sonne brennt bereits um 10 Uhr auf der Haut. Es wird heiß werden. Wir gehen zusammen mit Inessa vom Vortag und reden über dies und das. Inessa pilgert alleine. Seit ihr Mann, ein erfolgreicher Arzt, gestorben ist, findet sie nicht mehr zu sich selbst. Vielleicht bringt Pilgern die erhoffte Ruhe in der Seele. Ich wünsche es ihr sehr. Auf einmal stutzen wir. Vor uns auf dem Weg sitzen Sophie und Marc. Sophie kullern Tränen über das Gesicht. Es geht nicht mehr, sie brauchen dringend ein Taxi, was in dieser Einöde aber kaum zu bewerkstelligen ist. Inessa hilft mit Wundverbänden, dann gehen wir weiter.

Der Weg ist schwer. Wir reden wenig.

Nach einer halben Ewigkeit kommen wir eine Anhöhe hinauf und erreichen einen Golfplatz. Was für Bausünden in dieser Landschaft. Spanien hatte schon bessere Zeiten, vor der großen Immobilienkrise. Hier stehen ca. 100 leere Häuser und warten auf einen Käufer. Schlimm die Ruinen, schlimm alleine die Idee, hier sowas Künstliches zu bauen. Man müsste alle Eigentümer verpflichten den Urzustand herzustellen, aber das wird es nie geben. Dieses Golfer-Dorf wird lange sterben. Dann kommt Santo Domingo de la Calzada. Schon der Name klingt verheißungsvoll. Die Stadt ist tatsächlich eine kleine Perle. Der heilige Santo Domingo hatte hier mit einem Hospital für Pilger angefangen, er wird heute noch in der Kathedrale verehrt. Aber berühmt geworden ist es wegen einer Legende.

Im 14. Jahrhundert kam eine Familie aus Xanten hier vorbei. Sie hatten einen 18-jährigen Sohn und die Wirtstocher verliebte sich Hals über Kopf in den wohl schönen Jüngling. Aber er wies sie ab. Was für eine Schmach. Aus Rache verstecke sie Tafelsilber in seinem Rucksack und überführte ihn später des Diebstahls. Auf Diebstahl von Silber aber stand zu jener Zeit die Todesstrafe und der junge Mann wurde gehängt. Als die Eltern in tiefster Trauer zum Galgen gingen, um sich zu verabschieden, sahen sie ihren Sohn jedoch lebendig am Galgen zappeln. Sie gingen sofort zum Richter und erklärten ihm, dass ihr Sohn unschuldig sei, denn Gott hätte ihn überleben lassen. Der Dorfrichter aber saß gerade beim Mittag und sagte den Eltern ins Gesicht, dass ihr Sohn so tot sei, wie die beiden gebratenen Hühner auf seinem Teller. Als er das aber sagte, sprangen die Hühner auf und rannten eiligst davon. Daraufhin wurde der Sohn begnadigt. Und heute verehrt die Stadt ihre weißen Hühner. Es ist weltweit wohl die einzige Kathedrale, in der zwei weiße Hühner leben. Natürlich hinter Glas und natürlich wechseln diese wöchentlich. Aber es ist einfach eine Attraktion. Leider muss man für diese Kathedrale Eintritt zahlen, aber man muss das einfach sehen. Das ganze Gotteshaus ist ein Museum.

Santo Domingo ist sehr klein, aber die Altstadt kann sich sehen lassen. Doch ehe wir sie erreichen, stürmen Inessa und ich in eine Albergue. Es ist nach 15 Uhr und für Pilger, die in Albergues schlafen, bereits viel zu spät. Die besten Plätze sind dann schon weg. Inessa bekommt Bett Nummer 31 in einem ziemlich großen Raum. Ich schaue mich interessiert um. Auf einmal höre ich eine bekannte Stimme aus der Dunkelheit des Raumes.

Nee, wirklich, du hier?

Es ist Eddy. Viel haben wir über ihn geredet und überlegt, ob er diese Strapazen mit seinem Knie durchsteht. Aber Eddy strahlt. Er sei zwar nach Pamplona getrampt, damals aus den Pyrenäen, aber dort wurde er sehr gut behandelt und sein Knie kam in Ordnung. Dann sei er den ganzen Weg bis hierher zu Fuß gelaufen. Wir glauben kein Wort, aber Eddy ist einfach sympathisch. Warum auch nicht. Jeder geht seinen Camino. Und wenn er den ganzen Weg trampt, uns ist das egal. Es gibt schließlich keine falsche Art zu pilgern. Eddy ist froh, dass er uns getroffen hat, da er endlich mal wieder Deutsche braucht. Wie verabreden uns zum Abendessen, dann gehen wir in unser Hotel.

Diesmal ist es zu gut, das *Parador*. Wir fühlen uns das erste Mal richtig schlecht. Als Pilger in ein solches Hotel, es ist ein echtes Spitzenklasse-Hotel und das Gegenteil der Albergue, in der ich gerade mit Inessa war. Wir beschließen dafür zu sorgen, dass keiner unserer Pilgerfreunde merkt, wo wir hier im Ort abgestiegen sind. Als wir jedoch das Haus verlassen wollen, kommen uns Sophie und Marc entgegen, sie haben doch noch ein Taxi gefunden. Und wir schämen uns nicht mehr ganz so für das Top-Hotel. Dann geht die Tür erneut auf, und zwei Koreaner kommen rein, auch die haben wir bereits kennengelernt. Ich dachte erst, es wäre ein Pärchen, aber es sind Mutter und Sohn. Bei Asiaten kann ich einfach kein Alter schätzen. Die beiden reichen Koreaner pilgern seit Beginn der Strecke mit *Jacotrans*, das Gepäck wird gerade aus einem Raum geholt und hochgetragen. Warum auch nicht. Jeder geht seinen Camino und wir schleichen uns nicht mehr heimlich aus dem Hotel.

Das *Parador* kann man empfehlen. Superb.

Die Suche nach einem Abendessen entpuppt sich als schwierig. Alles hat im März noch geschlossen. Wir finden mit Müh und Not ein Restaurant und bekommen guten Wein.

Ein schöner Tag klingt aus.

Tag 11 - 11. März

Geh Deinen Weg mit Mut, hab keine Angst vor der Kritik der anderen.
Und, vor allem, lass Dich nicht lähmen von Deinen eigenen Zweifeln.
P. Coelho

Santo Domingo de la Calzada – Atapuerca

Am nächsten Morgen können wir nicht mehr laufen. Irgendwas war gestern zu viel. Wir kommen nicht aus dem Bett und beratschlagen. Die heutige Etappe schaffen wir so nicht, es sind knapp 40 Kilometer vorgesehen. Die Planung ging leider nicht anderes, weil wir unsere Unterkünfte nur so buchen konnten. Irgendwie würden wir schon ein paar Kilometer trampen, das war die Idee. Aber unsere Schmerzen sind zu groß. Wir beschließen, es dem chinesischen Pärchen gleich zu tun, und ein Teilstück mit dem Bus zu fahren. Mit etwas Mühe ist die Bushaltestelle gefunden und wir sind hoch erfreut, als wir erfahren, dass in einer Stunde ein Bus starten wird. Dieser wird unserer sein. Im Bus lernen wir ein Pärchen aus Finnland kennen. Man sieht es schon von weitem, er will unbedingt den Camino laufen, sie will es nicht. In Frómista, 100 Kilometer weiter, werden sie komplett abrechen. Es geht nicht gut, wenn ein Pärchen so unterschiedlich pilgern will. Meine Frau und ich laufen trotz aller Unterschiede relativ gleich schnell. Wir sind ein echt gutes Team.

Bei Belorado steigen wir aus. Viel ist dadurch bereits geschafft. Und es hat uns keinen Tropfen Schweiß gekostet, nur zweimal 3 Euro. Gott, ist Spanien günstig. Wir können es kaum glauben. Jetzt liegen noch ca. 30 Kilometer vor uns, das können wir mittlerweile gut schaffen, dachten wir jedenfalls. Ab Villafranca Montes de Oca geht es in die berühmt-berüchtigten Oca-Berge hinauf. Den Ort am

Fuße der Berge habe ich mir jedoch viel romantischer vorgestellt. Im Mittelalter war er ein wichtiger Punkt für alle Pilger. Hier wurde Kraft getankt für den mühsamen und gefährlichen Weg durch die nachfolgenden Oca-Berge. In Wäldern gab es damals zahlreiche Räuber und wirklich gefährliche Tiere. Wir lesen das, als wir hier Rast machen. Ein mulmiges Gefühl stellt sich ein. Wir sind ganz alleine. Durch die Busfahrt sind wir den meisten Pilgern voraus.

Man muss dazu wissen, dass die meisten Pilger immer an einem Wochenende an ihrem Ausgangspunkt starten, so dass man eigentlich mit vielen Pilgern parallel läuft. Bei uns sind es seit den Pyrenäen ca. 40 Leute. Jetzt sind wir jedoch alleine, denn wir haben uns mindestens einen halben Tag Vorsprung erschummelt, unsere Pilgerfreunde werden erst viele Stunden später hier ankommen. In Burgos wollen wir einen Tag Pause machen, dann wären wir wieder mit den anderen im Rhythmus. Wir werden heute also niemanden treffen, wir müssen alleine durch.

Der Weg ist schön, am Anfang sogar sehr schön. Wir drehen uns zurück ins Tal und haben eine wundervolle Aussicht. Der knarrende Kies unter unseren Füßen erhöht das Gefühl der Ruhe und des Alleinseins. Ich laufe wie im Trance. Nur von weit her dringen Autobahngeräusche an unsere Ohren. Wir finden unseren Rhythmus und steigen langsam auf. Obwohl wir immer noch Schmerzen haben, meine Frau mehr als ich, geht es gut voran. Wir sind mitten in den dichten Oca-Wäldern. Ich erinnere mich, dass ich auf den Tag genau vor einem Jahr wegen Herz-Kreislauf-Problemen im Krankenhaus landete. Lange, lange ist das her. Der Kies knirscht weiter unter meinen Füßen, ich suche den Wald nach Tieren ab. Die Feuerschneisen oben auf dem Berggipfel verschandeln die Landschaft, denn der Camino wird auf einmal riesig breit, bestimmt 20 Meter. Und das mitten in einem ansonsten dichten Wald. Aber so kann uns wenigstens kein Wildschwein umrennen.

Und auf einmal - ca. 250 Kilometer nach dem Start in den Pyrenäen - beginnen bei meiner Frau höllische Fußschmerzen. Schmerzen, die uns noch lange beschäftigen werden. Erst ignoriert sie diese, aber irgendwann geht es nicht mehr. Diese Schmerzen werden uns beide fast zur Kapitulation zwingen, denn wir haben uns vorgenommen, dass dann, wenn einer ausfällt, auch der andere aufhören wird. Keiner will alleine nach Santiago. Ich finde die Regelung fair.

Wir machen nun bereits alle tausend Meter eine Pause. Meine Frau zieht die Schuhe aus, dann wieder an. Aber es wird nichts. Ein Zeh scheint gebrochen, zumindest ist er stark deformiert. Wir schleppen uns mühsam weiter, die Stimmung ist auf dem Nullpunkt. Irgendwann hält ein Förster mit seinem Fahrzeug und bietet seine Hilfe an. Aber er will nur meine Frau mitnehmen, ich solle alleine weiter pilgern. Doch meine Frau weigert sich, alleine mitzufahren. Wir sind mitten in den dichtesten Wäldern. Sie hat Angst um mich, ich um sie. Gemeinsam kämpfen wir uns den Weg entlang. Und dann, irgendwann, nach vielen Tränen des Schmerzes, erreichen wir San Juan de Ortega, ... und werden reichlich belohnt.

San Juan de Ortega ist *magisch*, eins meiner Lieblingsworte auf der Reise, aber trotzdem ist es wahr. Wir sind über 1.000 Meter hoch und alleine in dem Ort. Von hier kam also der heilige Santo Domingo. Eine sehr große Kirche steht in diesem Dorf. Man muss unbedingt hineingehen, den Altar auf sich wirken lassen. Es ist unbeschreiblich, und auf einmal fängt draußen vor der Tür jemand mit einer Trompete zu spielen an. Mitten in der Pampa sitzt jemand auf einer Bank und spielt - für uns ? - Trompete. Und wie er spielt. Ich erinnere mich an ein Konzert in der Dresdner Frauenkirche. Wir gehen hinaus, sitzen eine geschlagene Stunde auf einer Parkbank und lauschen dieser Musik. Der Mann spielt einfach so für sich, oder doch nicht? Ich überlege, ob ich Geld geben solle, verwerfe den Gedanken aber sofort. Das wäre Frevel. Diese Stimmung - hier oben in den verlassensten Bergen - saugen wir mit der Seele auf. Meine Frau bekommt ihren Mut zurück. Ab jetzt geht es nur noch bergab, flüstere ich ihr zu, dies will sie schaffen.

Wir nicken kurz auf der Bank ein, dann stehen plötzlich zwei Damen vor uns. Sie werden uns die nächste Woche begleiten. Zwei richtig nette Damen aus Duisburg. Und ein Redeschwall bricht über uns herein. Woher wir kämen, wann wir gestartet seien, wie wir denn hießen und wo wir hinwollten? Wir blinzeln den Redeschwall an und ich gehe für alle Kaffee holen, dann kommen wir ins Gespräch. Der Trompeter hat aufgehört, die Magie ist verschwunden, San Juan ist ein normaler Ort geworden. Schade. Aber die beiden Damen erweisen sich als äußerst nett und wir verabreden uns für den Abend, dann gehen wir alleine weiter. Meiner Frau geht es wieder etwas besser, die lange Pause tat ihr gut.

Der Abstieg aus San Juan ist schön, schon in der Ferne können wir unseren heutigen Zielort, Atapuerca, sehen. Als wir näher kommen, erregen große Schilder mit Steinzeitmenschen unsere Aufmerksamkeit. Richtig. Atapuerca ist einer der angesagtesten Orte der Archäologen Europas. Dort wurden unglaublichste Funde gemacht. Menschenskelette von vor einer Millionen Jahre - als man noch gar keine Menschen in Europa vermutete - wurden hier ausgegraben. Wie so oft, musste die gängige Lehrmeinung revidiert werden. Und daran ist nichts Schlimmes, wenn man sich auf die nun aktuelle Lehrmeinung nicht so viel einbilden würde. Rechter Hand vom Camino sehen wir die Ausgrabungsstätten. Mit mehr Kraft und Zeit würde ich die gerne besuchen. Aber beides fehlt reichlich. Zum Glück werden wir in Burgos in das Atapuerca-Museum gehen, ein Muss. Das beste Evolutionsmuseum, was ich bisher gesehen habe.

Aber aktuell steht uns nicht der Sinn nach Erkenntnissen. Wir wollen eigentlich nur noch ins Hotel, und freuen uns auf die *banera*, die Badewanne. Doch wir können unser Hotel nicht finden. Plötzlich hält ein Autofahrer an und meine Frau erklärt ihm, was wir seit 20 Minuten suchen. Der Autofahrer schüttelt jedoch den Kopf und zeigt ganz weit in die Ferne. Das Hotel Atapuerca hieße zwar so wie der Ort hier, sei aber 8 Kilometer außerhalb des Ortes an einer Fernverkehrsstraße gelegen. 8 Kilometer, das ist ein Klacks für jeden Autofahrer. Klar. Aber wir sind zu Fuß hier. Und wir können einfach nicht mehr. Nein, wir können heute nicht mehr, 30 Kilometer stecken uns in den Knochen. Er sieht das mit geübtem Blick und fordert uns freundlich auf, in sein Auto zu steigen, dann fährt er uns den halben Weg bis San Juan zurück; später geht es sogar fernab vom Camino. Nach 15 Minuten Autofahrt sind wir endlich da. In der Ferne am Horizont ist Atapuerca zu sehen. Was für ein Glück, dass wir mitgenommen wurden.

Danke, Heiliger Jakobus, danke!

Das Hotel ist ein klassisches Fernfahrerhotel, die Eigentümer sind jedoch sehr freundlich. Das Essen ist typisches Fernfahreressen, Pommes mit Schnitzel und dergleichen. Aber wir haben keine andere Wahl, denn ringsherum ist nichts außer Landschaft. Wir werden einen ruhigen Abend haben. Am Nachbartisch nickt uns ein Pärchen zu, sie scheinen auch Pilger zu sein. Sind sie auch, wie sich später herausstellt. Und – wir können es nicht glauben - sie verbringen ihre Flitterwochen auf dem Camino. Kommen extra aus Australien hier nach Europa. Das haben wir noch nie gehört, aber die beiden sehen sehr glücklich aus. Flitterwochen auf dem Camino. Warum nicht. Wir lernen, dass es einfach alles gibt.

Nach dem Abendessen fällt meine Frau ins Bett, der Wein hat gewirkt. Ich schreibe mein Tagebuch, dann ist auch für mich der Tag zu Ende. Ich denke noch, dass es hier sehr einsam sei, mitten in dieser Einöde, dann nicke ich ein. Doch in der Nacht schrecke ich hoch. Ich träume von Steinzeitmenschen auf dem Camino und schlafe unruhig wieder ein.

Tag 12 - 12. März
Selten tritt dem Weisen das Schicksal in den Weg.
L. A. Seneca

Hotel Sierra de Atapuerca – Burgos

Heute steht ein Höhepunkt an, Burgos. Seit Tagen freue ich mich drauf. In Burgos werden wir fast 300 Kilometer geschafft haben. Nie hätte ich das gedacht. Wir nähern uns dem ersten Drittel der Reise. Aber noch sind wir ja nicht da. Das Frühstück war ein typisches Truckerfrühstück, jedoch mit frisch gepresstem O-Saft, ein Muss in Spanien, ich liebe es.

Der heutige Weg schlängelt sich an einer Schnellstraße entlang. Wir haben beschlossen, nicht auf den Camino zurück zu gehen, sondern einen alternativen Camino zu laufen, der direkt nach Burgos führt. Wir sparen zwar keinen Kilometer, aber wir müssten ja sonst wieder nach Atapuerca und das ist zusätzlich 8 Kilometer weg. Die Entscheidung war gut.

Der lange Weg an der Straße entlang ist zwar zermürbend, aber gleich hinter dem Ortsschild von Burgos gelangen wir in eine Bar. Dort erklärt uns eine junge Frau, dass die meisten Pilger, die hier vorbeikommen, nicht die offizielle Route nach Burgos gehen (denn diese führt am Flugplatz vorbei), sondern weiter südlich am Fluss entlang laufen. Wir folgenden ihrem Rat.

Wenn auch der Einmarsch zu Burgos scheinbar nicht enden will und wir noch fast zwei Stunden bis zum Zentrum reinlaufen, so ist der Weg trotzdem sehr interessant. Fahrradwege kreuzen uns, Jogger kommen vorbei, hier spielt sich die Freizeit der Burgos-Einwohner ab. Und endlich, als wir es schon aufgegeben hatten und neben einer Nonne auf einer Parkbank einschlafen wollten, entdeckt meine Frau die Spitze der riesigen Kathedrale.

Wir sind da.

Unser Hotel ist in unmittelbarer Nähe des Stadtkerns. Ich erkläre an der Rezeption wie üblich, dass wir seit Stunden laufen und dringend eine Badewanne brauchen, was absolut stimmt. Die junge Dame schaut mich mit ihren großen Kulleraugen etwas mitleidig an und gibt uns - ich halte ihrem Blick lange Stand - eine kleine Juniorsuite, und aufgrund späterer Reklamationen sogar eine richtige Suite. Wir sind glücklich, haben zwei große Bäder, ein riesiges Bett (oder besser eine Bettenlandschaft) und jede Menge Luxusartikel im Bad herumliegen. Burgos ist mir jetzt schon sympathisch.

Burgos. Eine der berühmtesten Städte am Jakobsweg. Sie wurde 884 im Kampf gegen die Mauren erbaut. Daher leitet sich wohl auch ihr Name ab. Burgos, die wehrhafte Burg. Ab dem 11. Jahrhundert wurden hier die Könige Kastiliens gekrönt und Burgos wurde zu jener Zeit Bischofssitz. Im 13. Jahrhundert wurde der Auftrag zur ersten spanischen Kathedrale im gotischen Stil durch den damaligen König Kastiliens gegeben. 1260 wurde der Altar geweiht, dann ruht der Bau knapp 200 Jahre lang. Im 15. Jahrhundert bekam der deutsche Baumeister Johannes von Köln den Auftrag, den Bau der Kathedrale in Anlehnung an das Basler Münster zu vollenden. Später stürzte der von ihm erbaute Vierungsturm jedoch wieder ein, und erst 1567 war der Bau der Kathedrale nahezu abgeschlossen. Heute besitzt die Kathedrale den Status eines UNESCO-Weltkulturerbes. Nachdem ich das alles meiner Frau vorgelesen hatte, zieht es uns umso mehr in das Stadtzentrum hinaus.

Beim Durchqueren des Pilgertors und dem Anblick der Kathedrale verschlägt es mir glatt den Atem. Riesig, monströs und gewaltig steht die Kathedrale auf dem Platz. Das ist keine normale Kathedrale, das hier vor uns ist eine Stadt. Natürlich ist der Vatikan größer, aber da hatte ich das beim ersten Anblick auch erwartet. Aber hier sind wir in einer Stadt mit kaum 180.000 Einwohnern, und dann dieses Bauwerk. Als es gebaut wurde, hatte die Stadt übrigens nur 5.000 Einwohner. Die Kathedrale ist für mich ein absoluter Höhepunkt am Weg. Gut, dass wir morgen noch in Burgos bleiben werden. Heute gehen wir in eine andere Kirche, links oberhalb von der Kathedrale und überaus sehenswert. Der Holzaltar ist wohl die Sensation, aber ich genieße die Stimmung im Innenraum, will nichts ansehen. Ein Pfarrer hat leise Musik angemacht, wir sind alleine in der Kirche. Ich bin in mich gekehrt und lasse meine Gedanken frei fließen. Was für eine Reise. Ich schließe die Augen. Ja, was für eine Reise. Und wir haben mittlerweile fast 300 Kilometer geschafft. Selbst wenn man hier aufhören müsste, es wäre jeder Mühe wert gewesen.

Meine Gedanken schweifen auf die Arbeit ab, nach Hause, greifen in die Zukunft. Ich habe gekündigt, daher diese lange Auszeit, daher diese Chance hier. Aber was wird die Zukunft bringen? Es ist alles auf den Weg gebracht, aber man weiß doch nie. Heiliger Jakobus, warum machen wir uns immer über alles Sorgen? Hier bitte nicht! Die Musik im Kirchenraum lullt uns ein und ich spreche leise meinen Text. Auf einmal erkenne ich, wie viel Glück wir bis hierher hatten. Immer als wir nicht mehr weiter konnten war jemand zur Stelle. Immer hat uns jemand den Weg gezeigt oder uns ein Stück mitgenommen. Dass nennt man im *Flow* sein, ohja, das sind wir.

Ist das richtige Leben auch so? Wer weiß das schon.

Während ich darüber nachdenke, stößt mich meine Frau an. Wir müssen weiter. Müssen wir eigentlich nicht, aber wir wollen noch zum Abendessen. Unterwegs kaufe ich etwas Wein und meine Frau ein lustiges T-Shirt. Morgen will sie kurzärmelig rumlaufen. Auf den Fotos soll jeder sehen, dass wir fast 30 Gad hatten, und das mitten im März!

Unterwegs treffen wir Inessa, wir sind überrascht, dass sie schon da ist, immerhin haben wir am Vortag ein Stück den Bus genommen. Aber Inessa beichtet uns voller schlechten Gewissens, dass sie keine Lust hatte die lange Hauptverkehrsstraße nach Burgos reinzulaufen, und von unserem Weg am Fluss entlang hatte sie leider nichts gehört. Daher nahm sie vor Burgos den Bus und ersparte sich so 10 Kilometer am Flughafen entlang. Den Bus empfiehlt auch jeder Reiseführer. Doch Inessa ist in Eile, sie hat sich mit zwei holländischen Männern angefreundet und will weiter. Wir können sie nicht überreden, die Kathedrale zu besichtigen. Inessa zieht weiter. Ich freue mich für sie, denn sie sucht Rückhalt in der Welt. Die beiden Holländer scheinen viel Freude und gute Laune zu verbreiten.

Auf dem Marktplatz finden wir ein schönes Restaurant und kehren ein. Innen sitzen nur Frauen. Das ist etwas irritierend, aber diesmal sitzen nur Frauen im Raum und spielen Karten oder erzählen. Mir gefällt's.

Spanien ist eines meiner Favoriten-Länder geworden. Jetzt bereits schon. Und ich war bestimmt in mehr als 50 oder 60 Ländern dieser Erde. Aber Spanien hat einfach alles. Landschaft, Kultur, Geschichte, Religion und gutes Essen. Das Pilgermenü wurde uns allerdings mürrig gebracht, 12 Euro pro Person, mit *beans* als Vorspeise, dann Rumpsteak, dann *flan* und für jeden die obligatorische Flasche Wein. An uns wird heute keiner reich, aber die Kellner werden trotzdem langsam freundlich. Ich will noch lange nicht ins Hotel zurück, will Burgos auskosten, aber meine Frau überredet mich. Morgen ist auch noch ein Tag.

Tag 13 - 13. März

Man sieht nur mit dem Herzen gut. Das Wesentliche ist für die Augen unsichtbar.

A. St. Exupéry

Burgos

Da die Nacht laut war - eine Schulklasse kam spät abends an und sie lernten sich auf den Zimmern etwas näher kennen - wurden wir vom Hotel zum Frühstück eingeladen. Das ist eine akzeptable Entschädigung und sie tut uns gut. Endlich mal wieder ausgiebig frühstücken. Nach dem Essen steht leider zwei Stunden Hotelbuchen an. Denn hier haben wir endlich eine Business-Ecke mit Computer gefunden, in all den andern Hotels gab es sowas nicht. Und wir haben beim Frühstück beschlossen, die wichtigsten Stationen bis Santiago zu buchen. Das Buchen wird nicht einfach werden, da alles geplant werden muss, aber wir merken, dass es uns wichtig ist zu wissen, wo wir abends übernachten werden. Jeder geht seinen Camino. Manche mögen im Freien schlafen, wie Luji, manche in den Munizipal-Albergues; wir werden nur Hostals, Pensionen oder Hotels aufsuchen, das steht jetzt fest.

Und dann sehen wir uns an: Heute müssen wir nicht pilgern. Heiliger Jakob, was für eine Erleichterung. Eigentlich müssten wir den Rucksack bereits packen, aber alles liegt weit verstreut im Zimmer herum. Heute lassen wir es uns gut gehen, heute sind wir normale Touristen.

Mein Hauptziel ist die Kathedrale. Beim Eintritt verabrede ich mit meiner Frau, dass ich zwei Stunden Zeit bekomme. Und die braucht man auch. Die Seitenschiffe sind so groß, man könnte denken, dass dort eigene Kirchen stehen. Der *Audioguide* spricht selbst von Kathedralen in der Kathedrale. Im Osten der Hauptkathedrale findet man eine, die den großen Finanziers der Vergangenheit gewidmet wurde. Man kann um den Hauptchor rumlaufen, aber man kann nicht alles erfassen. Ich versuche an nichts Negatives zu denken, denn ich habe vor langer Zeit mal gelesen, dass Kathedralen Kraftorte sein sollen. Auch diese Kathedrale steht sicher nicht zufällig hier. Vorher war es bestimmt ein heiliger Platz der Kelten, davor, keine Ahnung. Als anständiger Ingenieur sollte ich all das bezweifeln, doch der generelle Zweifel fällt mir schwer.

Wie kann man ohne Gottes Hilfe so etwas bauen? Wie konnte man bitte vor 500 Jahren so ein Kunstwerk errichten?

Selbst heute könnten wir keine solchen Kathedrale mehr bauen. Schauen wir nach Dresden zur Frauenkirche, welch gewaltiger Kraftakt für dieses Bauwerk. Jawohl, es ist schön geworden. Aber bereits die Akustik lässt in Dresden etwas zu wünschen übrig, dies ist jedenfalls meine Meinung. Wie konnte man also sowas bauen? Das waren damals doch auch nur Ingenieure. Und ich ahne langsam, dass sie es nicht waren. Die Bauingenieure des Mittelalters waren Genies ihres Faches, waren Gottesgläubige, später Freimaurer. Ohne Glauben, ohne Inspiration, wo immer das herkam, kann man das nicht bauen. Wir können es jedenfalls nicht mehr. Und das ist überall so. Können wir noch so malen, wie die großen Maler von früher? Nein, können wir nicht. Woher kommen all die Genies der früheren Epochen und wie banal sind wir doch heute geworden. Mein Spezialgebiet ist die Komplexität, ich bin so stolz drauf, aber ich konkurriere mit den heutigen Ingenieuren. Da geht das einfacher! Mit denen hier, die so etwas erdachten und erbauten, völlig aussichtslos. Ich komme mir dumm und einfältig vor. Hat Gott bei diesem Bauwerk mit Hand geführt, und falls ja, haben wir uns etwa heute vor ihm verschlossen? Versucht er immer noch zu lenken, doch wir lassen es nicht mehr zu? Ich wohne in einer christlichen Gegend in Baden-Württemberg, aber wer lässt dort noch Gott die Hand führen? Wer, frage ich.

Der Chor um den Altar ist einmalig, er zeigt die Lebensgeschichte Christi. Dann wieder andere Bilder, Fresken, bunte Scheiben. Die zwei Stunden sind schon lange um, dann gehen wir durch einen vollkommen vergoldeten Saal. Wir gehen in den Keller, in die Krypta, dort wird eine Animation zur Geschichte des Bauwerkes gezeigt. Angefangen hatte alles als romanische Kirche, klein und gedrückt. Dann kam das neue, lichte Zeitalter. Was muss die Gotik doch für erhabene Gefühle hervorgebracht haben. Man strebte in den Himmel, immer höher, immer höher. In León ist man dann an die Grenze gegangen, aber León ist ja noch fern.

Nach der Kathedrale gehen wir ins Freie. Es ist eiskalt geworden. Höchstens 8 Grad. Und genau dafür ist Burgos berühmt-berüchtigt. Eisiger Wind bis in den Sommer hinein. Aber gegen

Kälte sind wir gewappnet, die Hitze der vergangen Tage war anstrengend, die Kälte stört uns nicht, nur ein bisschen wegen der Fotos für zu Hause.

Ein wichtiger Punkt ist heute noch die Post. Die nächsten Kilos müssen weichen. Obwohl wir seit Pamplona nur noch das Allernötigste mitschleppen, muss sich jeder von uns beiden von weiterem Gepäck trennen. Wir können den Rucksack immer noch nicht tragen. Ich habe noch 12 kg, mein Frau 10 kg auf dem Rücken. Das geht auf die Dauer nicht. Und wir haben noch 600 Kilometer vor uns. Die Entscheidung ist daher gefallen, wir schicken unsere Schlafsäcke nach Hause. Uns ist mulmig, denn wir müssen noch ein Hochgebirge passieren. Geht das ohne Schlafsack? In manchen Hostals wird nicht geheizt, aber wir haben keine andere Wahl. Mein einziger Luxus bleibt jetzt noch mein elektrischer Rasierer, von dem trenne ich mich nicht. Wir packen neu ein, packen neu aus und trennen uns von weitern Sachen. Ich habe ab jetzt nur noch zwei komplette Sätze von Wäsche. Nichts weiter, keine Reserve. Auch nur 2 Paar Strümpfe, 2 Paar Schuhe. Und ich trenne mich von fast allen Pillen und Vitaminen. Das brauche ich nicht mehr, habe ich beschlossen. Der Camino gibt mir Kraft. Seit 100 Kilometern nehme ich gar nichts mehr. Man braucht nicht viel. Ich gebe auch mein Klappmesser in den Karton, die Oca-Berge liegen hinter uns. Und dann gehen wir zur Post. 6 kg gehen zurück. Jetzt sind alle Reserven zurück gesendet. Beim Preis verschlägt es uns jedoch die Sprache, 6 kg für 75 Euro. Die Dame fragt, ob wir noch was versichern wollen, dann kämen wir bei 120 Euro raus. Ich lehne dankend ab. Die Schlafsäcke waren zwar sehr teuer, bis minus 20 Grad sollten sie uns schließlich wärmen - eventuell etwas falsch dimensioniert für den frühlingshaften Camino - , aber wir vertrauen der spanischen Post. Eine Woche später kommt tatsächlich zu Hause alles gut an.

Nach der Post, die - welch netter Zufall - direkt neben unserem Hotel lag, beschließen wir in das Evolutionsmuseum zu gehen. Eine gute Entscheidung. Wegen des Atapuerca-Menschen wurde ein ganzes Museum erbaut. Und es ist toll geworden. Endlich hat man nicht nur Bilder. Hier hat sich jemand die Mühe gemacht und eins-zu-eins Modelle von den früheren Menschenarten aufgebaut. Man steht so direkt neben einem Neandertaler, neben einem Homosapiens und vielen mehr. Mehr als 8 verschiedene Menschenarten gab es früher. Das habe ich alles nicht gewusst und wir sind fasziniert. Als wir aus dem Museum heraus treten, nähert sich die Sonne bereits dem Horizont, daher müssen wir uns beeilen, um auf das Castillo zu kommen. Von oben wollten wir noch einen wunderbaren Blick haben. Und den haben wir. Die Kathedrale in der Abendsonne. Klarer Himmel. Das ist sehr schön. Lange verweilen wir an dem Aussichtspunkt, dann müssen wir etwas essen gehen.

Doch der Rückweg plant noch eine Überraschung ein. Ich kehre in eine Kneipe ein, um ein kleines Bierchen zu bestellen und sehe … Eddy. Das gibt's doch nicht. Wirklich wieder Eddy. Es gibt lautes Gegröle, wir fallen uns gegenseitig in die Arme. Eddy erzählt von seinem schweren Marsch nach Burgos. Wir sind schwer beeindruckt, sind uns aber nicht sicher, ob das auch wirklich so alles stimmt. Aber das ist egal. Dann sehen wir einen weiteren Deutschen, Nico, er ist mit einigen Damen unterwegs. Es gibt ein großes Hallo, wir sind schließlich alle seit den Pyrenäen *on tour*. Ein Schweizer wird mir vorgestellt, so Mitte 20. Er ist bereits seit Frankreich auf dem Camino und hat ca. 1000 Kilometer in den Knochen. Er hat sich der jungen Gruppe angeschlossen und er lädt alle zum Bier ein. Unüblich für Schweizer, ich freue mich sehr darüber und sage ihm, dass ich mich revanchieren werde. Klar, sagt er. Klar, sage ich. Er wird schon sehen.

Nico berichtet von der aktuellen Parkinsonkonferenz in Burgos und dass sie seit Tagen mit einem Parkinsonkranken zusammen laufen, der es nochmals wissen will, der seinen ganzen Mut zusammen genommen hat und den Camino läuft. Frenetisch wurde er im Konferenzsaal in Burgos begrüßt. Ganz hinten an einem Biertisch sitzt ein Pfarrer aus Kanada, wir nicken uns zu. Eine tolle Runde, wir bleiben fast eine Stunde bei unserer Pilgerfamilie, dann gehen wir essen. Uns zieht es in das gleiche Restaurant wie am Vorabend. Es sitzen wieder zahlreiche Frauen an den Tischen und spielen Karten. Mir soll's recht sein. Das Essen ist erneut gut und preiswert.

Die folgende Nacht im Hotel wird wieder turbulent, die Schulklasse von gestern lernt sich "noch besser kennen", es wird laut, die Mädchen kichern, dann wird viel getuschelt.

Ich trinke ein zusätzliches Glas Wein, alles wird gut!

Tag 14 - 14. März

Du bist der Weg.
Unbekannt

Burgos - Castrojeriz

Im Reiseführer steht, dass man ab Burgos die Bahn nehmen sollte, denn ab jetzt wird der Pilgerweg vollkommen anders werden. Große Weite, große Stille, keine Kultur mehr, keine Städte, nichts mehr. Ab jetzt geht es bis León auf einer Hochebene entlang, knapp 200 Kilometer geradeaus, die wohl zermürbendste Strecke des Jakobsweges. Viele Pilger meiden dies. Wir wollen diese Etappe aber trotzdem wagen, insbesondere, da es meiner Frau wieder besser geht. Der eine Tag Pause hat ihr sehr gut getan. Mir auch. Trotzdem beschließen wir aus der Stadt Burgos heraus zu fahren, da wir keine große Lust verspüren, an einer Autostraße entlang zu gehen, unter neu gebauten Autobahnbrücken hindurch und vieles mehr. Nach den Autobahnkreuzen wird es wieder schöner und wir sind auf unserem Camino. Ein Blick auf die Karte zeigt, dass es wieder schwer werden wird. Heute erwarten uns erneut 30 Kilometer Fußweg. Es ging nicht anders, wir müssen bis Castrojeriz, haben ja einen Tag in Burgos vertrödelt. Wobei vertrödeln der falsche Begriff ist. Es war wunderbar. Wir beschließen nochmals wiederzukommen, vielleicht auch nur als Touristen.

Der Camino wird wirklich einsam hier, wir sehen niemanden vor uns, niemanden hinter uns, keine Menschenseele. In Hornillos del Camino machen wir eine Pause oder besser, planten dies zumindest. Aber gerade als wir ein *Casa* betreten wollten, um einen Kaffee zu bestellen, kommen die beiden Finnen vom Vortag die Treppen hinunter und rennen fluchtartig aus dem Haus hinaus.

Eine spanische Frau rennt mit einer Flasche hinterher. Da die beiden Finnen bereits weg sind, erklärt sie nun uns beiden, dass doch alles kein Problem sei. Und sie fuchtelt mit den Armen herum, wie das Spanier gerne tun. Wir verstehen leider nur Bahnhof, bis wir merken, dass sie meint, dass es keine Probleme mehr mit den Läusen im Hause gäbe. Alles wäre doch jetzt gut. Sie zeigt auf ihre Flasche und erklärt uns, dass nun alles gesäubert sei. Wir schauen uns kurz an und beschließen *spontan*, doch lieber an anderer Stelle Rast zu machen. Sicher ist im *Casa* jetzt alles sauber, aber auf Läuse haben wir einfach keine Lust. Es juckt schon bei dem Gedanken, ja, es juckt unausstehlich. Wir verabschieden uns höflich, drehen auf der Stelle um und gehen zurück auf den Camino. Hinter Hornillos geht es steil den Berg hoch. Wir treffen die beiden Finnen wieder, die junge Dame sitzt am Straßenrand und hat auch jetzt schon wieder keine Lust mehr. Jeder geht seinen Camino, denke ich, aber ohne zu gehen kommt man einfach nicht an. Wir grüßen freundlich und laufen weiter.

Es wird ein traumhafter Tag werden.

Dieser Teil des Camino, der sich nun vor uns auftut, ist unvergleichlich. Wir sind auf einer Hochebene, ca. 800 Meter hoch. Rechts am Horizont sieht man schneebedeckte Berge. Vor uns sieht man ... nichts. Oder besser, nichts als eine gerade Horizontlinie. Hier oben gibt es keinen Baum, keinen Strauch, einfach nichts, zumindest nicht im Frühling. Im Herbst soll hier die Kornkammer Spaniens sein, mit endlosen Getreidefeldern. Aber diesen Anblick haben wir nicht. Es gibt einfach nichts. Hin und wieder haben Pilger Steinhaufen aufgehäuft. Es ist einmalig trostlos. Es ist einmalig schön. Zum Glück gehen wir hier aber nicht im Sommer entlang. Hier brennt die Sonne mit Sicherheit erbarmungslos. Und weit und breit kein Schutz. Während ich das denke, kommt von ganz hinten ein weißer Jeep angefahren. Er bleibt hinter uns und wird langsamer. Immer langsamer, jetzt fährt er so schnell wie wir gehen. Ich suche mein Pfefferspray und gehe be(un)ruhigt weiter. Der Jeep fährt einfach hinter uns her. Nach ca. 20 Minuten biegt er zum Glück auf einen Feldweg ab und fährt langsam davon. Keine Ahnung, was er hier oben wollte. Sicher keine Pilger überfallen, oder? Übrigens soll die Kriminalstatistik zeigen, dass der Pilgerweg sicherer ist, als die meisten Wege in den Heimatländern der Pilger. Umgerechnet auf die Anzahl von 200.000 Pilgern pro Jahr passieren extrem wenige Unfälle oder Überfälle. Entweder schützt der Heilige Jakob oder die spanische Polizei, die wir wirklich sehr häufig antreffen.

Nach einigen Stunden der Wanderschaft kommt auf der linken Seite ein völlig verlassenes Dorf. San Bol. Gut, dass wir genug Proviant mitgenommen haben, hier gibt es einfach nichts. Dann geht es wieder zwei Stunden über die Hochebene, für mich eine unvergessliche Erfahrung. Und irgendwann hören wir Kirchturmglocken, aber es ist definitiv nichts zu sehen. Soweit das Auge reicht nur Horizont, einfach nur Landschaft. Nichts. Einfach nichts. Und dennoch, wir haben die Kirche gehört oder sind das bereits erste Halluzinationen? Wir schauen uns fragend an, dann entdecken wir die Kirche oder besser die Kirchturmspitze. Sie steht vor uns und ragt aus dem Boden hervor. Das ist unerwartet, aber die Kirche steht nicht auf einem Hügel (was man denken könnte), sondern das gesamte Dorf ist in eine Mulde hinein gebaut, in eine Mulde der Hochebene.

Hontanas. Wir sind glücklich und wollen am Ortseingang einkehren. Am besten *Bocadillos* mit Ei, mein Lieblingsessen hier, und es kostet gerade mal 3 Euro. Da die Gastwirtin nicht am Platz ist, gehe ich in die Kirche und nehme an der Dorfmesse teil. Es ist eine gute Tradition, Zeit zum Sammeln, Zeit zum Innehalten. In der Kirche treffe ich auch die Wirtin und wenig später serviert sie uns

Kaffee und meine geliebten *Bocadillos*. Wir warten während des Essens, ob die Finnen langsam ankommen, aber sie kommen nicht. Stattdessen rennt ein alter Japaner an uns vorbei. Ihn hatten wir schon mal gesehen, wir nicken uns kurz zu und er geht hastig weiter, den Camino im Laufschritt, es gibt einfach alles. Dann sind wir wieder alleine. Vor uns liegen noch 10 Kilometer pure Landschaft, ein unvergesslicher Weg wird sich auftun. Der Himmel ist blau, die Sonne brennt trotzdem nicht ganz so heiß hier oben. Meine Frau cremt sich sicherheitshalber ein, ich nicht, traue den Cremes wie immer nicht über den Weg, und will außerdem braun werden.

Das Highlight des folgenden, sehr einsamen Weges wird San Anton sein, ein altes Kloster aus dem Mittelalter, in dem früher zahlreiche Pilger erfolgreich von ihren Beschwerden geheilt wurden. Im Nachhinein haben Forschungen ergeben, dass der Heilerfolg an der Ernährungsumstellung im Kloster lag. Früher gab es ab und zu Mutterkorn im Essen, wovon man qualvoll sterben konnte. In San Anton wurde jedoch kein Getreide serviert. Das war die geniale Lösung, vielleicht sogar, ohne dass sie es wussten. Heute ist der Ort jedoch eine Ruine, aber eine mystische. Der Weg geht durch die wenigen verbliebenen Häuser direkt hindurch. Ein einsamer Farmer wohnt noch hier mit seinen Tieren. Nachts sollte das grusselig sein, aber Menschen sind halt verschieden.

Gegen Abend erreichen wir Castrojeriz, eine Kleinstadt, früher mal von größerer Bedeutung. Wir bekommen ein sehr schönes Zimmer im Hotel La Posada mit Blick über die Ebene. Im Ort selbst gibt es nichts zu sehen, außer vier Kirchen, und diese sind sehr schön. Um 18 Uhr gehen wir zum Gottesdienst in die Kirche San Juchan. Sophie und Marc sind auch bereits da, wie wir überrascht feststellen. Beide haben erneut ein Taxi genommen. Sophie kann nun gar nicht mehr laufen, sie müht sich trotzdem verzweifelt noch mehrere Etappen ab. Ich bedauere das sehr, denn die beiden haben sich riesig auf ihren Jakobsweg gefreut, wie sie uns gleich zu Beginn erzählt hatten. Bald müssen sie komplett aufgeben. Der Camino kann wirklich hart sein.

Ich habe herausgefunden, dass der Camino wie das Leben selbst ist, jedenfalls dass mein Camino wie mein Leben ist. Das erregt mich sehr, aber es macht auch Angst. Denn wie wird der Camino enden? Ich weiß es nicht, aber ich weiß, dass ich mit dieser Annahme (mehr ist es ja nicht) nicht aufgeben kann. Wie im richtigen Leben, egal wie hart es werden wird, es muss immer weitergehen. Und trotzdem, lieber wären mir Genuss und Schönheit auf dem Weg. Auf dem Camino hab ich dies bereits gefunden. Was also läuft anders im richtigen Leben? Ich werde darüber nachdenken, darum bin ich hier. Ja, darum bin ich hier. Jeder hat seinen eigenen Grund zum Gehen. Mein wirklicher Grund ist eben nicht, Ruhe zu finden, nein, mein Grund ist Heilung. Oder zutreffender, *Reset* von falschen Glaubenssätzen, das ist mir mittlerweile klar geworden.

Wir treffen die beiden Frauen aus Duisburg wieder und verabreden uns zu sechst in unserem Hotel, da es das beste Restaurant der Kleinstadt beherbergt. Der Abend wird lustig, wir trinken (sehr viel) Wein, erzählen und lachen lauthals durch das Lokal. Die Duisburgerinnen haben großartigen Humor, die Chinesen auch. Pilgern kann so gesellig sein. Später versuchen wir uns in mehreren Sprachen, denn am Nachbartisch ist ein Franzose eingetroffen. Ich wusste ja gar nicht, dass ich auch französisch sprechen kann, irgendwas haben die hier in den Wein getan.

Gegen 23 Uhr gehen wir aufs Zimmer. Der Mond scheint aufs Bett, es ist kitschig schön. Was für ein unscheinbares Dorf irgendwo auf dem Camino, was für ein Tag. Ich schlafe tief und fest, wie seit langem nicht mehr.

Tag 15 - 15. März

Dein Körper ist Dein Garten, Dein Wille der Gärtner.
W. Shakespeare

Castrojeriz - Frómista

Beim Frühstück treffen wir die Damen aus Duisburg erneut. Sie wollen schnell weiter, denn der Weg heute wird nicht einfach werden. Und in der Tat, gleich hinter Castrojeriz geht es steil hoch, richtig steil hoch. Obwohl es erst 9 Uhr ist, sind selbst wir schon auf der Piste, und bereits völlig außer Atem. Oben auf dem Alto de Mostelares werden wir von einem wunderbaren Blick belohnt. Castrojeriz ist auf der Rückseite und vor uns spannt sich erneut eine gigantische Hochebene auf. Der schmale Weg schlängelt sich durch die Felder, man sieht ihn irgendwo am Horizont verschwinden. Aber auch der kurze Abstieg runter auf die Hochebene hat es in sich. Am Straßenrand sehen wir ein Kreuz stehen. Es ist das Andenken an einen Radfahrer, der hier ums Leben kam. Wir haben auf dem gesamten Camino ca. 10 Kreuze gesehen, 10 Unglücke, 10 Verstorbene. Ich habe irgendwo gelesen, dass es 10 Tote pro Jahr gibt, meistens sind es Verkehrsunfälle, gefolgt von Herzversagen, in den Sommermonaten. Und doch ist es irgendwie ein Trost, wenn hier ein Kreuz steht. Wie viele Pilger sind hier schon vorbei gegangen und haben sich der Verunglückten erinnert? Ich denke, mit 80 hier umfallen, warum denn nicht, dann versuche ich die morbiden Gedanken aus meinem Hirn zu verbannen.

Der heutige Weg ist nicht nur schwer, sondern in seiner Rauheit unvergesslich. Für mich eine klassische Pilgeretappe. So hatte ich es mir im Traum immer vorgestellt. Aber bitte nicht im Hochsommer, dann ist diese Etappe nicht machbar! Doch im März ist es ein

Traum vom Pilgern. Wir treffen den alten Japaner wieder und winken uns zu. Und wir treffen einen älteren Herren aus Schottland. Er pilgert bereits das dritte Mal, er kann nicht anders. Mir scheint im Gespräch, er suche Anschluss, aber eigentlich Damenanschluss, was ich sofort befürworte. Wenn ich alleine wäre, ich würde auch jedes Jahr diesen Weg gehen. Hier trifft man sehr viele Menschen, die richtigen. Menschen mit Herz und Verstand, und sehr viele starten alleine. Warum sich also nicht auf dem Camino verlieben. Besser als gestylt und aufgedonnert an einer vernebelten Bar, am besten noch mit einem Dollarschein aus Plastik in der Hand, der Insider versteht was ich meine.

In Itero del la Vega findet ein Radrennen statt. Heute ist Sonntag, es sind mehrere hundert Radfahrer unterwegs. Aber genauso schnell wie sie aufgetaucht waren, sind sie wieder weg. Links von uns liegt ein völlig verlassenes Dorf, es sieht gespenstisch aus. Ich stelle mir vor, wie es sein muss, hier als letzter Mensch gelebt zu haben. Wie muss sich das anfühlen, zu wissen, dass mit einem das

Dorf ausstirbt. Nicht nur Menschen wachsen auf, gedeihen und sterben wieder. Auch Städte und Dörfer, ja ganze Zivilisationen. Wir klagen heute über den Untergang des Abendlandes. Aber das ist gesetzmäßig, das kann man nicht aufhalten. Irgendwo kommen Kulturen nach oben, irgendwo sterben Kulturen ab. Ich überlege beim Laufen, was die neue Kultur sein könnte, die unser Nachfolger werden wird, was also die neue Hochkultur nach dem Abendlande werden wird. China war es schon. Indien war es schon. Ägypten war es schon. Afrika kann ich mir nicht vorstellen und ich bleibe in Gedanken bei Russland hängen. Das gefällt mir nicht, aber wer fragt uns. Zum Glück gehen diese Prozesse langsam, das Sterben der abendländischen Kultur werden wir nicht mehr erleben, aber die Menschen hier haben das Sterben ihres Dorfes miterlebt. Das ist bitter. Viel bitterer.

Es geht auf einen Hügel hinauf, sehr leicht, Otero Largo. Aber unsere Kräfte schwinden trotzdem. Der Weg zieht sich ewig. Zum Glück lernen wir einen Spanier, Petro, kennen, mit dem wir die nächsten zwei Stunden wandern werden. Er sah aus der Ferne so langsam aus, aber er entpuppt sich als echter Pilgerprofi. Es ist sein 10. Mal, dass er den Jakobsweg geht. Wir sind erstaunt, erfahren aber, dass der Rekord bei einem Spanier liegt, der auch Petro heißt, der bereits 29 mal den Camino gegangen ist. Jetzt ist er 75, wahrscheinlich geht er nur noch Etappen.

Der Spanier hat sein Leid zu klagen. Seine Scheidung hat ihm so zugesetzt, dass er jeden Frühling diesen Weg geht, um Kraft zu tanken, um Menschen kennenzulernen, um mit sich ins Reine zu kommen. Seine beiden Kinder leben bei der Mutter. Und in seinem Job beschäftigt er sich mit schwer erziehbaren Kindern in einem Krankenhaus, was ich nicht ganz verstehe, eventuell meint er eine Psychiatrische Klinik; er mag nicht weiter davon reden. Meine Frau ist ruhig geworden und lauscht unserem Gespräch. Sie versucht sich von ihren Schmerzen abzulenken, das merke ich. Langsam erscheint am Horizont Boadilla del Camino.

Boadilla ist unsere Rettung. Wir kehren in einer Albergue ein, die ein deutschsprachiger Spanier führt. Er ist hier im Ort aufgewachsen, später nach Deutschland gezogen und hat dort perfekt Deutsch gelernt. Jetzt leitet er diese Albergue. Sie ist einmalig, mit Swimming-Pool. Für die Pilger im Sommer sicher das Highlight des Tages. Wir haben aber noch eine Etappe für heute geplant, nur noch 6 Kilometer, aber dann sind wir in einer größeren Stadt. Wir essen etwas und gehen wieder vor die Tür. Beim Hinausgehen treffen wir die netten Duisburgerinnen wieder und gehen zusammen weiter. Dabei ulken wir herum, die verfallenen Häuser haben es uns angetan. Wir haben sofort Ideen für ein riesen Business hier, es ist lustig geworden. Der Weg führt an einem Kanal entlang, wunderschön. Wir sind gestärkt. Die Bäume spenden Schatten, pilgern macht Spaß.

Doch dann melden sich die Schmerzen am Fuß meiner Frau zurück. Es sind immer die letzten Kilometer, die das Unheil anrichten. Man denkt, das schafft man noch, aber irgendwann schafft man es eben nicht mehr. Meine Frau humpelt nur noch, Meter für Meter, die Duisburgerinnen gehen voraus.

Wir verabreden uns zum Abendessen.

Frómista, unser Etappenziel, ist nichtssagend. Ein Kleinstadt, wie es Hunderte gibt. Pampa eben. Früher mal bedeutungsvoll, heute ein Provinznest. Wir haben diesmal kein Hotel gebucht, sondern eine Pension, zusammen mit den beiden Duisburger Frauen. Die Chefin des Hauses empfängt uns nett, hört aber nicht mehr auf zu reden. Meine Frau geht sofort ins Bett, ich bekomme ein kaltes Bier, kostenlos, Service des Hauses. Dann bestelle ich *cafe with milk*. Aber hier versteht mich niemand, warum auch. Ich bin der Ausländer, aber ich habe einfach keine Ahnung was Milch auf Spanisch heißt. Auf einmal deutet die Chefin ein Erkennen an und geht hinaus. Sie kommt jedoch mit Zucker wieder zurück. Ich schüttle den Kopf und wiederhole *milk, milk*. Die Chefin strahlt, jetzt hat sie es. Sie rennt raus und kommt mit Honig zurück. Ich greife zum letzten Mittel. Muh, muh, sage ich allen Ernstes und wir lachen uns halb tot. Ah, sagt sie nun endlich verstehend, *café con leche*. Kaffee mit Milch. Ich beschließe Spanisch zu lernen, was ich tatsächlich zu Hause umsetzen werde. Ich liebe Spanien, wie ich nicht mehr verleugnen kann. Und mir gefällt die Sprache. Und ausnahmslos jeder Spanier, den wir bisher getroffen haben, war freundlich, das hatte ich so nicht erwartet. Vielleicht ist es auch nur Respekt oder gar Mitleid mit uns Pilgern.

Mir soll es egal sein, ein schönes Land.

Vor dem Abendessen wollen wir in die berühmte Kirche am Platz, St. Martin, aber leider hat sie mal wieder zu. Dies ist wirklich schade. Dafür wird das Abendessen wieder lustig, ein familiäres Pilgertreffen. Wir sitzen zusammen mit den Duisburger Frauen, mit Inessa und den beiden Holländern an einem Tisch. Ich staune, welche Menge die Holländer essen können. Da sie auch sehr gut Deutsch sprechen, ist die Tischsprache am heutigen Abend Deutsch. Die Holländer verbreiten furchtbar gute Laune. Nur beim Fußball bekommen wir uns kurz in die Haare, da die beiden nicht einsehen wollen, dass Holländer einfach keine Ahnung vom Fußball haben. Nachdem wir dieses schwierige Thema jedoch umschifft haben, wird es am Tisch zunehmend gesellig. Der ältere der beiden ist Privatier, wie er uns mitteilt, seine Leidenschaft sei das Regattasegeln. Der Jüngere scheint ein sehr guter Freund (oder mehr) zu sein, dem - so verstehen wir - das Arbeiten nicht so liegt. Beide haben vor einer Woche beschlossen, einfach mal zu pilgern. Sie sind spontan mit dem Auto die weiten 2.000 Kilometer gefahren und pilgern jetzt eine Woche den Camino entlang. Und sie sind hellauf begeistert.

Wir auch.

Ohja, Pilgern reduziert dramatisch die Komplexität. Wir haben nicht mehr viele Sorgen. Wir sind mit wenig zufrieden geworden. Diese Art von *Reset* kommt zwar langsam, aber unaufhaltsam, die Einfachheit des Lebens bringt den wahren Segen.

Ich bin Pilger und ich möchte nichts anderes mehr sein, und diese Holländer werden uns noch öfters bereichern.

Tag 16 - 16. März

Interessiere Dich für Dein Leben. Du bist der einzige, der etwas daraus machen kann.

E. Pannek

Frómista – Carrión de los Condes

Das Frühstück ist einfach. Sehr einfach, aber immerhin gibt es eins. Die Pilgerfreunde in den Albergues müssen stets auf nüchternen Magen los und sich das erstbeste Kaffeehaus sichern. Wir gehen gut gelaunt aus dem Haus, nicht ohne zahlreiche Fotos mit der Wirtin zu machen, die ihre Pension in allen Lagen präsentiert.

Der Weg heute deutet sich langweilig an, denn es geht laut Karte 20 Kilometer nur an einer Straße entlang. Nichts links, nichts rechts. 20 Kilometer immer nur geradeaus, links die Autostraße, rechts einige Felder. Aber bei genauem Hinsehen wird auch dieser Weg überaus interessant. Ich entdecke einen kleinen Pilgerpark, bei dem die Einheimischen aus Holzstämmen Pilgerfiguren aufgebaut haben. Ich bin begeistert, sowas werde ich auch bauen. Unser Garten hat Platz dafür, auch wenn es alle kitschig finden werden.

In Poblacion de Campos bin ich auf einmal vollkommen alleine, meine Frau vorneweg, kein anderer Pilger weit und breit zu sehen. Ich gehe in die hiesige Kirche und probiere etwas sehr Gewagtes, denn ich lege mich ausgestreckt auf den Fußboden. Das habe ich noch nie gemacht, es ist völlig aufregend und ich bekomme eine Gänsehaut. Ich liege mit dem Gesicht zum Boden, habe die Arme zur Seite ausgestreckt wie ein Bittsteller und fühle Atem für Atem in mich hinein. Dann drücke ich meine Stirn auf die kalten Fliesen und rede mit dem Heiligen Jakob. Mein Geist triftet vor Erregung ab, das Gefühl werde ich so schnell nicht vergessen, die Zeit kommt mir irgendwie abhanden (was ist schon Zeit?), und irgendwann stehe ich wieder auf. Wo bin ich?

Ich schaue auf den Altar und ganz, ganz langsam schaue ich mich um. Zum Glück niemand da. Völlig aufgekratzt trete ich vor die Tür und blicke in die Sonne. Ganz normaler Pilgeralltag. Für die zuhause Gebliebenen natürlich absurd und befremdlich, hier jedoch normal, man geht schließlich nicht irgendwohin. Völlig im Einklang mit mir selbst gehe ich weiter.

Nach 5 Kilometer fällt mir der Himmel auf den Kopf und ich suche eine Möglichkeit zum Einkehren. Die Dörfer links und rechts sind leer, trostlos leer. Trotzdem lässt sich an einer alten Kirche eine Kaffeebar auffinden. Ich bestelle eine heiße Schokolade, einen Kaffee und zwei Stück Kuchen als Beilage, und bezahle zusammen 2.70 Euro. Wo sind wir hier? Ich kann es kaum glauben. Beim Rausgehen aus der Bar treffe ich die Holländer wieder und bin recht schnell im praktischen Leben zurück. Die beiden trinken bereits andere Sachen und verbreiten erneut extrem gute Laune. Ich muss herzhaft über die Männer lachen (und sie über mich). Später sehe ich sie auf einer Bank schlafen, eilig haben es die beiden nicht. Ihre Begleiterin der letzten Tage, Inessa, ist verloren gegangen, aber Inessa haben wir alle nicht umsonst *Speedy Gonzales* getauft. Auch wir sind ihr zu langsam geworden. Hoffentlich findet sie irgendwann ihre Ruhe. Nichts ist wichtiger als innere Ruhe.

Während ich in Gedanken bin, renne ich ein zierliches, koreanisches Mädchen um. Sorry, ich schaue sie erschrocken an, und blicke in wunderschöne, riesige Kulleraugen. *Sorry, what's your name?* Wir lachen und sie nennt mir ihren Namen, den ich jedoch absolut nicht aussprechen kann. Nach 10 Minuten des Übens einigen wir uns auf *Mizi*. Mizi ist jedoch kein Mädchen mehr, sondern bereits 23 Jahre alt. Sie ist Unterstufenlehrerin und hat ihren Job von einigen Wochen in Korea hingeschmissen. Die Kinder in Korea seien dermaßen undiszipliniert und frech, dass sie einfach kapituliert hat, erklärt sie mir. Niemals mehr wird sie eine Schule betreten. Mizi will solange laufen, bis der Camino ihr ein Zeichen gibt, was sie mit ihrem Leben anfangen soll. Wir freunden uns sofort miteinander an und werden noch einige Male zusammen pilgern. Mit Mizi ist der alte Japaner gelaufen, den wir schon öfters gesehen haben und es ist herrlich mitzubekommen, dass die beiden Asiaten in Englisch miteinander reden müssen. Natürlich ist es logisch, aber dennoch äußerst lustig mitzuerleben, wenn zwei Asiaten, die für einen "gleich" aussehen, nach Worten ringen müssen, um sich mühsam mit Englisch zu verständigen. Aber Japanisch und Koreanisch hat nichts, scheinbar gar nichts miteinander zu tun. Eventuell wie Deutsch und Französisch, ich habe keine Ahnung.

Den Namen des Japaners kann ich natürlich auch nicht aussprechen, er heißt einfach *Alter Japaner*. Ein sehr interessanter Mann. Er ist Pensionär, war früher Professor für Geschichte und er kann zu Hause nichts mehr mit sich anfangen. Der Professor ist bereits zahlreiche Wege in Japan gelaufen, einen in Süd-Korea, jetzt läuft er den richtigen Camino, wie er sagt. Unser Gespräch wird schnell tiefsinnig. Als gewiefter Historiker stellt er mir Fragen zu Deutschland, über die ich auch nachgedacht habe, die ich aber selber nicht gut beantworten kann. Wieso hat Deutschland immer noch das Grundgesetz und keine Verfassung? Wieso zahlte Deutschland noch bis zum letzten Jahr Reparationen aus dem 1. Weltkrieg, wieso befinden wir uns noch im Kriegszustand laut UNO-Unterlagen und vieles, vieles mehr. Der Professor interessiert sich für alles und ich komme an meine Grenzen, diesmal nicht physisch. Aber auch ich habe genug Fragen zu Japan, war beruflich mehrmals dort. Japaner sind die Deutschen Asiens, würde ich salopp sagen. Obwohl das mittlerweile die Vietnamesen von sich behaupten. Was eventuell sogar stimmen mag, wenn man sich dieses tolle Land mal genauer ansieht.

Mizi ist voraus gegangen, und der alte Japaner und ich, wir reden über zwei Stunden miteinander. Über Politik und Kultur. Und natürlich über das kommende Ende des Abendlandes. Was gibt es besseres als einen hochgebildeten Professor vom anderen Ende der Welt an seiner Seite? In Villalcázar de Sirga zünde ich eine Kerze an. Schon lange denke ich nicht mehr, ob es denn hilft. Ich weiß, dass mich der Camino irgendwie beschützt. Es ist komisch, aber der Camino hilft dir mit all seinen Zeichen. Man muss nur hinsehen. Ob das immer so ist? Während ich darüber nachdenke, werden wir aus der Kirche geschmissen oder müssen einen Euro bezahlen, wie damals in Viana, aber es regt niemanden mehr auf. Wir treffen uns alle auf dem Kirchenvorplatz. Die Holländer sind auch wieder da, wir machen ulkige Gruppenfotos, es wird erneut lustig, dann gehen wir - teilweise getrennt - weiter.

Am späten Nachmittag treffen wir in Carrión de los Condes ein. Diese Stadt ist eine Perle. Vormals eine alte Kaiserstadt, man sieht zwar nur den Abglanz, aber dennoch, hier könnte man leben. Es gibt eine Geschäftsstraße, schöne Kirchen, Restaurants. Unsere Unterkunft ist gerade im Umbau, es riecht überall nach Farbe, aber das ist nicht wirklich schlimm. Wir haben einen schönen Balkon mit Blick über die Stadt. Nachdem wir uns etwas ausgeruht haben, schlendern wir zum Monasterio de San Zoilo. Dieses Monasterio ist heute ein Luxushotel, und nicht mal teuer. Hier war auch Hape Kerkeling, wie meine Frau bedeutungsvoll betont. Für 70 Euro kommt man zu zweit unter. Aber wir haben ja leider bereits gebucht. Beim Kaffeetrinken schauen wir auf den gelungenen Park vor dem Hotel, dann gehen wir in die Altstadt zurück. Auf dem Rückweg gibt es schöne Blicke in die Umgebung, da zahlreiche Kirchen der Stadt auf Hügeln stehen.

An der Bushaltestelle treffen wir erneut die beiden Holländer. Sie verbreiten wieder gute Laune, das Bier fließt. Diese Frohnaturen hätte man erfinden müssen, säßen sie nicht schon da. Mit ihnen sitzen unsere beiden Duisburger Frauen auf der Bank. Uns fällt ein, dass beide ja heute zurück müssen. Und es fällt ihnen nicht leicht. Es fällt ihnen gar nicht leicht. Obwohl alle beide *toughe* Geschäftsfrauen sind, haben sie kleine Tränen in den Augen. Sie wünschen uns viel Glück, wie gerne wären sie mit nach Santiago, aber die Arbeit ruft, mehr als zwei Wochen waren nicht möglich gewesen. Wir beschließen jedem zu sagen, den wir zukünftig treffen werden, dass man den Weg *nicht* in Etappen gehen sollte. Dann lieber gar nicht. Man muss bis Santiago kommen, sonst bricht es einem das Herz. Niemand der hier Anwesenden will in den Bus, bis auf die Holländer, sie planen gerade ihren nächsten Segeltörn. Auch ihnen hat der Pilgerweg gefallen, aber für sie war es mehr eine Wanderschaft. Warum auch nicht. Wir haben gelernt, niemanden, aber auch wirklich niemanden zu verurteilen. Jeder geht hier seinen Weg.

Nachdem der Bus abgefahren ist, schauen meine Frau und ich uns an. Ja, wir haben den selben Gedanken, Bus, das wär's doch. Morgen liegen wieder über 30 Kilometer vor uns, eigentlich zu viel. Warum nicht eine Strecke fahren. Meine Frau hat mit ihrem Fuß immer noch bitter zu kämpfen, sie kann höchstens 20 Kilometer am Tag laufen. Und wenn wir es übertreiben, ist auch für uns Schluss. Und tatsächlich, morgen fährt ein Bus. Wir finden ein Schild, auf dem Busse in unsere Richtung angekündigt werden, natürlich ohne genaue Abfahrtszeiten. Wir sind in Spanien. Das ist trotzdem ein gutes Zeichen, denn Busse in unsere Richtung fahren immerhin nur dienstags und freitags. Was für ein Glück. Uns ist sofort klar, dass der Heilige Jakobus unbedingt *will*, dass wir morgen den Bus nehmen.

Auf einmal läuft uns Inessa über den Weg und wir verabreden uns zum Abendessen. Wie sich herausstellt ist Inessa aus ihrer Unterkunft (einer Albergue Munizipal) geflüchtet, da sie dort ganz alleine war, die Tür nicht abschließen konnte und ihr der Herbergsvater sehr gruselig vorkam. Durch Zufall ist Inessa in unserem kleinen Hotel abgestiegen. In die *Munizipal* geht man auch nur ausnahmsweise, man sollte - wenn irgendwie möglich - einen Bogen drum machen. Eine Unterkunft dort kostet zwar nur 5 Euro, aber selbst die privaten Albergues kosten ja nur 7 bis 10 Euro pro Person und haben ein viel besseres Niveau als die kommunalen.

Während wir mit Inessa zu Abend essen, kommt Nico mit dem Schweizer aus Burgos hektisch an uns vorbei, beide sind im Laufschritt und halten nur kurz bei uns an. Ohje, der Schweizer sieht gar nicht gut aus, denke ich erschrocken. Überall im Gesicht sind kleine Narben zu sehen. Wir erfahren, dass ihm letzte Nacht (in einer Albergue Munizipal!) zahlreiche Bettwanzen heimgesucht haben. Hier in Carrión sind sie jedoch in einer privaten Albergue, geführt von Nonnen, abgestiegen und die Nonnen haben gleich beim Eintritt seine gesamte Bekleidung eingefordert, sein Gepäck, seine Wäsche, einfach alles. Sie haben es vollständig desinfiziert, völlig kostenlos. Er sieht gar nicht gut aus. In mehr als 500 Kilometern (kurz vor Finisterre) werden wir ihn wieder treffen, dann gehören Narben und Bettwanzen der Vergangenheit an. Dann wird er sein großes Los gezogen haben, jetzt klagt er uns laut sein Leid. Und auch Nico sieht völlig geschafft aus. Zahnschmerzen plagen ihn seit zwei Tagen, er nimmt bereits starke Medikamente. Wenn er morgen Früh keinen Zahnarzt findet, muss er aufgeben. Ihren Pilgerfreundinnen geht es den Umständen entsprechend gut. Wir haben sie Blister-Sister getauft, da sie seit 100 Kilometern nur noch auf Blasen herum laufen. Es soll ganz gut gehen, wenn die Blasen warm geworden sind. Nur der Anfang sei immer eine Tortur, sagen sie. Wir wünschen allen gute Besserung und hoffen, dass es uns nicht erwischt. Zahnschmerzen, Bettwanzen, Blasen, alles kann hier zum Aufgeben führen.

Ein Blick auf die Karte zeigt uns, dass wir ca. 350 Kilometer hinter uns haben. Bis Santiago sind es noch knapp 450 Kilometer. Bald werden wir die Hälfte geschafft haben. Wir möchten auf keinen Fall aufgeben. Und ich fühle mich pudelwohl. Alle haben mir vorausgesagt, dass ich es nicht schaffen werde, aber ich spüre keinerlei Unbehagen. Das Leben auf dem Pilgerweg ist zwar beschwerlich, aber die Komplexität des Alltages ist so wunderbar reduziert. Ich empfinde den Weg als tiefste geistige Erholung. Wir pilgern, schlafen, essen, das war's, und manchmal sind wir von der Landschaft ergriffen, oder von den Menschen. So ist das Leben auf dem Camino, einfach und gut.

Inessa erzählt uns beim Abendessen von ihrem verstorbenen Mann. Sie haben sich beide in Israel mit 18 Jahren kennengelernt und 9 Monate später schon geheiratet. Er war ihre ganz große Liebe, sie waren 38 Jahre lang verheiratet. Inessa kann nach seinem frühen Tod einfach keinen Halt mehr im Leben finden, nur Ablenkung hilft ihr noch. Wie glücklich sind doch die, die glauben können, die an ein Leben nach dem Tod glauben können. Inessa kann es nicht, ich selbst weiß es nicht. Ich würde gerne glauben. Aber die Wissenschaft sagt uns was anderes, hoffentlich irrt sie. Zum Glück irrt sie meistens, dies soll Inessa ein Trost sein.

Gegen Mitternacht gehen wir mit Inessa ins Hotel zurück, am nächsten Morgen ist sie bereits weiter gezogen. Sie wolle nicht auf uns Langschläfer warten, teilt sie uns per SMS freundlich mit. In einigen Tagen wird sie uns schreiben, dass sie bereits viel, viel weiter auf dem Camino ist, sie wird schließlich 4 Tage vor uns in Santiago eintreffen. Eine *toughe* Frau. Wir sehen sie nicht mehr wieder. Sie läuft um ihr Leben.

Tag 17 - 17. März

Steh zu Dir.

Unbekannt

Carrión de los Condes – Sahagún

Als wir gegen 11 Uhr zum Bus gehen, habe ich doch ein schlechtes Gewissen, aber was soll's. Wir bleiben auf dem Weg zusammen, das haben wir uns zu Beginn versprochen. Meine Frau ist glücklich, dass wir uns für den Bus entschieden haben, sie humpelt bereits zur Bushaltestelle. Das sieht gar nicht gut aus, mal sehen wie es heute werden wird.

Im Bus treffen wir eine Pilgerfreundin, eine junge Frau aus München, um die 25. Sie hat Tränen in den Augen und erzählt uns, dass Nico mit ihrer ganzen Truppe weitergegangen ist. Sie kann nicht mehr. Die Achillessehnen schmerzen dermaßen, dass sie aufgeben muss. Sie war beim Physiotherapeuten und der hat ihr schonungslos mitgeteilt, dass sie - falls sie weiterläuft - einen bleibenden Fußschaden bekommen wird. Sie muss sich mindestens zwei bis drei Wochen ausruhen, aber sie will es immer noch nicht wahrhaben. War in Kambodscha im Dschungel, in Thailand, auf der ganzen Welt. Hier aber muss sie aufgeben. Wir sprechen ihr Trost zu und ich erinnere mich an meine eigene Ferse. Der Schmerz ist jedoch so gut wie weg. Ich bin einfach weiter gelaufen und nach mehreren hundert Kilometern hat der Schmerz dann nachgelassen. Wahrscheinlich hatte ich einfach nur Glück gehabt.

Die Busfahrt tut gut, wir steigen in Terradillos aus und kehren in einer Albergue ein. Kaffee und etwas Kuchen, dann geht es weiter. Wir sind ganz alleine auf dem Weg, nur am Horizont geht ein älterer Mann leicht gebeugt. Wir holen ihn irgendwann ein, es ist der Schotte von vor einigen Tagen. Ich bin erstaunt ihn hier zu sehen, wir sind gerade Bus gefahren. Was für smarte Menschen auf dem Camino unterwegs sind. Wir sind immer noch auf der Hochebene zwischen Burgos und León. Die Reiseführer irren, wenn sie sagen, dass man das getrost auslassen kann. Kann man nicht. Sollte man nicht. Hier ist der Camino eben sehr speziell. Da wenig Abwechslung herrscht, hört man nach innen, lauscht seinen Gedanken, seinem Atem, seinen Regungen. Mir kommt es vor, als ob dies der eigentliche Camino ist. Hier gibt es nichts zu sehen, außer die immer gleiche Landschaft.

Wir reden wenig. Meiner Frau geht es gar nicht gut. Wir setzen uns und machen eine lange Pause. Doch auch danach geht es nicht besser. Die Schmerzen werden so schlimm, dass meine Frau sich auf den Wegesrand setzt und keinen Meter mehr weiter läuft. Es ist nicht mehr weit bis Sahagún, aber das nützt jetzt alles nichts. Wir müssen aufgeben. Ja, wir müssen aufgeben. Mit zusammengebissenen Zähnen humpelt sie in San Nicolas in eine Albergue ein. Bitte rufen sie ein Taxi, sagt sie dem Herbergsvater. Er weiß sofort Bescheid, dies passiert jeden Tag. Der Weg fordert eben doch seinen Tribut. Als das Taxi kommt sieht meine Frau, dass ich nicht mit will. Und obwohl wir beschlossen hatten, dass wir auf dem Weg stets zusammen gehen, machen wir hier eine Ausnahme. Ich gehe alleine weiter, es sind nur noch ein paar Kilometer, sie wird nichts verpassen.

Als das Taxi abfährt, stehe ich alleine auf dem Weg. Der Schotte ist gerade in die Albergue gekommen und hat sich ein sagenhaftriesiges Schnitzel bestellt. Auf ihn brauche ich nicht zu warten. Ich wende mich um und gehe los. Alleine wird der Weg noch intensiver.

Hinter mir zieht eine riesige Gewitterfront auf, ich werde automatisch schneller. Der Weg geht direkt an einer Landstraße entlang, unter dieser hindurch und macht einen Umweg, um eine kleine, aber bekannte Kirche zu passieren. Und endlich kann ich am Horizont Sahagún sehen. Ein hässlicher Anblick, aber was soll's. Langsam gehe ich weiter und döse vor mich hin. Doch auf einmal werde ich hell wach. Neben mir stehen zwei riesige Köter. Ohne jegliche Kette. Ohne Herrchen. Sie funkeln mich an und knurren fürchterlich. Wo kommen die denn her? Instinktiv taste ich nach meinem Pfefferspray, damit schlage ich sie sicher in die Flucht. Aber das Spray ist nicht da, es ist im Rucksack meiner Frau. Sofort habe ich einen Schweißausbruch, die Angst ist urplötzlich da. Was mache ich nun? Ich stehe da und warte, die beiden Hunde auch. Wir schauen uns an. Ich weiß, dass jede falsche Bewegung sehr schmerzhaft werden kann. Was machen die hier? Wann kommt der Besitzer? Vergeblich warte ich noch 10 Minuten. Die Hunde auch. Wahrscheinlich haben Tiere ja gar kein Zeitgefühl, sie sind noch eins mit der Natur, alles ist Instinkt. Aber worauf warten sie. Bin ich ihre Beute? Das kann doch nicht wahr sein, hier wenige Kilometer vor dem Etappenziel ... Ich erinnere mich an mein Gebet an den Heiligen Jakobus. Lieber Jakobus, beschütze und bestärke uns auf unserem Weg …, fange ich an und laufe langsam, ganz, ganz langsam los. Schritt um Schritt. Den Viechern bloß nicht in die Augen schauen, hämmere ich mir ein und gehe wie in Zeitlupe an ihnen vorbei. Die Hunde knurren lauter und blicken mich an. Ich kann ihren Atem spüren. Aber sie bewegen sich nicht. Das ist gut. Das ist richtig gut. Bloß nicht schneller werden, denke ich und schleiche so langsam wie möglich voran. Kläffend schauen die Hunde mir nach. Ich bin pitschnass. Der Schweiß läuft mir nur so das Gesicht runter. Ich habe keine Ahnung was passiert wäre, wenn sie auf mich losgegangen wären. Ich murmele immer wieder meinen Text für den Heiligen Jakob und werde langsam ruhiger. Nach 500 Metern drehe ich mich um. Die Hunde stehen immer noch da und blicken mir nach. Dann kommt eine Autobahnbrücke unter der ich hindurch muss, und endlich, ab hier ist der Spuk vorbei.

Doch nun kommt eine Hirte auf mich zu und den Pilgerweg kommen ca. 100 Schafe entlang gelaufen. Links, rechts, überall sind Schafe. Erschöpft bleibe ich stehen und warte was nun wieder passiert. Einige Schafe der Herde schauen mich an, der Hirte treibt sie von hinten immer näher auf mich zu. Ich merke, dass die Schafe Angst vor mir haben, gut so. Das ist gut so. Plötzlich teilt sich die Herde in der Mitte und die Schafe gehen links und rechts an mir vorbei. Hinter mir schließt sich der Schafskreis wieder und ich bin umringt von einer ganzen Herde. Ein komisches, aber kein ängstliches Gefühl kommt in mir auf. Nach ein paar Minuten ist auch das endlich vorbei. Ich überlege nun zurückzulaufen, denn mich interessiert sehr, wie die Schafsherde an den beiden Kläffern von eben vorbeikommen will. Der Schäfer hat die Hunde auch schon entdeckt, aber er zeigt keinerlei Spur von Angst. Ohne Regung treibt er die Schafsherde auf dem Camino entlang, den beiden Hunden am Horizont entgegen. Ich gehe weiter, Müdigkeit übermannt mich. Meine Nerven entspannen sich langsam.

Der Einmarsch nach Sahagún ist überhaupt nicht schön. Man geht an Bahngleisen entlang, an Gewerbebezirken. Mir gefällt Sahagún jetzt schon nicht. Wir wollten hier auch nur Pause machen, weil exakt hier die geografische Mitte des *Camino Francés* ist. Hier kann man in einer Kirche einen Stempel abholen, dass man die Hälfte des Weges endlich geschafft hat. Der Reiseführer rät jedoch, in Sahagún durchzulaufen. Wie recht er doch hat.

Als ich im Hotel ankomme, wird mein Spanisch auf eine harte Probe gestellt. Niemand spricht hier ein Wort Englisch. Touristen und Pilger sind sie nicht gewohnt. Ich versuche zu erklären, dass meine Frau auf dem Zimmer sei, aber es klappt nicht. Ich bekomme den Schlüssel für ein Einzelzimmer. Immer wieder erkläre ich, wie ich heiße und dass meine Frau sicher oben auf dem Zimmer auf mich wartet. Es ist umsonst. Dann fällt mir mein Smartphone ein. Eine gute Freundin hat mir erklärt, wie ich es als online-Übersetzer benutzen kann. Und in der Tat, ich spreche in das Telefon, dass meine Frau bereits auf dem Zimmer ist, mein Name Etto sei und das Smartphone spricht tatsächlich ohne Wartezeit und Mühe auf Spanisch. Die Hotelchefin versteht endlich mein Anliegen und mir wird die Zimmernummer meiner Frau genannt. Geht doch. Beim Eintritt ins Zimmer bin ich jedoch erschrocken, denn meine Frau liegt mit zwei Decken im Bett, das Zimmer ist eiskalt, sicher nur 15 Grad. Die Klimaanlage ist defekt, sie kühlt. Ich gehe wieder runter, jedoch nicht ohne vorher meinen Text gelernt zu haben. *Frio, frio, otro habitaciones*, sage ich am Tresen. Es sieht nach Streit aus, denn die Wirtin bestreitet, dass es in ihrem Hotel kalt sei. Erst nach heftigem Hin-und-Her bekomme ich ein neues Zimmer zugewiesen. Sogar eins mit Heizung, eins mit Blick über die Straße. Wir ziehen um und verlassen dann das Hotel. Abendessen wollen wir woanders.

Der Weg zur Kirche erweist sich als umsonst. Obwohl überall steht, dass die gesuchte Stempelstelle bis 18 Uhr auf hat, ist 17.45 Uhr bereits alles geschlossen. Wir sind maßlos enttäuscht, denn nur wegen dieses blöden Stempels sind wir hier gestrandet. Wir trommeln an die Tür, fragen in einer Bar um Hilfe, aber niemand weiß irgendwas von solchen Stempeln. Uns ist klar, mit Sahagún werden wir nicht warm. Frustriert gehen wir zum Bahnhof. Wir wollen den Ort morgen in aller Frühe verlassen. Nichts wie weg aus diesem Kaff. Im Hotel, in das wir dann doch zurückgekehrt waren, weil der Ort restlos trostlos wirkt, gibt es am Abend dann doch ein anständiges Pilgermenü, auch für nur 10 Euro. Jeder bekommt eine Flasche Wein, diesmal nehmen wir beide. Der Abend wird kurz. Nachts verfolgen mich wirre Träume. Ich renne um mein Leben, Hunde hinter mir her. Ich stolpere und wache auf.

Tag 18 - 18. März

Der Geist ist eine Stätte für sich, er kann aus dem Himmel eine Hölle und aus der Hölle einen Himmel machen.
J. Milton

Sahagún – Mansilla de las Mulas

Um 6 Uhr stehen wir auf dem Bahnsteig. Wir wollen genau eine Station mit dem Bummelzug fahren, nur raus aus der Stadt. Der Zug ist überraschend gut. Das überraschend nehme ich jedoch zurück. Ich habe bereits jedwede Arroganz gegenüber Spanien abgelegt. Es ist ein Land mit dem gleichen Standard wie bei uns. Nein, es ist besser, es sieht nach weniger Hektik aus. Und trotzdem haben sie den gleichen Lebensstandard. Irgendwas machen sie klüger. Deutschland bezahlt entweder hinter den Kulissen Milliarden Gelder an andere Organisationen oder aber die Gelder werden woanders angehäuft. Wir sind Exportweltmeister. Na und. Wir sind die reichste Nation in der EU. Na und. Wir haben einen ausgeglichenen Haushalt. Wieder na und. Der Mittelstand lebt in beiden Ländern gleich gut, mit den gleichen Produkten. Nur, dass Spanien als Landschaft viel mehr bietet. Und an die Siesta kann ich mich sofort gewöhnen. Als ich dieses Kapitel in meinem Garten sitzend aufarbeite, haben wir in Deutschland übrigens 37 Grad um die Mittagszeit. Niemand kann jetzt arbeiten, auch nicht bei uns.

In El Burgo Ranero steigen wir aus. Jetzt haben wir noch ca. 25 Kilometer vor uns. Das ist vielleicht schaffbar. Aber mit einem kaputten Fuß ist natürlich jeder Weg zu weit. Wir wollen es aber zumindest versuchen. Da wir herausgefunden haben, dass das Problem meiner Frau ihre Schuhe sind, läuft meine Frau heute in Turnschuhen. Das ist eine kluge Entscheidung. Ihre Füße können atmen, ihre Zehen haben wieder Platz. Ein Zeh ist extrem angeschwollen, vielleicht gebrochen. So werden wir nicht in Santiago ankommen, das ist uns bereits klar. Wir werden die Reise unterbrechen oder abbrechen. In zwei Tagen sind wir in León. Dort werden wir Pause machen und ein Krankenhaus aufsuchen. Ich verspreche meiner Frau, dass ihr Fuß geröntgt und bestens untersucht werden wird. Damit kann ich sie motivieren, jedenfalls Stück für Stück. Wenn man einmal anfängt, sich auf Schmerzen zu konzentrieren, wird es schlimmer und schlimmer und schlimmer.

Auf einmal sind auch meine Rückschmerzen wieder da. Der Rucksack ist immer noch zu schwer. Man denkt zu Hause, was ist schon dabei, jeden Tag 20 bis 30 Kilometer zu gehen. Das müsse doch klappen, das hat ja jeder ab und zu bereits gemacht. Aber man vergisst dabei stets den Rucksack. Er ist hier das Gepäck des

Lebens, die Mühsal des Lebens. Oft ist er vergessen, manchmal drängt er sich jedoch erbarmungslos ins Bewusstsein. So schleppt man sich auch im richtigen Leben von Tag zu Tag. Bis, ja bis man sich an die Mühsal gewöhnt hat. Auf dem Camino ist es ähnlich. Meistens vergisst man die Last. Nichts tut weh, man ist inspiriert, erregt, im Gespräch oder in Gedanken. Doch dann drückt er wieder erbarmungslos zu. Meine Frau wird morgen *Jacotrans* nehmen, denn sie kann in ihren Turnschuhen überraschend gut laufen. Das Problem ist nun jedoch der schwere Rucksack geworden. Die kleinen Muskeln der Füße sind diese Last einfach nicht gewohnt. Die schweren Schuhe haben schließlich einen Sinn, sie geben den Füßen den notwendigen Halt. Heute muss meine Frau höllisch aufpassen nicht umzuknicken.

Wir gehen langsam und sprechen wenig.

Die Hochebene ist wunderschön. Rechts wieder die Berge mit den schneebedeckten Gipfeln, sonst nichts als Acker, unbestellter Acker. Es ist noch immer die Kornkammer Spaniens, aber im März gibt es kein Korn. Hier gibt es nichts, nur eine Bahn kreuzt den Weg. Vor Reliegos geht es nochmals kurz hoch, dann wieder runter. Dann sind wir endlich da. Doch Reliegos hält nicht, was es verspricht. Ich hatte mir eine religiöse Sammelstelle vorgestellt, schöne Kirchen. Nichts dergleichen. Außer einige Albergues, wo wir ausgiebig Pause machen. Der weitere Weg nach Mansilla ist schön angelegt. Man geht eine 6 Kilometer lange Baumallee entlang. Für den Geist zermürbend ist, dass es wirklich nur geradeaus geht. 6 Kilometer geradeaus ist lang. Und dann kreuzen uns wieder Hunde. Große schwarze Hunde. Aber heute habe ich das Pfefferspray zur Hand. Sollen sie kommen. Aber sie kommen nicht. Sie spüren, dass ich völlig angstfrei bin. Sie können das spüren, davon bin ich fest überzeugt.

Auch Mansilla de las Mulas ist eine Enttäuschung. Mittlerweile ist starker Regen aufgezogen. Kräftiger Landregen. In einer Albergue am Rande der Stadt machen wir Rast, dann geht es weiter. Wir müssen vom Camino abbiegen, denn wir schlafen heute in einem *Casa* irgendwo in der Pampa. Auf der Karte sind es nur drei Kilometer Umweg, aber es fühlt sich für uns weit an, zu weit. Das *Casa* Rual Joaco erweist sich jedoch als sehr schön und es steht mitten im Ortskern von Mansilla Mayor. Wir werden freundlich empfangen. Die Gastwirtin wird extra für uns zu Abend kochen, wir sind ihre einzigen Gäste. Meine Frau geht sofort ins Bett, ich setze mich in die Wohnstube. Wir müssen eine Lösung für meine Frau finden. Heiliger Jakobus, bitte hilf uns! Ich lege mich auf den Fußboden und breite die Arme aus. Was einem zu Hause völlig überzogen vorkommt, ist es hier lange nicht. Der Weg hat uns - zumindest kurzzeitig - verändert. Bei all den Schmerzen, zum Positiven. Warum soll es den Heiligen Jakob nicht geben? Ich denke an eine Studie der Universität Köln. Dort wurde im Blindversuch für eine Kohorte von Kranken *gebetet*, und dieser ging es hinterher signifikant besser als der Vergleichsgruppe. Wie bitte will man das erklären? Placebo? Wäre möglich, wenn es kein Blindversuch gewesen wäre, aber so. Ich weiß es nicht, ich weiß das alles nicht. Aber spielt das eine Rolle?

Heiliger Jakob, bitte hilf meiner Frau.

Tag 19 - 19. März

Liebe das Leben und lebe die Liebe.
Unbekannt

Mansilla – León

Am Vorabend haben wir beschlossen, dass meine Frau den Dienst von *Jacotrans* in Anspruch nehmen wird. Mit Rucksack geht es nicht mehr, da sie nur noch in Turnschuhen laufen kann. In León müssen wir alles neu planen, eventuell auch den Zug bis Santiago nehmen. Wir bringen das Jacotrans-Schild an den Rucksack meiner Frau an und stellen alles im *Casa* ab. In den 7 Euro Gebühr ist alles enthalten, der Rucksack wird abgeholt und zur nächsten Station gebracht, diese darf sich aber nicht weiter als 40 Kilometer entfernt auf dem Pilgerweg befinden. Bereits um 9 Uhr sind wir auf dem Camino. Heute ist Dauerregen angesagt. Richtiger kräftiger Landregen. Wir haben zwar nur 22 Kilometer vor uns, aber bei Regen wird alles noch schwieriger, man muss sich noch mehr auf den Weg konzentrieren.

Plötzlich – wir laufen gerade mal 10 Minuten – hält ein kleines Auto an und eine ältere spanische Frau lacht uns unverblümt an. Wir verstehen nicht was sie will, dann macht sie unmissverständliche Zeichen, dass wir bitte einsteigen sollen. Aber wieso? Wir verstehen nicht. Dann erklärt sie uns, das sie vor Jahren selbst den

Camino gegangen ist und das Schlimmste seien immer die Regentage gewesen. Da sollte man nicht gehen müssen, befindet sie. Und sie weiß natürlich, wo wir hin müssen, die nächste Etappe ist schließlich für alle Pilger gleich. León! Und dort müsse sie zum Einkauf hin.

Mein Frau grinst bis über beide Ohren, sie hat ihren Lebensmut total zurück. Hat sie etwa auch den Jakobus angerufen? Sie freut sich jedenfalls riesig und springt umgehend ins Auto. Leicht überrumpelt sitze auch ich in dem kleinen Fahrzeug und die Fahrerin erklärt uns stolz, dass ihr Sohn in Dresden studiere. Deutschland sei so wunderbar, alle wollen nur nach Deutschland, sagt sie uns lächelnd. Nun, ich finde gerade Spanien wunderbar, entgegne ich ihr. Wir mögen uns sofort. Mit dem Auto sind 22 Kilometer ein Klacks. In weniger als einer halben Stunde fahren wir lässig in León ein, zu Fuß wäre es ein Tagesmarsch gewesen. Wir lassen uns mitten in León absetzen, denn wir wollen nicht, dass die nette Fahrerin unser Hotel sieht. Wir sind zwar normale Fußpilger, aber wir nutzen eben Hotels. Und unser Hotel heute ist wieder ein Traum. Von außen zwar hässlich, aber von innen wirklich exzellent. Wir bekommen die oberste Etage, ... und haben einen wunderbaren Blick auf die Kathedrale. León, wir sind da! Viel haben wir von dir gehört. Ich freue mich auf die Stadt.

Doch wir haben keine Zeit, wir müssen ein Krankenhaus aufsuchen. Die Rezeption ist sehr freundlich und blickt uns mitleidig nach. Die haben keine Ahnung wie schön Pilgern ist, jedenfalls wenn man keine Schmerzen hat. Das Krankenhaus ist in der Nähe und es wird spannend. Wer sagt, dass Ärzte eine Fremdsprache sprechen müssen? Müssen sie nicht! Aber wie erklärt man seine Probleme? Meine Frau will, dass ich zur Ärztin mit reinkomme und es dennoch mit Englisch versuche. Aber es wird nichts. Wir probieren es einige Minuten, dann hole ich mein Smartphone raus und spreche in das Mikrophon. Die Ärztin lacht auf und holt das gleiche Gerät aus ihrer Tasche. Dann reden wir miteinander, online, in Echtzeit, der Smartphone-Übersetzer macht es möglich. Die Ärztin ordnet eine Röntgenaufnahme an und dann heißt es wieder warten. Nach dem Röntgen gibt es erneut Missverständnisse, denn ich verstehe einfach nicht, dass ich das Röntgenbild sofort bezahlen muss. Aber ich muss, 26 Euro in bar. Erst dann bekommt meine Frau das Bild ausgehändigt. Nun heißt es erneut warten, wir müssen zum Spezialisten, einem Orthopäden. Er studiert lange das Bild, untersucht den Fuß meiner Frau und verkündet - endlich !!! - gute Nachrichten. Der Zeh sei nicht gebrochen, sondern nur zerquetscht, wir müssen nur eine Pause machen, dann wird es wahrscheinlich von alleine wieder besser. Nur braucht meine Frau ab jetzt neue Schuhe. Durch den langen Marsch sind ihre Füße um drei Nummern (!) größer geworden. Sowas gibt es manchmal, sagt der Orthopäde. Mit den alten Schuhen dürfe sie keinen Schritt mehr weiter gehen, sonst kann es schlimme Schäden am Fuß geben! Schlimme Schäden? Was gibt es Schlimmeres für eine Frau als plötzlich drei Nummern größere Füße? Ich weiß es nicht, aber jede Frau, die ich kenne, will kleine Füße haben. Doch jetzt hilft kein Jammern. Meiner Frau wird ab jetzt (und für immer?) Schuhgröße 42 verordnet. Entweder so, oder wir müssen die Reise abbrechen. Wir entscheiden uns nach reiflicher Überlegung für Weitergehen und Größe 42.

Noch heute höre ich ihr Klagen.

Unseren Personalausweis bekommen wir von der Klinikkasse erst ausgehändigt, nachdem wir den Arzt bezahlt haben, nochmals 80 EUR, aber das war es wert. Wir werden weitergehen können. Nur heißt es jetzt, neue Wanderschuhe kaufen, aber dies sollte nicht so schwer sein. Ist es aber doch! In den großen Kaufhäusern gibt es alles, nur nicht Wanderschuhe. Zum Glück hilft uns eine nette Verkäuferin und schickt uns zu einem Spezialladen. Dort bekommt meine Frau ihre neuen Schuhe, drei Nummern größer als sie wirklich hat, was sie ab jetzt jedem erzählt. Aber die Schuhe erweisen sich als Segen. Sie beschließt, die Schuhe gleich heute und morgen einzulaufen, damit sie übermorgen bereits wieder auf dem Camino sein kann. Der Schuhverkäufer ist sehr nett oder aber, wir haben einen zu guten Preis bezahlt. Jedenfalls erklärt er uns die Besonderheit von León. Man bekommt in León zu jedem Getränk immer kostenlos zwei Tapas dazu. Und der Trick ist, stets kleine Getränke zu kaufen, so machen das die Leóner. Eine tolle Tradition.

Um 18 Uhr gehe ich zum Gottesdienst in die Basilika. Der Gebetsraum ist ein kleiner Nebenraum in der Kathedrale, es ist etwas unheimlich hier, aber die große Kathedrale ist schließlich für die Touristen geöffnet und dort kostet es auch Eintritt. Morgen werde auch ich die Kathedrale in Ruhe besichtigen.

León ist klein, aber fein. Die Altstadt, die Tapasbars, die Geschäfte. Man kann sich kaum satt sehen an den Häusern, Plätzen, Menschen. Hier gehen die Pilger im Normalbetrieb unter. León ist eine Großstadt, eine kleine zwar, mit 160.000 Einwohnern, aber eine mit großem Flair. Was haben wir nicht alles schon für Dörfer gesehen. Ist völlig logisch, dass die jungen Menschen in die Städte ziehen. Hier könnte ich selber leben. Wir freuen uns, dass wir morgen noch in León bleiben. Und ich danke dem Heiligen Jakob. Am Abend kann ich mich an der hell erleuchteten Kathedrale nicht satt sehen. Wir haben festgestellt, dass es im Hotel nur zwei Zimmer gibt, die einen Blick auf die Kathedrale haben, umso glücklicher macht mich der Anblick.

Tag 20 - 20. März

Dein Leben ist das, was Deine Gedanken daraus machen.
M. Aurel

León

Da wir am Vortag gut eingekauft haben, entscheiden wir, auf dem Zimmer zu frühstücken. Und wir beschließen, die gesamte Wäsche gründlich durchzuwaschen. Obwohl wir natürlich jeden Tag waschen, riechen manche Teile nicht wirklich nach *Eau de Toilette*. Dieser eine Tag Pause tut erneut gut. Keine Ahnung, wo unsere Pilgerfreunde sind, aber der Zufall wird uns schon wieder zusammenführen. Auf dem Camino muss man sich treiben lassen, wir erzwingen gar nichts.

Unsere Kinder melden sich per SMS und weisen uns auf eine Sonnenfinsternis in Deutschland hin. Da wir wolkenlosen Himmel haben, der gesamte Regen ist weitergezogen, improvisieren wir etwas mit Sonnenbrillen und Tüchern und starren in die Sonne. Und tatsächlich, ein Viertel der Sonne ist bedeckt, aber man hätte es ohne Ankündigung nicht bemerkt. Vor Jahren habe ich mal in Karlsruhe eine totale Sonnenfinsternis erlebt, das bleibt für immer im Gedächtnis. Wir planen den Vormittag in der Kathedrale zu verbringen, in Burgos haben wir auch mehrere Stunden für die Kathedrale gebraucht.

Doch die Kathedrale in León ist kleiner, viel kleiner. Was beim Eintreten auffällt, ist, dass der Blick auf den Hauptaltar versperrt ist. Das ist wirklich schade und wie ich später lese, ein Streitpunkt seit Jahrhunderten. Ja, die Kathedrale von León. Gebaut von 1252 bis 1302, kurz nach dem Magdeburger Dom, gleichzeitig mit dem Kölner Dom. Ein Wunder der Hochgotik. Dies ist zwar nur ein

Satz, aber wenn man das einmal gesehen hat, ist man schlichtweg begeistert. Hier haben sich die alten Meister beim Ausgang der Gotik selbst übertroffen. Ich erinnere mich, die Gotik ist bekannt für große hohe Räume. Es war ja gerade die Kunst der damaligen Baumeister, die Baustile der Romanik zu verlassen. Romanische Kirchen wirken immer gedrungen, weil sehr viel Stein verbaut wurde, auch auf den Dächern. Die Gotik hat das Kreuzdach erfunden, damit kann man viel filigranere Decken bauen. Und höhere Kirchen. Aber in der Kathedrale von León haben sie sich selbst übertroffen. Das kann man nicht mehr steigern und es wurde auch nie übertroffen. Der Grundriss erinnert an die Kathedrale von Reims, sagen die Experten. Das mag sein. Für mich ist das Bauwerk aber einmalig. Insbesondere die Fenster, sowas habe ich noch nie gesehen. Die riesige Decke ganz oben scheint wie von selbst zu schweben.

Die Kathedrale besteht aus drei Etagen, wie meistens in der Gotik. Unten sind Gravuren und Bilder aus dem Pflanzenreich angebracht, darüber Bilder aus dem Tierreich. Und ganz oben thront der Mensch. Aber auch hier wurde nichts dem Zufall überlassen. Im Osten steht wie gewohnt der Altar, dort geht die Sonne auf. Im Süden sind die Apostel und andere Heilige zu sehen. Im Norden dagegen, dort wo niemals ein Lichtstrahl durch die Fenster fällt, sind die Prediger des Alten Testamentes. Die Prediger, die niemals das Licht der Offenbarung empfangen haben, die aber kraftvoll nach Osten, auf den Altar zustreben. Alles wohldurchdacht. Man hat gar nicht genug Zeit, um sich alles in Ruhe anzusehen, man kann nur den Gesamteindruck auf sich wirken lassen. Und der ist gewaltig.

Und man lernt viel über menschlichen Größenwahn. Die Kathedrale sollte schon mehrmals verbessert werden. Das Dach wurde erneuert und vieles mehr. Doch kein alter Baumeister reichte an die Baumeister des Mittelalters heran. Die Kathedrale war einsturzgefährdet und schon mehrmals dem Tode geweiht, aufgegeben. In einer Glanzleistung, in einem Lebenswerk, hat ein neuerer Baumeister die alten Strukturen verstanden und konnte somit die Kathedrale vor dem Einsturz retten, sagt der Audioführer. Ich stehe klein und kleiner in mitten der Kathedrale und frage mich wie damals in Burgos, wie man das alles hier ohne Computer berechnen konnte. Romanische Kirchen zu bauen, kann ich mir vorstellen. Man kann ja doppelt so viel Stein verwenden, man kann ausprobieren, irgendwann hält es. Aber hier. Das ist Kunst auf allerhöchstem Niveau. Niemand kann das heute berechnen, da bin ich mir sicher. Und mir fällt meine eigene Arbeit ein. Ich habe mal drei Jahre für Airbus gearbeitet, an einer kleinen Stelle. Dort habe ich festgestellt, welchen enormen Aufwand es doch braucht, um einen neuen Airbus aus der Taufe zu heben, den A380. Ich bin mir sicher, dass der gesamte Konzern heutzutage nicht in der Lage wäre, ein Raumschiff zu bauen, welches zum Mond fliegt und heil zurückkommt. Es würde bereits an der Elektronik scheitern. Und man muss nicht mal Microsoft drauf installieren, will ich ketzerisch hinzufügen. Auch jedes andere System würde das nicht überleben. Auch wir werden immer hemdsärmeliger, nicht nur die Baumeister unserer Betonblöcke. Mir fällt meine eigene Berufsausbildung an russischen Funkgeräten ein. Unser Meister sagte immer, mit Werkzeugen könne das jeder reparieren, ihr Schwachköpfe. Aber in der Prüfung bekommt ihr nur einen Schraubenzieher. Da muss man schon mal nachdenken, um den Fehler zu finden, ihr Deppen! Einen Schraubenzieher, Draht, Spucke, Handschuhe. Damit kann man tatsächlich viel machen, wenn man das Radio, das Funkgerät und all das ganze Zeug zutiefst verstanden hat, wenn man jedes Kabel wirklich begriffen hätte. Wie recht er hatte. Heute kommen die Techniker mit tausend Messgeräten, haben aber keine Ahnung vom Innenleben. Und ich bin sicher, auch wir Ingenieure haben keine Ahnung vom wirklichen Innenleben unserer eigenen Geräte.

Schau nicht so grimmig, meine Frau holt mich in die Realität zurück. Und ja, auf was für blödsinnige Gedanken man doch kommt. Natürlich hat Airbus Ahnung!

Fliegen wir also zum Mars.

Jetzt stehe ich wieder in der Gegenwart und schaue auf die riesigen Fenster. Hier hat erneut Gott die Hand geführt, dass kann man ohne tiefen Glauben nämlich gar nicht erst *beginnen*, zu groß muss die Herausforderung im Mittelalter gewesen sein. Ich bin absolut sicher, ohne Glauben würde man das Projekt nicht beginnen. All diese Gedanken hatte ich bereits in Burgos. Auch dort war ich fasziniert.

Die Kathedrale hier ist kleiner als jene in Burgos, aber eben noch gotischer. Heller, lichter geht es einfach nicht. Die Kathedrale von León besteht scheinbar nur aus Fenstern. Ich stehe auf dem Boden und starre nach oben, in all die Pracht. Meine Frau geht raus in die Sonne und ich verweile noch eine halbe Stunde in meinen laienhaften Gedanken. Dann gehen wir zurück in unser Hotel. Unterwegs treffen wir Mizi und den alten Japaner, sie laufen weiterhin zusammen, der 70-jährige Professor und die 20-jährige Dame. Der Camino schafft immer wieder neue Freundschaften. Das ist Völkerverständigung pur. Mögen sie ihr Glück finden. Im regen Gedankenaustausch - meine Frau wurde, während ich drinnen laienhaft über die Gotik nachdachte, mehrmals von einheimischen Spaniern "zum Kaffee eingeladen" (Frechheit!) - gehen wir zurück zum Hotel. Wir wissen, dass es dort eine Dachterrasse gibt. Was wir nicht wussten, wie herrlich sie ist.

Und wir haben Sonne pur.

Wir bekommen einen Platz direkt an der Außenkante der offenen Dachterrasse und bestellen nur Getränke. Wir sind ja jetzt Profis und warten auf die beiden Tapas, die es kostenlos dazu gibt. Was für ein Tag. Niemand möchte heute pilgern, oder? Wir sind Touristen, ich denke, Luxustouristen, denn wir sitzen am besten Platz von León und beobachten das bunte Treiben. Dabei ist es nicht teuer. Jeder kann hier für 5 Euro eins bis zwei Stunden sitzen und die Kathedrale beobachten. Aber es macht keiner. Die anderen Pilger trauen sich nicht hoch, man will ja nicht schief angesehen werden. Ein großer Fehler.

Am Nachmittag steigen wir wieder hinunter und werfen uns in das Getümmel. Wir treffen Nico mit den beiden Blister-Sisters aus Schweden. Der Schweizer ist ihnen abhanden gekommen, so ist halt der Camino. Wir erzählen vom Trick mit den Tapas und gehen weiter zum Park am Fluss. Hier sind wieder Trimm-Dich-Pfade für Erwachsene angelegt und einige Rentner trainieren an den freien Sportgeräten. Spanien halt. Auch ich trainiere etwas, bis meine Frau einen herzhaften Lachkrampf bekommt. Wahrscheinlich sehe ich wiedermal gar zu peinlich aus. Aber daran habe ich mich schon lange gewöhnt. Mit zwei Töchtern gesegnet und so gar keine Ahnung von Stil und Mode, da muss man sich viel anhören.

Leider haben wir heute noch eine wichtige Aufgabe zu bewerkstelligen. Wir müssen mal wieder zur Post! Meine Frau schickt ihre letzten 2 kg Übergepäck zurück, ihre alten Schuhe. Sie glaubt tatsächlich immer noch, dass sie dort jemals wieder reinpasst. Ich will ihr nicht den Tag verderben und halte lieber meinen Mund, aber der Orthopäde gestern war eindeutig. Für 22 Euro wird das Schuhwerk nach Hause versendet.

Pilgern ist teuer, aber das wussten wir schon.

Am Abend beherzigen wir erneut den Rat des Schuhverkäufers. Wir gehen von Tapas-Bar zu Tapas-Bar und bestellen immer nur je ein Getränk. Mein Fehler ist jedoch, dass ich immer Bier bestelle, denn irgendwann beginnt es zu wirken, und das leider bevor ich satt bin. Zwei Deutsche an einem Tresen sprechen uns an, sie pilgern mit Wohnwagen, und dies seit 10 Jahren. Einer pilgert, der andere fährt mit dem Wohnwagen hinterher, damit sie am Abend eine Bleibe haben. Dann wird gewechselt. So kommen sie mit wenig Geld aus und ersparen sich die berüchtigten Albergues. Jeder geht seinen eigenen Camino. Wir verabschieden uns freundlich und ziehen weiter.

Obwohl es spät geworden ist, kann ich meine Frau überreden, nochmals auf die Dachterrasse zu gehen. León bei Nacht. Ich hatte es mir schöner vorgestellt, aber die Kathedrale überstrahlt alles, die Altstadt liegt im Dunkeln. Trotzdem entscheiden wir uns zu bleiben und bestellen erneut, diesmal Wein, und die letzten beiden Tapas des Tages werden dazu serviert. Wir reden über die morgige Etappe. Wir müssen leider fahren. Ja, wir müssen den Bus nehmen, aber das war natürlich klar, denn wir haben in León unplanmäßig einen ganzen Pilgertag verloren. Wir sind jedoch froh, dass wir überhaupt weiter gehen können. Meine Frau will aufpassen, die Mahnungen des Arztes liegen ihr wie ein Fels im Ohr. Ich stelle fest, dass wir in Astorga ca. 520 Kilometer seit Roncesvalles geschafft haben werden. Aber davon werden wir 60 Kilometer gefahren sein. Nun gut, ich rechtfertige mich damit, dass wir bis Finisterre laufen werden und nicht nur bis Santiago, dies sind 90 Kilometer weiter als die meisten anderen Pilger gehen werden. Ich möchte den Heiligen Jakobus nicht um die Pilgerschaft betrügen, zu gut hat er uns bis jetzt unterstützt. Und natürlich fällt uns beim Wein eine super Ausrede ein. Die beiden Frauen aus Duisburg hatten Schrittzähler dabei und haben festgestellt, dass man im Mittel ca. 20% mehr läuft als auf den Entfernungstabellen ausgewiesen ist. Ist die Tagesstrecke also 25 Kilometer, läuft man 30, warum auch immer. Die Frauen haben dies hundert Kilometer ausgemessen. Dieses Argument nimmt uns das schlechte Gewissen gegenüber dem Heiligen Jakob. Und überhaupt. Jeder geht seinen Camino. Der Fuß meiner Frau entscheidet sowieso, ob und wie es weitergeht. Niemand weiß, wie das Wagnis hier enden wird.

Heiliger Jakob, bestärke und unterstütze uns auf unserem Weg... Mit diesem Gebet schlafe ich ein. Ich schlafe schon seit längerem gut.

Pilgern ist viel mehr als Wandern.

Tag 21 - 21. März

Wenn Du immer nur siehst, was das Leben Dir verweigert, wirst Du nie sehen, was es Dir schenkt.
F. Romay

León – Astorga

Wir müssen früh raus, der Bus fährt um 9 Uhr ab. Natürlich ist es nur früh für uns, die anderen Pilger sind ja bereits seit einer Stunde auf dem Camino. Um 8 Uhr müssen sie die Albergues verlassen. Schließlich muss alles gereinigt werden. Um 14 Uhr öffnen sich die Türen für die neuen Pilger.

Im Bus treffen wir Mizi. Mizi wirkt sehr erschrocken. Da wir sie beim Busfahren erwischt haben, wie sie sagt. Wir können sie beruhigen, und sagen ihr unsere hier gewonnene Lebensphilosophie. Es gibt keine Regel und keine Instanz, die sagt was richtig oder falsch ist. Jeder kommt auf dem Weg an seine eigenen Grenzen, nur darum geht es.

Meine Frau hat mehre Damen als Freundinnen - die besten, die ich mir vorstellen kann - und drei dieser Damen sind ein Jahr zuvor auf dem Jakobsweg gepilgert. Und sie haben (weil sie einfach nicht mehr konnten) oftmals Bus oder Taxi genommen. Völlig richtig, wie ich finde. Jeder lotet seine eigenen Grenzen aus, physisch wie psychisch. Und wenn man schlussendlich nur 50 Kilometer laufen würde.

Alles ist richtig! Wir sagen Mizi das und sie lächelt, so wie es Asiaten am besten können.

Doch Mizi kann nicht mehr. Sie will heute bis Astorga. Ich persönlich bewundere sie ja schon länger, denn ich habe mal eine Stunde ihren Rucksack getragen und war geschockt. Mizi hält sich nicht an die goldene Regel, dass der Rucksack nur 10 bis 15% des Körpergewichtes betragen sollte. Bei Mizi geht das wohl auch nicht, sie wiegt kaum mehr als 50 kg. Und nun machen ihre Füße nicht mehr mit. Auch sie ist schließlich seit Roncesvalles unterwegs. Kopf hoch, Mizi! Wir sehen uns um - der Bus ist voller Pilger - und müssen lauthals loslachen. Fast alles Asiaten, wie ich erkennen kann. Und alle scheinen ein schlechtes Gewissen zu haben.

Welch ein Spaß, sie nacheinander streng zu mustern!

Der Reiseführer sagt, das man getrost bis Astorga durchfahren kann, es sei denn, man wolle die längste Brücke des Weges sehen. Wir wollen. Wir steigen an der übernächsten Haltestelle aus, können Mizi aber nicht überreden, sich uns anzuschließen. Vor uns liegen immerhin noch knapp 28 Kilometer, dies wird schwer genug werden, aber im Notfall können wir ein Taxi rufen. Ich habe meiner Frau versprochen langsam, sehr langsam zu gehen. Wir haben 8 Stunden für den vor uns liegenden Weg eingeplant. Das ist machbar. Meine Frau macht einen guten Eindruck, ihren Füßen geht es gut. Aber die Bürde des Lebens drückt heute auf unser beider Rücken, evtl. haben wir den Rucksack nicht richtig gepackt. Schwere Sachen so nah am Rücken und so weit oben wie möglich, sagt der Ratgeber. Ein gut gepackter Rucksack trägt sich von selbst, sagen die Profis. Nun, das kann ich nicht bestätigen. Auch brennen heute meine Füße. Aber egal. Noch geht es. Ja, noch geht es.

Trotz all der Schmerzen schlagen sich die Pilger durch. Tag für Tag. Immer und immer wieder. Tausende. Seit Tausenden von Jahren. Ist das nicht komisch? Ist das nicht wunderbar? Wir sind eine kleine Familie geworden.

Wir winken Mizi noch lange nach. Leider werden wir sie nicht wieder sehen, denn Mizi wird morgen früh als erste aus der Albergue in Astorga aufbrechen. Das schlechte Gewissen trieb sie an, wie sie uns später schreiben wird.

Der Weg nach Astorga ist schön. Zuerst geht es zwar nur an einer Straße entlang, aber dann kommt die berühmte Brücke. Die längste Brücke am Pilgerweg. 19 Bögen überspannen..., ja was eigentlich? Kein Fluss weit und breit zu sehen, nur ein kleines Rinnsal. Das ist enttäuschend. Die Brücke führt über Land und verbindet zwei Dörfer. Keine Ahnung, warum sie jemals gebaut wurde. Aber von hier gibt es zumindest eine berühmte Legende: Ein Ritter verliebte sich vor langer, langer Zeit unsterblich in eine hiesige Prinzessin. Da sie seine Liebe jedoch nicht erwiderte - so was kommt leider öfters vor als man denkt - wohnte er unter dieser Brücke und stellte sich den Reisenden frustriert zum Kampf. Und da er ein sehr erfahrener Kämpfer war, verloren dabei viele Menschen ihr Leben, bis, ja bis die Angebetete seine unsterbliche Liebe erwiderte und beide heirateten. Der Ritter wurde weltberühmt, die Brücke auch. Auch heute noch ist sie imposant, wenn man darüber läuft.

An einer Albergue in Hospital de Orbigo, direkt nach der Brücke machen wir Rast und decken uns mit dem Nötigsten ein. Es geht knapp 10 Kilometer durch reine Landschaft, das sind ca. 3 Stunden. Hinter Villares gibt es erneut streunende Hunde, aber diesmal haben sie Angst vor uns. Ist auch verständlich, denn wenn die Hunde bereits einmal mit Pfefferspray besprüht worden waren, kommen sie nie wieder an einen Pilger heran. Beim Aufstieg auf einen kleinen Berg treffen wir das Paar aus Australien wieder. Sie berichten uns, warum sie ihren *Honeymoon* auf dem Camino verbringen und wir laufen eine Stunde zusammen. Ist schon verrückt. Wir erinnern uns an unsere Hochzeitsreise, damals auf Kreta. An den Camino haben wir bei unserer Hochzeit – im Jahre 1993 - überhaupt nicht gedacht. Ging natürlich auch nicht, denn der Camino wurde erst in den 2000er Jahren weltberühmt. Er war lange Zeit, fast 100 Jahre, vergessen worden. Und er war gar nicht passierbar. In O Cebreiro werden wir am Grab desjenigen Mannes stehen, dem dieser Weg der Neuzeit zu verdanken ist. Und in Deutschland hat Hape Kerkeling den Camino erst 2006 berühmt gemacht. Man kann das an den Zahlen sehr schön erkennen. Ich suche beim Schreiben eine Statistik aus dem Internet raus. Lässt man die Heiligen Jahre 1993, 1999, 2004, 2010 mal weg, sieht man eine ansteigende Exponentialfunktion. 1990 gab es gerade mal 5.000 Menschen auf diesem Weg, davon kamen 560 aus Deutschland. 1995 waren es bereits 18.000, davon 1.200 aus Deutschland. Im Jahre 2000 waren es bereits insgesamt über 50.000 Pilger, die in Santiago ankamen, davon jedoch nur 2.800 aus Deutschland, also immer noch fast niemand. Und selbst 2005 gab es nur 7.100 deutsche Pilger. Und dann kam das Buch von Hape Kerkeling und 2007 pilgerten bereits 14.000 Deutsche. Seit dieser Zeit bleibt diese Zahl annähernd konstant. Es sind aktuell zwischen 14.000 und 17.000 Deutsche jährlich auf dem Camino unterwegs. Ganz anders sehen die internationalen Zahlen aus. 2006 kamen erstmals 100.000 Pilger in Santiago de Compostela an, 2010 (dem letzten Heiligen Jahr) über 270.000 und 2014 ca. 240.000 Pilger. Und es scheint jetzt erst los zu gehen, denn Exponential-Funktionen haben eine ganz besondere Eigenschaft: Erst merkt man ihren Einfluss kaum, dann aber sprengen sie jeden Rahmen. Dem Camino stehen also goldene Zeiten bevor, bis er wahrscheinlich völlig aus dem Ruder laufen wird. Und da wir gerade bei Statistik sind. Man muss auf die Monate achten, die Pilgerzahlen verteilen sich natürlich nicht gleichmäßig auf die Monate. Schauen wir nur mal auf 2014! Im März liefen 3.000 Pilger, im Juni bereits 33.000 und im August sagenhafte 51.000 Menschen. Wie kann man das nur miteinander aushalten? Was sollen 50.000 Menschen auf dem Weg? Wer pilgern und ursprüngliche Erfahrungen machen möchte, sollte spätestens im Mai gepilgert sein! Ich rede mit meiner Frau darüber und wir sind uns einig. Wir würden schon wegen der Temperaturen niemals im Hochsommer laufen. Wir sind jetzt schon völlig geschafft. Mühsam kämpfen wir uns einen Berg hinauf. Es ist März 2015, es ist heiß. Oben auf dem Berg stehen Einheimische und verkaufen Wasser, Cola, Fanta. Wir nehmen lieber nichts, haben ja genug Proviant eingepackt, erfreuen uns aber an zwei Österreichern, die in León gestartet sind. Die kaufen noch alles, auch das Essen. Wohl bekomms.

Nach einem längeren Weg auf einem Bergpfad entlang haben wir einen ersten Ausblick auf Astorga. Wir sind da, denken wir, dann erinnern wir uns. Immer, wenn wir dachten, wir seien da, dauerte es noch mindestens eine Stunde. So auch hier. Es sind noch knapp 6 Kilometer bis Astorga und der Weg zieht sich. Dafür ist der Blick von hier oben grandios. Astorga selbst liegt auf einem kleinen Berg, man muss also zuerst ins Tal zurück, dann wieder hoch. Leise redend gehen wir weiter. Und irgendwann kommen wir an der sinnlosesten Brücke des gesamten Weges vorbei. Hier haben bestimmt EU-Sicherheitsnormen zugeschlagen, denn wo man früher einfach über zwei Bahngleise treten durfte (man sieht die alten Wege noch), muss man jetzt umständlich eine ultramoderne Eisenbrücke hochlaufen und hinten wieder hinunter. Es sind sicher 200 Meter Laufweg aus Stahl. Welch ein Irrsinn, aber Brüssel fördert den Weg, das haben wir schon erfahren. Das Geld muss unter die Leute.

Der Aufstieg nach Astorga ist kurz aber schwer. Mein Frau verknackst sich irgendwie wieder den Fuß und wir machen Stopp. Obwohl wir in 20 Minuten da wären, legen wir eine längere Pause ein. Dann schleppen wir uns in unser Hotel. Die Rezeptionistin spricht fließend Deutsch, sie hat in Deutschland gelernt und wir bekommen ein tolles Zimmer. Im Prinzip ein Luxuszimmer, wollte ich gar nicht, aber es ist ein kostenloses Upgrade des Hauses. Warum also nicht!

Astorga selbst enttäuscht mich sehr. Was habe ich nicht alles schon von dieser Stadt gehört. Hier kommen verschiedene Pilgerwege zusammen, es war einer der wichtigsten Pilgerorte des Mittelalters, was man ja auch an der Kathedrale ersehen kann. Neben dieser steht ein Palast von Gaudí, für mein Empfinden jedoch völlig fehl am Platz. Es sollte ein Bischofssitz werden, bis sich Gaudí mit dem Bischof zerstritt und abzog. Der Palast wurde niemals geweiht, heute beherbergt er ein Museum, dies ist ansehnlich.

Da es noch vor 18 Uhr ist, gehen wir in die Kathedrale. Das australische Pärchen hat von einem Museumsbesuch dort nur so geschwärmt und wir wollen die Zeit bis zum Essen, in Spanien ja immer erst ab 20/21 Uhr, für unsere Bildung nutzen. Aber das Museum enttäuscht mich, dafür haben wir an anderer Stelle Glück. In der Kathedrale beginnt ein Orchester sich aufzubauen. Heute soll *Semana Santa* eingeläutet werden, ein offizieller Festakt. Nahezu alle Orte am Pilgerweg feiern *Semana Santa*, die heilige Karwoche. Dies ist die Woche vor Ostern, und Spanien zelebriert das viel mehr als wir in Deutschland. Es ist eines ihrer größten Feste. Es gibt Schulferien, Arbeitsurlaub. Wir wissen, der Weg wird nun voller werden. Doch hoffentlich noch nicht ab Astorga.

Ich kann meine Frau überreden, in der Kathedrale solange sitzen zu bleiben bis die offiziellen Feierlichkeiten anfangen. Wir haben die besten Plätze. Aber das stellt sich als Fehler heraus. Nach einer geschlagenen Stunde geht es erst los, aber leider immer noch nicht das Konzert. Ans Pult tritt ein Geistlicher in Zivil und er beginnt eine mahnende Predigt. Wir verstehen kein Wort, aber am Ton erkennen wir, dass er den Leuten in der Kathedrale, die mittlerweile absolut voll ist, ins Gewissen redet. Was immer er sagt, es ist zu lange. Nach einer weiteren Stunde halten wir es nicht mehr aus und wir schleichen uns aus der Messe. Gerade als wir durch die schwere Tür hinaus gehen, fängt das Orchester zu spielen an. Meine Frau geht trotzdem raus, ich höre noch eine Weile zu. Dann gehen wir essen.

Wir finden ein sehr schönes Restaurant und essen das hiesige Kultgericht, *Cocido Maragato*. Ein Essen der alten Römer und später der Männer von Napoleon. Zuerst gibt es sieben Sorten Fleisch, mindestens ein echtes Schweineohr ist immer dabei, danach kommen Klöße mit Gemüse, danach die Suppe und zum Schluss das Dessert. Die Römer hatten einfach Ahnung, denke ich, denn das ist gelebte Römerlogik. Wenn während des Essens zum Kampf gerufen wurde, hatte man das wichtigste bereits im Magen, eine schöne Sitte. Mir gefällt das sehr gut. Aber es ist zu viel, wir schaffen unsere Portionen nicht.

Erschöpft – vom Essen – gehen wir zu Bett.

Tag 22 - 22. März

Das Komische am Leben ist: Wenn Du darauf bestehst, nur das Beste zu bekommen, dann bekommst Du es häufig auch.
Unbekannt

Astorga

Wir müssen Pause machen, meine Frau braucht erneut etwas Ruhe. Wir dürfen es nicht übertreiben, sonst bricht der Zeh doch noch. Also werden wir uns heute Astorga ansehen. Doch ich bin immer noch enttäuscht. Astorga hält gar nicht, was es verspricht. Die Römerstätten sind geschlossen, das Schokoladenmuseum ist unten im Tal, nur der Spaziergang auf der Stadtmauer ist schön. Man kann von hier oben weit in das Tal schauen. Wir beschließen am Vormittag in ein berühmtes Textildorf zu fahren und zurückzulaufen. Es sind nur 10 Kilometer und meine Frau muss die neuen Schuhe einlaufen, aber eben ganz, ganz langsam. Bis Santiago sind es noch knapp 250 Kilometer. Bloß keinen Fehler machen.

Das Textildorf wurde uns in León empfohlen als wir auf der Dachterrasse saßen. Uns sprach ein einheimisches Mädchen an und sagte, in Astorga müsse man unbedingt *Cocido Maragato* essen (haben wir!) und das Dorf ansehen (machen wir!). Das Dorf ist wirklich schön, der Rückweg jedoch nicht. 10 Kilometer an der Straße entlang, und das nicht mal auf dem Camino, dies einfach nur so. Sind wir wandersüchtig geworden?

Wir freuen uns auf ein Eiscafé, denn es ist unerträglich heiß geworden. In der Sonne mindestens 30 Grad. Was ist nur mit diesen März los? Als wir in Astorga einlaufen, treffen wir den Iren wieder. Seine Freundin, die mit der Mundharmonika, musste leider aufgeben, sein Freund auch, aber er selber hält noch durch. Wenn ich dran denke, dass wir bereits zwei Mal mit dem Bus gefahren sind, verstehe ich, warum die anderen aufgeben haben. Der Ire ist stark wie ein Bär und sein kleiner Rucksack wippt immer noch auf dem riesigen Rücken hin und her. Wir reden kurz miteinander, dann geht er weiter. Sein Ziel sind jeden Tag 40 Kilometer. Man kann das schaffen, ich weiß, aber es ist nicht unser Weg. Wir wünschen ihm viel Erfolg.

Beim Mittagessen werden wir das erste und einzige Mal auf dem gesamten Weg übers Ohr gehauen. Die Wirtin denkt, die Touristen verstehen eh keine spanische Karte. Aber wir sind keine Touristen, wir sind Pilger und wir schauen aufs Geld. Ich gehe mit der Rechnung nach draußen und fotografiere die Speisekarte ab, dann zeige ich ihren Preis von der Tür und ihren Endpreis. Sie versteht, dass ich Ärger machen werden und halbiert schnell ihren Preis; dabei funkelt sie mich böse an. Aber auch ich bin böse, denn ich kann es nicht einsehen, dass Pilger betrogen werden. Es war aber auch das einzige Mal. Und dieses einzige Mal verbinde ich jetzt mit Astorga. Die Wirtin hätte es lieber bleiben lassen sollen, denn nun rate ich jedem Pilger, an Astorga vorbei zu ziehen.

Meine Frau will unbedingt aufs Zimmer, sie muss ihre Füße hochlegen. Ich schlendere erneut durch die Stadt, gehe zum Marktplatz und erblicke viele Menschen. Sie schauen gebannt nach oben, auf lustige Figuren, welche auf einer Rathausuhr angebracht worden sind. Bei jeder vollen Stunde schlagen sie mit dem Hammer auf eine Glocke. Das Spektakel ist wohl sehr berühmt, ich habe es mal wieder nicht gelesen gehabt. Nach dem Schauspiel finde ich eine kleine abgelegene Kirche und gehe in die Messe. Jeden Tag rede ich mit dem Heiligen Jakobus und mittlerweile beginne ich mich intensiver zu bedanken. Denn irgendwie fügt sich alles. Immer, wenn wir in Zweifel oder Not waren, kam Hilfe. Immer. Ohne Ausnahme. Dankbar schaue ich auf den Altar und lausche der Predigt. Ich verstehe wie immer kein Wort und komme gerade dadurch in einen sehr ruhigen inneren Zustand. Keine Worte, deren Sinn ich erfassen muss. Nichts von außen, über was ich nachdenken muss. Die spanische Sprache lullt mich ein. Der Ton des Pfarrers ist diesmal nicht strafend, sondern eher wie der eines gutmeinenden Hirten. Pilgern ist wunderbar. Ich bin süchtig geworden, das gebe ich ehrlich zu. Doch ab morgen kommt die schwerste Etappe des Weges. Wir müssen ein Hochgebirge passieren. Nochmals auf 1.500 Meter hoch, dann wieder runter, dann wieder auf 1.300 Meter rauf. Jetzt beginnt auch die bekannteste Etappe des gesamten Camino. Ab hier steigen sehr, sehr viele Pilger ein. Pilger, die nicht so viel Zeit haben wie wir.

Daher ist Astorga so berühmt, ich bin trotzdem enttäuscht.

Als die Predigt fertig ist, stelle ich vier Kerzen auf, denke an meine Töchter, und gehe in die benachbarte Albergue. Dort lese ich die Pilgernamen in den Listen durch, *checke* wer angekommen ist. Mizi ist leider schon weiter gereist, wie ich erfahre, der alte Japaner ist jedoch gerade eingetroffen. Die Herbergsmutter zeigt mir alle Daten, ich erkenne den ein oder anderen Namen wieder, entscheide aber, alles dem Zufall zu überlassen. Mal sehen, wen uns der Camino als nächstes in die Arme spült. Es dem Zufall zu überlassen, wenn man weiß, dass dieser es gut mit einem meint, ist sehr erholsam. Ich nehme mir das für mein richtiges Leben vor. Ja, das muss ich ausprobieren!

Normalerweise plane ich alles durch, bloß nichts übersehen. Wenn es der Zufall aber gut mit einem meinen möge, wäre dann nicht alles leichter? Ich werde es ausprobieren, auch dies eine Erfahrung des Weges. Doch wer weiß, wie es weitergeht. Bis zur Atlantikküste haben wir noch fast 400 Kilometer vor uns.

Am Abend gehen wir ins Hotel Gaudí zum Essen. Während wir wieder *Cocido Maragato* essen (was sonst), bemerkt meine Frau stolz, dass hier im Hotel wohl auch Hape gegessen habe. Also, fasse ich lachend zusammen, der große Hape hat hier gegessen und er war oft in jenen Hotels, in denen auch wir abgestiegen sind. Pilgern geht definitiv so, wenn selbst Hape das macht, fahre ich fort. Anders könnte ich es auch nicht, denke ich leise. Während des Essens meldet sich unsere große Tochter auf dem Handy, sie sei jetzt gut in Denver gelandet. Sie muss zu einem Geologen-Kongress. Promovieren ist nicht einfacher geworden, sie muss da durch. Präsentieren. Klappern. Aufmerksamkeit erregen. Keiner promoviert mehr für sich in der Studierstube. Natürlich eine Unsitte mit all den Auftritten und sinnlosen Papern, aber wer kann schon das System ändern. Unsere jüngere Tochter kämpft sich gerade durch ihr Medizinstudium, auch sie hat gerade eine Klausur erfolgreich bestanden, was sie uns per SMS mitteilt. Super. Wir schauen uns beide an und sind mächtig stolz. Die Familie, das Beste was mir gelungen ist. Obwohl ich nach außen hin eine Bilderbuchkarriere hingelegt habe, war meine Familie für mich immer das Wichtigste. Ich habe Meetings verschoben, Konferenzen abgesagt, den Chef versetzt, nur um an den Kindergeburtstagen, Feiern und sonstigen dabei zu sein. Wenn die Töchter krank waren, war ich da. Und ihre Lehrer kannte ich in- und auswendig. Ich bin stolz und gerührt zugleich. Der Wein beginnt zu wirken. Und pilgern wird noch schöner. Wir gehen langsam ins Hotel zurück, der Mond scheint am Himmel. Morgen geht's wieder ins Gebirge. Meine Frau wird durchhalten - schließlich war es ihre Idee mit dem Pilgerweg - ich weiß es, sie beißt sich durch. Meine volle Hochachtung. Heiliger Jakob, ...

Tag 23 - 23. März

Die Stärke Deines Glaubens an Ungerechtigkeit und Unglück, ist das Kennzeichen Deiner Unwissenheit.
R. Bach

Astorga – Rabanal del Camino

Der Weg heute ist kurz, auf dem Papier nur 20 Kilometer, aber dafür müssen wir heute bereits auf 1.150 Meter aufsteigen. Das Wetter hat umgeschlagen. Es ist kalt und Regen deutet sich an. Aber ich glaube nicht an Regen. Im Reiseführer steht, dass zwei Kilometer vom Pilgerweg entfernt ein einzigartiges Dorf existiert, Castrillo de los Polvazares. Hier soll man noch wie im Mittelalter leben. Wir beschließen den kleinen Umweg zu laufen, das können wir uns heute leisten. Und es lohnt sich. Die Häuser bestehen aus speziellen alten Steinen, die Straßen sind rötlich gepflastert. Wir sind in eine Zeitmaschine geraten. Nur hin und wieder steht ein Auto falsch am Platze, was einen in die Gegenwart zurückholt. So schön es ist, ich frage mich, wie kann man hier wohnen? Undenkbar. Wir finden eine Bar und trinken einen Kaffee. Draußen sehen wir, wie der kanadische Pfarrer durchs Dorf geht, man trifft immer die gleichen Leute.

Meine Frau möchte den Weg auf den Camino nicht zurückgehen und sie fragt Einheimische, die ihr tatsächlich von einer Abkürzung berichten. Ich bin dagegen, meine Frau setzt sich aber durch. Die Abkürzung entpuppt sich als sehr schöner Weg am

Rande eines Berges, aber kürzer ist hier gar nichts. Im Gegenteil, wir haben uns verlaufen. Erst nach gefühlten 10 Kilometern Aufmarsch kommen wir auf den Camino zurück. In Santa Catalinia machen wir eine Picknickpause und treffen die Blister-Sisters aus Schweden wieder. Sie strahlen zwar noch, aber mit ihren Blasen wird es schlimmer, eine der beiden denkt bereits ans Aufgeben, sie wird auch aufgeben, noch aber beißt sie sich durch. Die gehen zu schnell, viel zu schnell, sage ich meiner Frau, als die beiden schon wieder weiter gezogen sind. Jeder geht seinen Camino, antwortet meine Frau, und ja, dies ist unser Leitspruch geworden.

Der Weg führt an einer kleinen Straße entlang, ist aber sehr schön. Vorne am Horizont sieht man hohe Berge und oben auf den Gipfeln mehrere Masten bzw. Kreuze. Wir sind uns sofort sicher, dass wir soeben das berühmte *Cruz de Ferro* gesichtet haben. Es sieht noch sehr weit aus, aber wir wollen auch erst morgen dort ankommen.

Hinter uns ziehen dunkle, schwarze Wolken auf, vor uns sind die Wolken bereits tiefschwarz. Eine Windrose peitscht über die Landschaft. Ich bin mir trotzdem sicher, dass es ausgerechnet bei uns nicht regnen wird und das bewahrheitet sich. Wir kommen trocken nach El Ganso. Hier gibt es am Ende des Dorfes einen kleinen Laden - mittlerweile ist er bei den Pilgern berühmt - der alles Lebensnotwendige zu fairen Preisen führt. Wir bestellen *Café con leche* sowie Kuchen und setzen uns. Der kanadische Pfarrer ist bereits da, dann eine Mutter mit Tochter aus Holland. Wir reden kurz miteinander, aber alle sind in Gedanken.

Vor uns liegt die schwerste Etappe. Der Pfarrer hat beschlossen, heute noch bis Foncebadón zu gehen, dies liegt eine Stunde vor dem *Cruz de Ferro* und bereits auf 1.400 Meter Höhe. Wir wollen in Rabanal halt machen. Obwohl es rings um uns herum zu regnen scheint, gehen wir weiter. Die dunklen Wolken erzeugen ein surrealistisches Bild. Die Windrose rechts vor uns peitscht erneut über die Landschaft. Direkt um uns bleibt es jedoch trocken. Gedankenversunken gehen wir Schritt um Schritt. Am Anfang merkt man den Aufstieg kaum, nur am Ende, kurz vor Rabanal geht es immer steiler hoch.

Die Bäume links und rechts des Weges sind völlig kaputt. Niemand versteht das so recht. Hier oben, über 1.000 Meter hoch, sollte die Welt doch in Ordnung sein. Ist sie aber nicht. Ich habe mal gelesen, dass der Elektrosmog in den Bergen besonders schlimm sein soll und verantwortlich für das Baumsterben. Ob es stimmt, weiß ich nicht. Ich weiß nicht einmal, ob es Elektrosmog wirklich gibt. Klar, elektromagnetische Felder sind um uns herum. Aber ihre Schädlichkeit ist nicht nachgewiesen. Ich vermute dennoch, dass es nicht gesund sein kann, wenn man dem ganzen Bombardement der Strahlen ausgesetzt ist. Insbesondere die digitalen Signale, die Pulse sind völlig unnatürlich. Aber wir wollen ja telefonieren, auch hier oben. Immer und überall. Auf einmal sehe ich vor meinem geistigen Auge einen Disput auf dem New Yorker Flughafen. Wir weigern uns gerade resolut durch den Nacktscanner zu gehen. Erst als ich laut in der Abfertigungshalle rufe, dass dieser Scanner *Cancer* erzeugen kann, werde ich zur Seite genommen und von einem Mann körperlich sehr hart abgetastet. Egal, ich wollte wissen, wie weit man sich widersetzen kann. Den Nacktscanner verweigere ich heute noch. Seit dieser Zeit sagen meine beiden Töchter in den USA immer, dass sie schwanger sind, das geht eleganter. Vor Schwangeren hat man dort Respekt, und vor ihren Klagen sowieso.

Die kaputte Welt hier oben sieht gruselig aus und zu allem Überfluss rennen vorne wieder zwei große Hunde durch die Gegend. Ich öffne die Tasche mit dem Spray und wir gehen weiter.

Alleine das Gefühl, sich im Notfall verteidigen zu können, hilft sehr. Viele Pilger haben irgendwas mit, die allein reisenden Frauen alle Pfefferspray. In Spanien ist das Spray zwar verboten, aber wen interessiert das hier oben.

Der Weg zieht sich, doch irgendwann, drei Kilometer vor Rabanal verweist ein Schild auf unsere Unterkunft. Wir haben diesmal ein Apartment gebucht. Zu unserer Überraschung sind wir ganz alleine dort. Wir haben eine 3-Zimmer-Wohnung in der 1. Etage mit Küche, Bad, Kamin und einer sehr schönen Aussicht auf das vor uns liegende Gebirge. Der Besitzer, ein junger Mann aus Astorga, ist sehr freundlich und fährt uns nach Rabanal, damit wir etwas für den Abend einkaufen können. Gegen 18 Uhr sind wir zurück, … und sind auf diesem Gehöft ganz alleine. Allerdings nicht ganz, denn zwei riesengroße Wachhunde laufen permanent um unser Haus herum. Der Besitzer meinte vor seiner Abfahrt, sie sollen uns beschützen. Nun, wir gehen lieber nicht mehr die Treppe hinunter. Von der Terrasse aus kann man die Berge sehen. Der Regen hat sich verzogen. Zum Glück, denn morgen brauchen wir bestes Wetter.

Mein Schweizer Anwalt ruft am späten Abend an und stört die ländliche Idylle. Er teilt mir mit, dass ich zu meinen Vorstellungen aus der Firma aussteigen könne. Ich habe eine noch 2-jährige Kündigungsfrist, ein solcher Ausstieg ist immer komplex. Ich atme durch. Endlich! Adieu Schweiz. Adieu, ihr Eidgenossen. Nur weil sie eine ähnliche Sprache wie wir sprechen, denkt jedermann sie wären uns ähnlich. Falscher geht es kaum, denn Schweizer und Deutsche haben fast nichts gemeinsam. Die Schweizer sind mental eher wie die Chinesen (bloß nicht blenden lassen!). Man muss das wissen, wenn man sich auf sie einlässt. Aber selbst dann, 11 Jahre sind genug. Morgen lege ich meinen Sorgenstein am *Cruz* ab.

Heiliger Jakob, was für ein Timing.

Meine Frau geht früh ins Bett, ich mache das Kaminfeuer und den Fernsehen an. Die spanischen Sportsender entspannen mich ungemein, ich verstehe die Sprache nicht, mich interessiert Sport nicht und so breitet sich ein tiefes Wohlgefühl aus. Ich habe mal gelesen, dass man vor dem Fernseher sogar in Trance kommen kann. Man muss den Geist nur beschäftigen, am besten mit irgendwas Banalem, so dass er endlich mal *nicht* denkt. Hier gelingt mir das gut. Um 1 Uhr gehe ich zu Bett, meine Frau wälzt sich noch hin und her, sie träumt wahrscheinlich vom Aufstieg morgen. Ich nehme im Schlaf ihre Hand, sie beruhigt sich, wir werden es schaffen.

Tag 24 - 24. März

Träume nicht Dein Leben, lebe Deinen Traum.
Unbekannt

Rabanal del Camino – Ponferrada

Die heutige Etappe ist eine Tortur. Vor uns liegen etwas über 30 Kilometer, normalerweise machbar, aber heute geht es ja über das *Cruz de Ferro*. Leider ließ es sich nicht anders buchen, in Acebo gab es nur Albergues und wir haben unsere Schlafsäcke nach Hause gesendet. Wir müssen da irgendwie durch, … und wir hoffen auf einen glücklichen Zufall.

Der Aufstieg hinter Rabanal ist leicht, fast zu leicht. Ich denke noch, diesmal trägt die Karte genau anders herum, dann wird es doch steiler. Wir haben 300 Höhenmeter zu überwinden, dies ist nicht viel, aber wir sind müde, der Rücken schmerzt, und plötzlich fangen meine Knie an höllisch weh zu tun. Das Abrollen über die großen Steine, die überall auf dem Camino rumliegen, war zu viel.

Ich sage meiner Frau, dass ich keinen Schritt mehr laufen kann und auf die Asphaltstraße zurück muss. Dort ist es zwar weiter, aber angenehmer zu laufen, jedenfalls für mich. Sie willigt ein und wir gehen vom Camino runter. Mühsam schleppen wir uns die Straße aufwärts.

Langsam nähern wir uns der Baumgrenze, wir sind jetzt ungeschützt. Der Wind fängt wie verrückt an zu pfeifen und wir kommen nicht mehr vorwärts. Es ist wie in den Filmen, wo man sich 45 Grad gegen den Wind neigt, um nicht weg geweht zu werden. Aber im Film fühlt man das nicht, da sieht man es nur. Wir gehen mit aller Kraft weiter. Schritt für Schritt kämpfen wir gegen diesen mörderischen Wind. Für die zwei Kilometer brauchen wir eine ganze Stunde. Es geht nicht voran. Und wir sehen, dass es gestern hier oben nicht geregnet, sondern geschneit hat. Auch das noch. Mit wirklich letzter Kraft - mittlerweile haben wir alles an, was wir an Textilen noch im Rucksack hatten - schleppen wir uns in die erstbeste Albergue von Foncebadón. Pause. Kaffee. Kauern am Kamin. Wir wollen keinen Schritt mehr weiter. Vor uns liegen noch 28 Kilometer, es ist 11 Uhr, wir können nicht mehr. Aus und vorbei.

Foncebadón. Jahrelang vergessen und völlig verödet, entwickelt es sich langsam wieder zu einem richtigen Örtchen. Mittlerweile gibt es mehrere Albergues, da viele Pilger, die zum *Cruz de Ferro* wollen, hier oben ihr Etappenziel hinlegen. Der Ort ist jedoch immer noch völlig trist und bei unserer Ankunft einfach nur kalt. Ringsherum liegt Schnee. Damit haben wir vor ein paar Tagen nicht gerechnet. Da wir bereits in Pamplona Handschuhe und Mützen nach Hause gesendet haben, werden wir nicht wirklich warm. Wir sitzen am Kamin neben der Bar und erholen uns bei einem heißem Kaffee. Pilgern kann sehr mühsam sein, aber das war uns von Anfang an klar. Wir wissen, dass wir den Weg heute nicht schaffen werden, es war eine Fehlplanung, aber wir müssen trotzdem weiter. Ich erkläre meiner Frau, dass es bald nur noch bergab geht, dann wird es leichter. Sie lacht, glaubt mir aber kein Wort. Plötzlich geht die Tür auf und zwei Frauen um die 40 schleppen sich mühsam herein. Man sieht auch ihnen die Schwere des Aufstiegs an, sie setzen sich auf einen Hocker und reden kaum. Nach einer Weile grüßen wir freundlich und erfahren, dass sie aus Litauen sind. Beide sind in Astorga gestartet, aber das schlechte Wetter hier oben hat sie völlig überrascht. Es werden in den nächsten Wochen unsere besten Pilgerfreunde werden, aber davon wissen wir vier jetzt noch nichts. Wir verabschieden uns und gehen weiter. Der Sturm hat sich noch nicht gelegt, im Gegenteil.

Heiliger Jakob, wir können nicht mehr!

Hinter Foncebadón führt der Weg jedoch links am Berg vorbei und es ist zum Glück die windabgewandte Seite. Es wird ruhiger, es wird etwas leichter. Wir gehen durch den Schnee und haben die beste Aussicht auf die umliegenden Berge. Die Wolken sind zu hoch, als dass sie uns die Sicht nehmen könnten.

Auf einmal sehen wir das *Cruz* und können es nicht glauben. Wir haben uns ein riesiges Eisenkreuz vorgestellt. Auf allen Fotos sieht es so gewaltig aus, aber es ist so klein, viel kleiner als wir gedacht haben. Niemals haben wir dieses Kreuz gestern auf den Weg nach Rabanal gesehen. Wie Fotos doch manipulieren können, ein gutes Weitwinkelobjektiv und schon wirkt alles bombastisch.

Aber dennoch, nach der ersten Enttäuschung sind wir vom Ort begeistert, denn wir sind ganz alleine hier oben. Der Wind pfeift uns um die Ohren und wir sind stolz, diese wichtige Etappe geschafft zu haben. Das *Cruz de Ferro*. Hier legen seit vielen Jahren alle Pilger ihre Sorgensteine ab. Einen solchen Stein sollte man von zu Hause mitbringen, und hier vor dem Kreuze hinlegen. Dabei spricht man ein Gebet und bittet Gott, dass er dereinst – wenn er über unser Leben richten werde – den Stein auf die Seite der guten Taten legen möge, damit er ein gnädigeres Urteil fälle. Da ich viele Sorgen habe, habe ich gleich zwei Steine mitgebracht. Nichts für ungut. Zuerst legt meine Frau ihren Stein ab, dann ich meine beiden. Wenn das hier klappen sollte, bin ich ein glücklicher Mensch.

Ich erinnere mich an das Anwaltsgespräch von gestern. Über ein Jahrzehnt war ich die rechte Hand eines Milliardärs. Enttäuscht man solche Leute, leistet man nicht in ihrem Sinne, kündigt man oder zweifelt ihre Strategien an, werden sie gnadenlos. Dann vergessen sie alles, was man vorher für sie getan hat, die 70-Stundenwochen, die Nächte der Arbeit, die Meetings, die Unmengen an Unterstützung, um all die Betrüger fernzuhalten, die jeden Tag am Rockzipfel eines Milliardärs ziehen. Nun ist es vollbracht! Sollen diese Leute ihre eignen Wege gehen. Ich gehe wieder den meinen. Ja, jeder geht seinen Camino! Und ich habe gelernt, dass Multimillionäre dann, wenn sie den Reichtum nicht selbst erarbeitet haben, in ihrem Inneren zutiefst verunsichert sind, also das, was man gemeinhin *a-sozial* nennt. Aber im wortwörtlichen Sinn des Wortes, nicht abwertend gemeint. Wenn man sich vorstellt, dass man in eine alteingesessene Milliardärsfamilie hineingeboren wird, dann versteht man, dass sie jeden Kontakt zur Realität verloren haben, ja verloren haben müssen. Uns allen würde es nicht anders gehen und wir wollen sie nicht verurteilen. Wir alle sind kein bisschen besser, egal wie arm wir sind. Das darf man nicht vergessen. Natürlich gibt es immer wieder Lichtblicke. Ich denke an die SAP-Gründer, vor denen ich erneut den Hut ziehe. Sie sind auf dem Boden geblieben, haben aber auch alles selbst erreicht. Was für

Mäzene! Was für Leute! Solche Menschen braucht jede Gesellschaft. Hoffen wir das Beste für deren Erben und deren Erben.

Nachdem der Sorgenstein am *Cruz* abgelegt ist, bin ich 10 kg leichter. Nein, ich fühle mich *wirklich* leichter, ich bin beeindruckt, was Einbildung alles zu leisten vermag. Es wird irgendwann der Tag kommen, wo man feststellt, dass Einbildung nahezu alles zu leisten vermag, aber das wird dann eine andere Kultur sein, denke ich mir. Mögen meine Sorgen hier oben bleiben und die Sorgen all der Pilger vor mir, die sich in großer Mühsal hier hoch geschleppt haben. Heiliger Jakob, beschütze und bestärke uns auf unserem Weg …, beginne ich wieder. Und ich bedanke mich! Wie kann man besser pilgern. Wir haben sehr viele Freunde kennen gelernt, haben uns besonnen, sind erfrischt. Und es geht immer noch weiter. Ich freue mich riesig, dass es noch weiter geht. Die Freunde zu Hause haben keine Ahnung, die denken, wir schleppen uns mühselig diesen Weg entlang.

Wollen wir weiter?

Meine Frau holt mich aus den Gedanken. Ja, wollen wir. In drei Kilometern wollen wir die nächste Pause machen. Beschwingt gehen wir los. Der leichte Abstieg ist wirklich schön, man geht auf Bergpfaden, hat tolle Ausblicke. Hier könnte ich ewig bleiben. Und das alles aus eigener Kraft, also fast. Wer hätte das gedacht. Seit 20 Jahren bin ich im Freundeskreis *Mr. No-Sports*, und jetzt das. Wie dumm ich war, wie schön, ja wie befreiend Laufen, Wandern, Pilgern doch sein kann.

Wir treffen in Manjarin ein. Doch das ist kein Ort. Es ist eine aus Blechdosen, Stoffbahnen, Holz- und Mauerresten zusammengesetzte kleine Bretter-Burg, in der drei Aussteiger leben und die vorbeiziehenden Pilger unterstützen. Mir ist sofort klar, wenn aussteigen, dann hier. Die Leute sind sehr nett. Das Foto ihres

Wegeanzeigers ist weltberühmt. Santiago 222 Kilometer, Oberpfalz 2.500 Kilometer, New York usw. Hier ist der Nabel der Welt, das sieht man sofort.

Aber der Nabel hat heute Probleme, denn der Schnee von gestern hat tiefe Spuren hinterlassen. Man war nicht drauf vorbereitet, über Nacht ist unverhofft ein Meter Neuschnee gefallen. Das muss man zu dritt erst einmal bewältigen. Wir kaufen einige Andenken, denn dies wird als Spende erwartet. Die Leute hier sind so berühmt, die Presse war schon mehrmals da, überall hängen Zeitungsausschnitte. Also, wenn austeigen, dann dort, hier ist es gewünscht. Hier tut es gut.

Nach Manjarin geht's wieder hoch, man muss eine Antennenanlage passieren, dann sind wir endlich ganz oben, es sind über 1.500 Meter. Der höchste Punkt des Pilgerweges. Wir verschnaufen und schauen ins Tal. Endlose Serpentinen führen hinab. Das wird ein Abstieg. Ganz hinten am Horizont sieht man Ponferrada. Leider geht der Weg sofort auf die Knie. Meine Frau hat erneut riesige Schmerzen im Fuß, bei mir ist es das linke Knie. Wir müssen jetzt

15 Kilometer bergab gehen. Bloß wie? Wir gehen und gehen und gehen, das Panorama lenkt von den Schmerzen ab. Plötzlich rennt ein Pilger an uns vorbei. Er bleibt kurz stehen und bedeutet uns, dass er wahnsinnig friert, ja es ist auch kalt. Er aber hat nur kurze Sachen dabei. Hier oben hat es ihn erwischt. Im Laufschritt rennt er hinab, bloß nicht stehen bleiben. Ja, bloß nicht stehen bleiben. Nach einer Stunde hält ein Auto an. Es ist das erste Auto, welches wir seit heute Morgen gesehen haben und es hält einfach so an. Mein Frau blinkert mir zu. Sie hat definitiv einen Draht nach oben, dies ist mir klar. Ja, das Auto nehmen wir. Ich rufe ihr mein okay zu, da springen schon drei junge Männer aus dem Jeep und verpacken den Rucksack meiner Frau. Sie kann es gut, erklärt - ganz spanisch - mit beiden Händen ihre peinigenden Schmerzen und alle haben umgehend Mitleid mit ihr. Die jungen Männer, Fahrradfahrer, sind mit dem Rad hier hochgefahren, und fahren mit dem Auto zurück. Verdrehte Welt denke ich und steige ein. Der Heilige Jakob hat uns ein Auto geschickt, sagt meine Frau verschmitzt zu mir, das kannst du nicht ausschlagen. Ich bin zwar etwas enttäuscht, denn die Aussicht auf die Berge hat mich meine Schmerzen vergessen lassen und wir waren bereits kurz vor Acebo. Hier wollte ich sowieso Pause machen, dann aber erfreue ich mich an dem Pilgerglück. Nimm das Glück an, einfach mal fatalistisch sein, denke ich mir. Das Auto fährt los und in null-Komma-nichts sind wir in Molinaseca. Es waren nur 8 Kilometer, aber diese 8 Kilometer haben unsere Knie und Füße definitiv gerettet. Meine Frau fühlt sich wie neu geboren, Glück alleine schüttet bekanntlich Endorphine aus. Ab morgen werden wir übrigens viele treffen, die sich Stöcke zugelegt haben. Wer hier runter geht, der muss seine Knie schützen oder es ist vorbei. Der Weg selber ist aber unglaublich schön. Die spanischen Radfahrer bieten an, uns weiter bis Ponferrada mitzunehmen, aber wir lehnen dankend ab. Es geht ab jetzt nur noch gera-

deaus. Wir wollen Pause machen. Wir haben immerhin zwei Stunden gewonnen.

Molinaseca ist schön. Und wir sind wieder im Tal. Nur noch 600 Meter hoch. Das Klima ist ganz anders. Hier scheint die Sonne, wir setzen uns in ein Straßencafé. Plötzlich biegt Nico mit einer der Blister-Sisters um die Ecke und erschrickt. Ihr hier? Wann seid ihr losgegangen? Wir um 7 Uhr, sagt er. Wir grinsen und erklären ihm, dass wir mit dem Hubschrauber kamen. Er lacht laut auf, wird dann aber sofort ernst und berichtet gedämpft vom Flugzeugabsturz der Germanwings. Wir wussten das nicht und können es zuerst kaum glauben. Da wir seit Tagen keine Nachrichten sehen, keine Zeitungen lesen, *nada*, bekommen wir nichts mit. Da piepst auch schon unser Handy, unsere Jüngste teilt uns das Gleiche mit. Wie schlimm ist das denn. Mitten in Europa. Nun hat mich dieser Weg verändert, hat Alternativen und gute Gründe zum Glauben aufgezeigt. Und jetzt? Ich stehe auf und gehe spazieren. Ich will alleine sein. Meine Gedanken triften ab. Ich kann nicht begreifen, dass Gott sowas zulassen würde, wenn es ihn denn gäbe. Das kann nicht sein! Irgendwas habe ich nicht begriffen. Ist man Atheist, knochentrockner Wissenschaftler, dann erscheint alles logisch. Ist halt Zufall, sowas passiert eben, man kann das sogar berechnen, sagt man dann. Unfälle lassen sich prinzipiell berechnen. Krankheiten auch. Sogar die Evolution. Das zumindest sagen alle. In Wirklichkeit können sie es nicht, ganz und gar nicht. In Wirklichkeit können die Wissenschaftler nicht mal das Wetter von morgen vorhersagen. Niemand kann chaotische Systeme vorhersagen, Zufallssysteme schon gar nicht. Aber sie glauben, dass sie es könnten, zumindest prinzipiell, wenn sie alle Eingangsinformationen hätten. Und das gibt ihnen Sicherheit, Halt, Überlegenheit. Deshalb kämpfen sie so um ihren Atheismus, das ist mir klar. Verlässt man aber den sicheren Hafen des Atheismus, traut man sich zu, den Glauben zumindest als Option zuzulassen, was dann? Dann findet man natürlich auch Halt, auch das ist klar. Aber nun? Nach einer solchen Katastrophe. Spätestens jetzt muss man erschüttert sein. Und folgerichtig zum Atheismus zurückkehren. Gott kann sowas nicht wollen. Niemals. Was aber nun? Ich fühle mich wirklich beschützt auf diesen Weg, viele *Zufälle* helfen uns immer und immer wieder. Man wundert sich über all diese Zufälle und denkt dann heimlich, vielleicht gibt es ja doch eine höhere Organisationseinheit, einen Gott. Aber nun das. Wo ist der Gedankenfehler? Ich kapiere es nicht. Hilft Gott nicht? Schaut er nur zu? Warum macht er das? Ich weiß, es ist müßig, diese Fragen kann man nicht klären. Niemals kann ein untergeordnetes System, ein höheres System erklären. Es ist keine Intelligenzfrage, sondern eine Prinzipienfrage. Untere Systeme erklären niemals obere Systeme. Die Physik kann niemals die Chemie erklären, die Physik weiß niemals, warum Wasser *nass* ist. Und die Chemie kann niemals die Biologie erklären, sie weiß absolut nicht was Leben ist. Selbst wenn wir alle chemischen Vorgänge eines Systems exakt analysieren würden, bis ins Atom hinunter, würden wir niemals, niemals wissen, ob das untersuchte System lebt oder tot ist. Da wir natürlich selber biologische Wesen sind, können wir Leben erkennen, aber niemals alleine aus der Chemie heraus, nicht ohne irgendwann einmal persönlich erfahren zu haben, was Leben ist. Das ist der Punkt. Und die Biologie – in der die Tiere zu Hause sind - kennt eben keine Spiritualität. Nicht ohne je einmal persönlich *erfahren* zu haben was Spiritualität ist, kann man diese nicht erkennen. Wir Menschen selber hätten schon die Chance, aber nicht durch Messungen. Ich weiß das, Komplexität ist mein Spezialgebiet, aber es hilft mir nicht weiter. Es beruhigt mich nicht. Wissen beruhigt eben *nicht*. Nein. Ganz und gar nicht.

Ich fühle mich hilflos. Wissen beruhigt nicht. Möge Gott, wenn es ihn gibt, bei den Angehörigen der Opfer sein. Amen.

Gedankenversunken kehre ich zu meiner Frau zurück und wir gehen weiter. Wir wählen den längeren aber schöneren Weg über Campo. Und ist der schön. Meine Gefühle kommen wieder ins Lot. Dreht man sich zurück, sieht man ganz hinten am Horizont die Antennenanlage, bei der wir vor kurzem waren. Vor uns liegt majestätisch Ponferrada, die Hochburg der Templer. Man kann die Hauptkirche schon von weitem sehen, aber man kommt nicht über den Fluss.

Ponferrada. Einst wurde hier auf Anordnung des Königs eine Brücke, eine Eisenbrücke gebaut, daher der Name. Heute finden wir diese Brücke nicht. Nach einer Stunde Einmarsch - immer an einem Fluss entlang, den man so gerne überqueren möchte - sind wir endlich da. Unser erster Weg führt in die Hauptkirche, ehe sie um 17 Uhr zumacht, dann gehen wir in unser Hotel. Es liegt direkt am Marktplatz. Meine Frau geht sofort ins Bett, der Weg war für ihre Füße doch zu viel. Ich beeile mich, um noch in die Templerburg zu kommen. Obwohl die Burg fast nur noch eine Ruine ist, lohnt sich der Besuch.

Ja, die sagenumwobenen Templer. Die Beschützer der Pilger. Die mächtigen Glaubensbrüder haben einst nicht nur den Jakobsweg beherrscht. Ab dem Jahre 1301 waren sie dem französischen König Philippe IV. jedoch im Weg und er begann eine gnadenlose Verleumdungskampagne. Auch Papst Clemens spielte eine unrühmliche Rolle, aber er wurde wohl zu seinen Aussagen gedrängt. Man darf nicht vergessen, dass der Papstsitz zu jener Zeit in Frankreich lag, in Avignon, einer sehr gruseligen Burg, wie ich finde. Letztlich wurden alle Tempelritter ermordet oder eingekerkert, ihr Vermögen ging an die Johanniter über. Und der Ruf der Templer

wurde nachhaltig zerstört, niemand verbindet heute einen norma-
len christlichen Orden mit ihnen. Und man erfährt noch viel mehr
über die Templer und doch kann man sich nicht in jene Zeit hin-
einversetzen. Die Ruinen sind eher zum Fürchten, als dass sie ein
Schutzgefühl ausstrahlen. Die Menschen des Mittelalters müssen
so anders gewesen sein als wir heute, das können wir uns gar nicht
mehr vorstellen. Ich reiße mich aus meinen Gedanken und gehe
zurück. Wieder im Hotel öffne ich die Fensterläden und blicke auf
den Plaza Mayor. Was für ein schönes Treiben. Ponferrada gefällt
mir sehr gut. Abends gibt es wie immer Pilgermenü, wieder 10
Euro, inklusive Vorspeise, Hauptspeise, Dessert und eine Flasche
Wein. Wie oft tauschen wir eine Flasche Wein in eine Flasche Wasser, sonst wäre der Abend zu schnell rum.

Tag 25 - 25. März

Urteile nicht über Menschen, Du kennst ihren Weg nicht.
Ch. Brandstetter

Ponferrada – Villafranca del Bierzo

Wir stehen früh auf, beide haben wir tief und fest geschlafen.
Der Himmel ist wieder blau, es macht einfach Spaß auf den Plaza
Mayor zu schauen. Heute wird ein tollerTag werden, das fühle ich.
Und in der Tat, einer meiner schönsten Pilgertage liegt vor mir. Der
Ausmarsch aus Ponferrada ist sehr gut ausgeschildert und sehr
schön. In anderen Städten ist man ja froh, wenn man fortkommt.
Ich denke an Sahagún, was ich absolut nicht leiden kann. Aber sol-
len Andere andere Meinungen über diese Städte haben.
Durch Zufall finden wir einen Laden, der mir eine SD-Karte für
mein Handy verkauft, denn leider ist die alte Karte voll. Wir foto-

grafieren einfach zu viel. Da wir gar nicht fotografieren wollten, haben wir die Fotoapparate zu Hause gelassen. Aber es gab so viele schöne Momente, die man einfach festhalten musste. Und außerdem will meine Frau besonders schöne Augenblicke später malen. Dafür brauchen wir die Knipsfotos vom Handy. Nach dem Handygeschäft geht es an einer Kirche vorbei, die nur einmal im Jahr oder nur im Heiligen Jahr aufmacht, dies ist, wenn der 25. Juli auf einen Sonntag fällt. Ein solches Jahr hat große Anziehung auf die Pilger, hier vervielfachen sich die Pilgerströme. Das nächste Heilige Jahr ist 2021. Dieser Ansturm ist übrigens verständlich, wenn man berücksichtigt, dass man dann in der Kathedrale von Santiago einen vollständigen Ablass all seiner Sünden erhalten kann. Wer wollte das nicht?

Hey guys, where are you from? Ich schaue hoch und sehe einen netten älteren Herrn mit Rauschebart. Wir kommen ins Gespräch. Der Rauschebart heißt Jim und er kommt aus Santa Fe. Da ich beruflich schon dort war, kommen wir schnell ins Gespräch. Jim und seine Frau Therese waren dagegen noch nie in Europa. Und sie fangen gleich mit dem Jakobsweg an. Warum auch nicht. Es wird eine lange Begleitung, fast eine Stunde reden wir. Jim ist aus seinem Job ausgestiegen, war großer Entwicklungsleiter bei Intel, doch hatte er irgendwann die Nase voll. Ich verstehe ihn nur zu gut.

Und wie so oft bei Fremden, man kommt schnell ins tiefsinnige Gespräch, man erzählt sich Dinge, die man Freunden oder Nachbarn erst nach Jahren berichten würde. Jim verzweifelt an der amerikanischen Gesellschaft. Er hält sie für dermaßen dekadent und dem Untergang geweiht, dass er sich in Rage redet. Therese muss ihn beruhigen. Ich erzähle ihm, dass auch Europa nicht besser ist, und da ich ja lange mit Mizi gesprochen habe, Korea wohl auch nicht, eventuell ganz Asien nicht mehr. Es liegt nicht nur an Amerika. Alles geht den Bach runter! Wir sind uns schnell darüber einig, aber im Unterschied zu Jim klage ich nicht darüber. Ich halte das für gesetzmäßig. In einigen Tagen werden wir das Thema an einer Bar fortsetzen und Jim wird mir offenbaren, dass es ihm gar nicht gut geht.

Jim und Therese wollen langsamer laufen, wir verabschieden uns daher und gehen bis Fuentes Nuevas. Dort wollen wir unbedingt in eine Kaffeebar, von der meine Frau ein Foto in ihrem Reiseführer gefunden hatte. Das Wetter ist perfekt. Wir bestellen *Bocadillos* (muss sein!) und Kaffee, für jeweils nur 2 Euro. Keine Ahnung, ob und wie sich das rechnet. Die Masse macht's, sagt meine Frau, ich lache herzhaft. Denn wenn man am Einzelteil bereits Miese macht, hilft die Masse auch nicht. Na gut, die Masse macht's, ich stimme zu, ehe wir darüber streiten. Irgendwie muss es ja auch stimmen, denn die Wirtin lebt schließlich noch. Wir reden gerade über Jim und Therese als ein großer schlaksiger Mann an uns vorbeirennt.

Halt, du bist Deutscher, rufe ich hinterher. Er ist erschrocken, sieht an seiner Kleidung runter und kommt auf uns zu. Der junge Mann heißt Josef und er ist Student der Religionswissenschaften in Potsdam. Jetzt hat er Semesterferien. Ich wundere mich darüber, da unsere Jüngste aktuell im Studiumsstress ist, aber jedes Bundesland ist irgendwie anders. Magst du zu uns kommen?, frage ich Josef, und Josef mag. Er ist ein wirklich interessanter junger Mann. Wir laden ihn ein, mit uns zu gehen und da er gerade alleine unterwegs ist, willigt er sofort ein. Wir reden viel über Religion und Josef ist sehr offen. Obwohl er Christ ist, weiß er, dass auch andere Religionen ihre Berechtigung haben. Es kann ja nicht sein, dass nur die Christen Recht haben und eine Milliarde Moslems oder Buddhisten irren. Diese Auffassung vertrete ich seit langem, nur wundert es mich, dass ein so junger Mensch dies mir nichts dir nichts äußert. Ich musste lange über diese Dinge nachdenken, manchen fällt es zu. Und Josef ist bis jetzt alles zugefallen. Er kommt aus einer Arbeiterfamilie, wollte nie Abitur machen, aber seine Eltern haben ihn überredet. Er willige nur ein, sagte er ihnen damals, wenn er niemals lernen müsse. Der Deal mit seinen Eltern war sehr erfolgreich, Josef hat nie gelernt und trotzdem alles bestanden. Abitur mit 3,0. Er ist richtig stolz und er hat mit jungen Jahren eine Selbstgewissheit, dass man sich für ihn freut. Er weiß, dass immer alles gut wird. Ich erfreue mich an dem jungen Mann, denn ich weiß genau das eben nicht mehr.

Dann erzähle ich von mir, war immer vorn in der Schule, immer nur Einsen, das Studium top, Promotion top, mit 35 Abteilungsleiter in einem Weltkonzern, mit 40 Geschäftsführer einer Schweizer Firma. Josef ist begeistert. Ich sage ihm, dass ich meinen Weg zwar für okay, aber *nicht* für ein Vorbild halte. Er ist irritiert, aber ich erkläre ihm meine Sicht der Dinge. Es bringt nichts, sage ich, immer der Beste zu sein, es hat einfach keinen Glücksvorteil. Josef sieht das nicht ein, er protestiert lauthals, aber doch interessiert. Wir lachen. Ich suche einen Vergleich. Dann habe ich eine Idee. Es bringt den wirklich schönen Frauen auch nichts, am Schönsten zu sein, sage ich ihm. Sie haben keinen Vorteil. Josef widerspricht erneut, aber ich erkläre ihm, dass die schönen Frauen zwar Erfolg haben, die klugen Männer ja auch, aber es bringt ihnen nichts, ganz und gar nichts bezüglich ihrer inneren *Glückseligkeit*. Es bringt keinen Vorteil und man kann getrost andere Wege ausprobieren. Und mir gefällt der Weg von Josef gut. Josef hört genau zu, und dann nickt er. Er plant bereits jetzt schon, nach seinem Religionsstudium bei der Firma seines Vaters anzufangen, um dort Fliesen zu verkaufen. Er weiß, dass er das gut kann und er weiß, dass man sich da nicht tot arbeitet. Ja, totarbeiten geht wirklich, soll er lieber diesen Weg ausprobieren. Ich bestärke ihn in vollem Ernst. Und ich rede auch mit meinen eigenen Kindern so, denn beide haben scheinbar mein *Karriere-Gen* geerbt. Ich musste bei beiden noch nie motivierend eingreifen. Ich muss eher bremsen, Geschwindigkeit rausnehmen, so gut es halt geht.

Mein Frau unterbricht uns lachend, wir sollen bitte mal an wichtige Dinge denken und nicht dauernd so viel Mist palavern, wir schauen auf und sehen sie fragend an.

Pulpo, ist ihre Antwort. Wir sind in Cacabelos und hier isst man *Pulpo*.

Na gut, wenn's denn sein muss. Wir haben uns angewöhnt, in jeder Region das Typische zu essen. Ich sage nur, *Cocido Maragato*. Aber *Pulpo*, also Krake, ist eine Klasse für sich. Wir kehren ein und versuchen es. Vom Geschäftsessen weiß ich, das ich manche Dinge, wie Schnecken nur mit viel Knoblauch oder Curry runter bekomme. Also wähle ich Pulpo gebraten, mit viel, viel Knoblauch. Meine Frau bestellt natürlich das Original (typisch!), alles nur halb gekocht und nahezu ungewürzt. Zum Schluss wird sie meins essen, und ihres wandert in die Küche zurück. Aber was soll's. Wir reden weiter und essen alle *Pulpo*.

Wir haben nur noch 8 Kilometer bis Villafrance und es wird eine der schönsten Strecken des Jakobsweges. Man geht durch viele Weinberge, am Horizont sieht man schneebedeckte Berge. Weiße Kirchen oder *Casas* stehen auf grünen Hügeln. Hier war Gott bei der Erschaffung der Welt gnädig. Hier ist das Paradies. Die Sonne scheint angenehm, hoffentlich endet der Weg nie. Aber er endet doch und wir kommen gegen 18 Uhr an.

Man muss wissen, dass Villafranca del Bierzo ein berühmter Ort am Jakobsweg ist, man nennt es auch Klein-Santiago. Aus dem Mittelalter heißt es, dass Pilger, die durch ihre Reise bereits so geschwächt waren, dass sie beim Weitergehen sterben würden, dass diese Pilger hier ihren Ablass erhalten würden.

Hier endete wohl manche Pilgerreise. Und der Ort ist wie geschaffen dafür. Ein malerisches Städtchen mit mehreren Kirchen. Unser Hotel liegt wieder am Marktplatz. Wie bei einem Ritual steigt meine Frau sofort ins Bett. Josef hat sich eine Albergue gesucht, die erste am Ortseingang, sollte man nie machen, aber was soll's. Josef ist jung und eine Nacht ohne Schlaf haut ihn nicht um.

Ich gehe zur Kirche San Francisco hinauf. Die riesige Kirchentür steht völlig offen. Heute muss etwas besonders sein, erkenne ich und trete ein. Die Kirchen sind ja immer nach Westen ausgerichtet, aber meistens sind die großen Flügeltüren zu. Meistens tritt man durch eine kleine Seitentür ein. Hier ist es anders und es macht einen gewaltigen Unterschied. Man erkennt hier die Weisheit der alter Bauherren, denn die Sonne, die im Westen untergeht leuchtet genau auf den Altar. In ihrer Bahn erstrahlen die Figuren aus purem Gold, und ihr Glanz erhellt die Kirche. Auch die Bahn der Sonne ist genau geplant, die Reihenfolge der Erstrahlung der Figuren erzählt eine Geschichte. Ich sitze in der ersten Reihe und schaue dem Lichtspiel eine halbe Stunde zu, da erschallen die Kirchturmglocken. Ich will gehen, aber der Pfarrer bedeutet mir zu bleiben. Wir kommen kurz ins Gespräch und als er erfährt, dass ich Deutscher bin, muss ich umso mehr bleiben, denn heute wird eine Gedenkgottesdienst wegen des Flugzeugabsturzes in den französischen Alpen abgehalten.

Selbstverständlich bleibe ich.

Der Gottesdienst geht einem sehr nahe, ich muss die Sprache nicht verstehen, um die Dramatik, die Fürbitte für die Hinterbliebenen zu begreifen. Es wird viel gesungen, gebetet, die Kirchturmglockenläuten. Villafranca versinkt in völliger Andacht. Der Priester ist ein großer Schwarzafrikaner, er hat eine mächtige Ausstrahlung, hier versteht man was Charisma bedeutet. Während der Predigt benutzt er seinen ganzen Körper, die Arme sowieso, wir sind ja in Spanien. Plötzlich schaut er mich an, ich sitze nun in Reihe 2. Ich habe keine Ahnung was er gerade spricht. Er schaut mir tief in die Augen und redet weiter, tief dringt seine Sprache in mich ein und erzeugt in mir ein wohliges Gefühl. Ich stehe kurz neben mir, wie man so sagt, kann mich dann aber wieder fassen. Die Andacht geht weiter, die Frauen singen irgendwas. Nach einer Stunde ist der Gottesdienst vorbei und wir gehen raus. Mittlerweile ist es dunkel geworden, die Sonne ist ja bereits seit einer Stunde untergegangen. Ich gehe ins Hotel und wecke meine Frau.

Zum Abendessen sind wir mit Josef verabredet, es wird ein schöner Abend. Als er erfährt, dass ein Gottesdienst stattfand, ist Josef traurig. Gerne wäre er dabei gewesen, er geht auch zu Hause so oft es geht in die Kirche. Wir sind die letzten an der Bar, ich bin noch aufgekratzt, meine Frau ist super ausgeschlafen. Lange reden wir miteinander, bis weit nach Mitternacht.

Tag 26 - 26. März

Die Vernunft ist des Herzens größter Feind.
G. G. Casanova

Villafranca – Las Herrerías

Als wir aufwachen, regnet es. Wir öffnen die Fensterläden und schauen auf den Marktplatz. Auch dieser Markt ist schön, doch er versinkt in strömendem Regen. Hin und wieder sehen wir einzelne Pilger, die aus den Albergues raus müssen und vollkommen umhüllt durch den Regen marschieren. Wir frühstücken auf dem Zimmer, wollen unterwegs eine längere Rast machen.

An der Rezeption grinst uns der Rezeptionist an und zeigt mit dem Daumen lässig nach unten. Madame, sagt er zu mir, und er zeigt erneut mit dem Daumen nach unten. *See, Senior, Madame schlechte Laune*, und ich zeige auch mit dem Daumen runter.

Ja, wir haben beide schlechte Laune, denn wir wissen, dass wir heute mehrere Stunden im Regen laufen werden. Doch es hilft nichts. Der letzte Regentag war vor León, da hatten wir Glück, heute werden wir bestimmt 5 bis 6 Stunden im Regen laufen müssen. Aber ich habe sehr guten Regenschutz, die Rucksäcke sind verpackt, mich stört der Regen nicht so sehr. Wir laufen los und ich verabschiede mich von Villafranca. Es ist mein Lieblingsort auf dem Jakobsweg, bis jetzt. Mal sehen was noch kommen wird.

Da es regnet, entschließen wir uns, den offiziellen Camino zu gehen, der führt jedoch direkt an einer Autostraße entlang, 20 Kilometer. Es gäbe eine sehr schöne Alternativroute über die Berge, aber die ist heute sicher viel zu matschig. Außerdem müssen wir aufpassen, die Schmerzen bei meiner Frau kommen sporadisch wieder. Wir dürfen nicht übertreiben. Meine Knieschmerzen sind zum Glück völlig verschwunden, mir tut gar nichts mehr weh. Mein Körper hat sich an das Pilgern gewöhnt.

Nach einer Stunde Dauerregen kommen wir in Pereje an und kehren sofort in eine Bar ein. Jim und Therese sind auch schon dort, wir setzen uns zusammen und erzählen vom Vortag. Das Thema ist natürlich der Flugzeugabsturz. Jim und Therese fragen, ob das öfters in Europa passiert, sie hätten gehofft, Europa wäre *save*. Die Frage kränkt mich sehr, aber aus Sicht der Amerikaner ist sie vollkommen berechtigt. Und mir geht es auch immer so, wenn ich in den USA bin. Ist das sicher hier, kann man hier entlang laufen, sollte man die kleinen Cityhopper, diese Mini-Propellermaschinen, wirklich benutzen? Jetzt ist es anders herum, Jim und Therese wollen noch einiges in Europa fliegen, aber ich kann ihnen versichern, dass sowas in Europa noch nie vorkam und nicht mehr vorkommen wird. Jim hat den ganzen Abend CNN gesehen und erklärt uns die Vermutungen der Journalisten. Wir sind geschockt, das kann doch nicht wahr sein. Welches Leid kann ein einzelner Mensch nur erzeugen. Als eine Australierin herein kommt, stehen wir auf und ziehen uns an. Die Australierin setzt sich zu Jim und Therese und sie reden wohl noch Stunden lang. Über Europa. Ob es *save* hier ist? Nein, ist es wohl nicht mehr! Verdammter Mist.

In Trabadelo machen wir die nächste Pause. Es ist eine Autofahrer-Raststätte, sehr ungemütlich, aber wo sollen wir hin. Meine Frau ist pitschnass, nur eine heiße Schokolade kann uns noch helfen. In der Raststätte treffen wir die beide Frauen aus Litauen, wir tauschen uns aus und zwinkern uns zu. Buen Camino, dann gehen wir weiter.

Der Weg führt immer nur die Straße lang. Es ist als müssten wir für den schönen Weg von gestern nachzahlen. Regen. Dauerregen. Straßenlärm. Und immer weiter. Irgendwann kommen wir in Vega de Valcarce an. Ich gehe in die einzige Kirche, die offen ist und wende mich an den Heiligen Jakob. Es ist ein leises Zwiegespräch, er kann gut zuhören. Der Reiseführer spricht von schöner Landschaft, wir sehen nichts davon. Und irgendwann, es sind jetzt ca. 24 Kilometer seit Villafranca, kommt Las Herrerías. Ein Kuhdorf, wie es im Buche steht. Hier gibt es tatsächlich nichts als Kühe oder genauer, 100 Kühe und 20 Menschen. Beide Arten wohnen in dieser Einöde gemütlich, möchte fast sagen intim, zusammen und das Schrille ist, es gibt weit mehr Häuser als Menschen. Die meisten Häuser sind bereits verfallen, dieses Dorf stirbt aus, es hat höchstens noch eine Generation Zeit. Es sei denn Menschen und Kühe könnten sich kreuzen, aber die Gentechniker von *Monsanto* habe sicher andere Pläne.

Der Gastwirt ist nett, wir haben unsere Übernachtung in einem *Casa* gebucht. Wir sind die einzigen Gäste. Die anderen Pilger gehen bis La Faba, auf 900 Meter Höhe, so ist ihr Aufstieg am Folgetag nicht so hart. Aber wir wollten hier bleiben, das war jedoch ein Fehler. Und doch, die Unterkunft ist sauber und tatsächlich beheizt. Wir trocknen unsere Sachen und meine Frau geht zu Bett. Ich schaue mir Las Herrerías genauer an und mache die tollsten Fotos von Hühnern, die in wilden Häusern leben, Kühen, die auf der Straße liegen. Hier holt sich die Natur ihren Platz zurück. Am Ortsausgang geht es steil hoch und da ich noch nicht müde bin, gehe ich weiter, bis ich La Faba sehen kann. Oben soll eine Albergue sein, die von Deutschen bewirtschaftet wird, das haben wir aber leider zu spät erfahren.

Auf dem Rückweg fallen mir die völlig vermoosten Bäume auf, sowas habe ich noch nie gesehen. Die Laubbäume haben noch keine Blätter, sind aber voller Moos, bis in die Spitzen hinaus. Und so ist der ganze Wald. Nein, so ist die ganze Region. Der Gastwirt erklärt mir später, dass die Bäume nicht tot seien, sondern nur zu wenig Sonne abbekämen. Wir liegen hier in einem tiefen Tal, sagt er, und hier regnet es eigentlich immer. Richtig, morgen beginnt Galicien und Galicien ist für seinen Regen weltbekannt. In Galicien soll es zu 80% der Zeit regnen, ohja, wir haben noch 150 Kilometer bis Santiago. Das kann ja heiter werden.

Das Abendessen im *Casa* ist sensationell. Der Gastwirt hat das gesamte Restaurant beheizt, den Kamin angemacht und uns die besten Plätze gegeben. Letzteres überrascht nicht ganz so, wir sind immer noch die einzigen Gäste. Das Essen ist *á la carte*, Pilgermenü macht er nicht, aber was soll's. Er kocht selbst. Die Küche ist exzellent, schon deshalb könnte man das Haus empfehlen. Wir haben über 600 Kilometer hinter uns, wir lassen es uns schmecken.

Meine Frau schläft nach dem Essen sofort ein, ich liege noch im Bett und lasse die Pilgereise Revue passieren. Was für ein Weg. Und in Gedanken fange ich an, aus all den Bruchstücken vom Wegesrand und den Erlebnissen ein Gedicht zu formen.

Pilger, was ruft dich.
Tausende, seit über 1.000 Jahren.

So beginne ich, es ist das Gedicht am Beginn des Buches, inspiriert hat mich der Kreidetext vor Nájera. Lange ist es her, aber der Text hat in mir gearbeitet. Es ist weit nach Mitternacht, als ich mit dem Entwurf zufrieden bin. Mehr kann ich nicht. Müsste halt ein richtiger Dichter ran, finde ich. Vielleicht geht ja mal ein Dichter diesen Weg.

Buen Camino.

Tag 27 - 27. März

Inmitten von Schwierigkeiten liegt immer eine Insel der Möglichkeiten.
Unbekannt

Las Herrerías- Fonfría

Wir stehen früh auf, denn wir wissen, was auf uns zukommt. Uns steckt noch der Aufstieg zum *Cruz de Ferro* in den Knochen und heute ist es ähnlich. Es geht von 600 Höhenmetern auf 1.330 Höhenmeter, nach O Cebreiro. Es ist eine Tortur mit dem Rucksack. Und O Cebreiro wird erst die Hälfte sein, denn dort haben wir kein Hotel gefunden. Wir müssen weiter. Zum Glück hat der Regen aufgehört. Es wird unser letzter Regen sein, wir sind noch 8 Tage bis Santiago unterwegs, aber es wird nicht mehr regnen. Verrücktes Wetter, sagen die Einheimischen. Tolles Wetter, sagen wir. So wenig hat es noch nie im März und April geregnet. Wir wissen das natürlich noch nicht und schauen bange nach oben. Die Wolken hängen tief, sehr tief sogar, wir werden heute dort eintauchen. Ich summe leise *Über den Wolken* von Reinhard Mey.

Als wir durch das Dorf gehen, hält plötzlich ein Taxi an und der Fahrer fragt uns, ob wir denn nicht mitwollten? Wir sind verdutzt und schütteln spontan den Kopf. Doch dann spricht er im allerbesten Schweizerdeutsch, dass er sowieso hoch müsse, da er Schulkinder abholen muss und alles kein Problem sei. Wir könnten gerne mitkommen, der Aufstieg sei doch eh zu mühsam, fährt er fort und blinzelt uns fröhlich an. Eine Frohnatur. Man muss sich doch nicht jeden Tag quälen, ergänzt er grinsend. Ich bin perplex, er spricht tatsächlich im besten Schwizerdütsch.

Heiliger Jakob, denke ich noch und schon sitzen wir im Taxi. Der Taxifahrer fährt eine wunderschöne Straße hoch, das haben wir uns also erspart. Links von uns taucht La Faba auf, was ich gestern beim Abendspaziergang schon gesehen hatte. Aber der Taxifahrer lässt uns keine Zeit für Eindrücke. Er redet viel, erzählt davon, dass er 23 Jahre in der Schweiz gelebt hat, nun aber wieder zurückwollte. Die Schweiz sei doch nicht sein Land. Ich grinse in mich hinein, sage aber nichts. Und er verdiene auch hier gut, er fährt all die Pilger, die nicht zu Fuß sondern mit dem Taxi nach Santiago pilgern wollen. Wir verstehen nicht, aber er erklärt uns, dass sehr viele Pilger diesen Weg sehen möchten, und natürlich ab Sarria auch die Stempel brauchen, wegen der Compostela. Ich nicke. Und da man nicht alle Stempelstationen mit dem öffentlichen Bus erreichen kann, fährt er seine Kundschaft Schritt für Schritt nach Santiago. Viele Schweizer, reiche Asiaten, er hat mittlerweile eine riesige Kundschaft, und er verstehe die Leute sehr gut. Er selber würde niemals nach Santiago laufen, erklärt er uns. Wozu dieser ganze Stress? Mit dem Auto ist er in wenigen Stunden da, ihr braucht noch eine Woche.

Lachend hält er in La Laguna an. Als ich bezahlen will, lehnt er beleidigt ab. Nein, nein, das war ein Geschenk. Irgendwas in ihm habe gesagt, dass er anhalten und uns ein Stück mitnehmen solle. Wir können es kaum fassen. Meine Frau lacht tiefsinnig und geht in eine Albergue, um einen Kaffee zu trinken. Der Gastwirt will ihr gleich ein Doppelzimmer verkaufen. Er denkt, wir steigen bereits hier ab. Da wir zwei Stunden Zeit gewonnen haben, es ist erst 10 Uhr, und da wir hier oben zwischen den Wolken zu schweben scheinen, gehe ich nochmals nach La Faba hinunter, das sind nur zwei bis drei Kilometer. So einen Blick hatten wir noch nicht. Wir sind genau an der Grenze zu den Wolken. Nach unten die beste Fernsicht, direkt über uns, in greifbarer Nähe dichteste Wolken. Ich mache tolle Fotos und kehre in die Albergue zurück. La Faba selbst ist eine Einöde. Eine Einöde, die im tiefsten Matsch versinkt. Nach einem Kaffee brechen wir in unsere Richtung auf. Bis O Cebreiro sind es noch eins bis zwei Stunden Fußmarsch. Wir müssen höher. Wir gehen höher und höher, direkt in die Wolken hinein. Dichter Nebel umhüllt uns. Wir sehen gar nichts mehr und es fühlt sich nass und kalt an. Aber es ist ein sehr schöner, geheimnisvoller Eindruck. Auf einmal erscheint im dichten Nebel ein Schild, Galicien. Ja, wir sind da. Galicien. Und die Hauptstadt ist ... Santiago! Mit unaufhaltsamer Kraft nähern wir uns dem Pilgerziel. Santiago, wir kommen. Der Nebel wird dichter und wir merken erst gar nicht, dass wir in O Cebreiro angekommen sind. Hier ist aber sowieso alles anders.

O Cebreiro ist nicht irgendein Ort. Es ist einer der mystischsten Orte am Pilgerweg. *Mystisch* wird von mir sehr häufig gebraucht, aber nirgends stimmt es so wie hier, denn hier steht der *Heilige Gral* Spaniens und hier ist derjenige Pfarrer geboren, der den Pilgerweg zu dem gemacht hat, was er heute ist. Der Pfarrer *Don Sampedro* hat in den 1960ern über den Pilgerweg promoviert und sich 1984 aufgemacht und den gesamten *Camino Francés* mit gelben Pfeilen ausgestattet. Heute macht man sich keine Gedanken mehr darüber, aber man kann den Weg ohne diese gelben Pfeile nicht gehen. Sie sind das Wahrzeichen aller Pilger geworden. Der gelbe Pfeil gibt einem Sicherheit, dass man auf dem richtigen Weg ist. Welch riesige Erleichterung, wenn man in dichten Wäldern, in den Oca-Bergen, im Nebel, in den Großstädten den gelben Pfeil wieder entdeckt. Sowas muss man fühlen. Ach, gäbe es doch sowas immer, einen Pfeil, der einem sagt, ob man auf dem richtigen Weg sei. Es ist das Lebenswerk eines Mannes. Sinnvolleres kann man kaum vollbringen. Der gelbe Pfeil ist viel mehr als nur ein Pfeil. Er ermöglicht uns allen den Weg.

Man möge bedenken, wie viel einfacher das Leben wäre, gäbe es an jeder Kreuzung, an jedem Entscheidungspunkt einen solchen Pfeil. Hier musst du entlang gehen, Pilger! Hier ist dein Camino, würde er rufen. Hier lang kommst du an dein ersehntes Ziel. Wie sehr bräuchten wir alle solche Pfeile, damit wir uns die täglichen Verirrungen und Verwirrungen ersparen könnten.

Zuerst besuchen wir die Grabstätte des Pfarrers, danach wenden wir uns der Kirche zu. Leider ist gerade ein Autobus voller Spanier angekommen, man hört ihr Geschnatter. Ich spreche mit dem Busfahrer. Er spricht überraschenderweise erneut Schwizerdütsch und er erklärt mir, dass die Herrschaften mit dem *Bus* pilgern. Ja, ich habe mich nicht verhört, ergänzt er. *Sema Santa* habe begonnen und jeder Spanier muss einmal im Leben nach Santiago gepilgert sein, das ist ein ungeschriebenes Gesetz. Aber man dürfe auch mit dem Bus pilgern, früher nahm man schließlich auch - zumindest wenn man reich war - ein Pferd. Wir stimmen lächelnd zu, auch wenn diese Art des Pilgerns nicht unser Camino wäre. Aber jeder geht seinen Weg, nie darfst du verurteilen. Wir lassen den Spaniern den Vortritt und nach 15 Minuten ist der Spuk vorbei. Alle sind in ein Restaurant eingekehrt und wir sind alleine in der Kirche.

Langsam kehrt Ruhe in uns ein und ich suche den *Heiligen Gral*. Man muss dazu wissen, dass jedes Jahr im September bis zu 30.000 Besucher kommen, um den Gral zu ehren. Spanien ist ganz verrückt nach dieser Mystik. Hier geschah im 13. Jahrhundert ein sogenanntes Hostienwunder. Mitten in einer Predigt und im schwersten Unwetter kam eines Tages ein Bauer verspätet in die Kirche und bat den Priester, doch noch an der Messe teilnehmen zu dürfen. Er habe sich wirklich beeilt, aber das Vieh auf der Weide hätte Probleme gemacht, wegen des schlimmen Wetters. Der Priester aber verweigerte dem Bauern das Recht auf diese Messe. Der

Bauer solle sich schämen zu spät zu kommen, sagte er ihm ins Gesicht, er wäre der Messe nicht würdig. Als der Priester das aber aussprach, verwandelte sich die Hostie zurück in rohes Fleisch und der Wein im Kelch wurde reines Blut. So will es die Legende. Aber mehr als das. Papst Innozenz VIII. und Papst Alexander VI. erkannten das Hostienwunder offiziell als Wunder an. Und katholische Könige stifteten später ein Bergkristallfläschchen für das Fleisch und das Blut; und dieser Kelch ist der *Heilige Gral* von Galicien, von ihm geht eine geheimnisvolle Macht aus. Man muss sich mal davor stellen und warten. Einfach warten.

Es kann natürlich auch am Ort selbst liegen, denn vom ganzen Dorf geht etwas Geheimnisvolles aus. Hier wohnt man noch in Rundhäusern, halb unter der Erde. Hier werden seit Urzeiten Hexen verehrt und in der Tat, wir treffen eine alte bucklige Frau mit einer Katze auf den Rücken, gerade so, als ob die Gebrüder Grimm und die Ecke kommen würden. Und selbst meine Frau, sonst absolut unempfänglich für solchen Spuk, flüstert mir leise ins Ohr, dass wir schnellstmöglich weg müssen. Sie will auf keinen Fall den Weg der Hexe kreuzen. Und das sagt meine Frau, sonst immer mit beiden Füßen auf dem Boden. Man versteht das dann unten im Tal natürlich nicht mehr. Erst recht nicht mehr, wenn man zu Hause auf dem Sofa sitzt und es nachliest. Aber hier oben, bei dichtem Nebel, bei all den Geschichten, beim *Heiligen Gral*, hier weiß man, dass diese Frau Hexenkraft hat. Auch ich gehe vorsichtshalber weg, bloß nicht in die Augen der Hexe schauen. Dann biegt die Hexe um die Ecke und ist verschwunden. Endlich. Wir wenden uns wieder dem Dorf zu. Die Rundhäuser sehen auch nicht gerade europäisch aus. Hier wohnten also die Einheimischen. O Cebreiro ist nicht umsonst auf dem ganzen Pilgerweg bekannt. Auch aus meiner Sicht der geheimnisvollste Ort am Pilgerweg, gleich nach Roncesvalles. Und die Kirche Iglesia Santa Maria ist die älteste Kirche des gesamten Weges. Ich fühle mich in die Pyrenäen versetzt, sehe den Bauern, der meine Frau abküsst und ich höre ihn murmeln, Buen Camino.

Buen Camino, murmle ich in Gedanken zurück.

Die Hexe ist weg, der Eindruck bleibt. Ich gehe ein weiteres Mal zum *Heiligen Gral*, dann müssen wir weiter. Aber der ganze nun folgende Weg bleibt von einer Mystik umwebt, die unheimlich ist, aber überhaupt nicht beängstigend. Wir sind die einzigen, die hier lang laufen und wir sind in einen tiefen Wald gelangt. Meine Frau flüstert, wie bei Hänsel und Gretel. Und jeder, der später die Bilder sieht, wiederholt wie von selbst ihre Worte.

Dieser Wald ist einmalig. Durch den Nebel kann man nicht weit sehen, aber die Sonne drückt sanft ihre Helligkeit durch. Das diffuse Licht ist surreal. Wir können uns an diesem Wald nicht satt sehen. Ich übertreibe nicht. Riesige Bäume schauen auf uns herab und es ist mucksmäuschenstill.

Buen Camino, denke ich ehrfurchtsvoll.

Buen Camino.

Irgendwann kommen wir an einen Ort, namens Linares. Es ist das ödeste Dorf, was ich bisher gesehen habe. Ein einziges, ganzes Haus, zahlreiche Hunde, eine Farmerfamilie, die den Hof bewirtschaftet. Nur die breite Straße erinnert daran, dass wir noch im 21. Jahrhundert sind. Man weiß ja nie. Die Hexen passten auch nicht in unsere Neuzeit. Als alter Science-Fiction-Fan suche ich nach dem *Wurmloch*. Dann geht der Weg rauf und runter, in die Wolken rein, aus den Wolken raus. Dies wiederholt sich mehrere Male. Die Beine werden müde, der Rücken schmerzt. Wir wollen nur noch ankommen. Einfach ankommen, ist unser beflügelnder Spruch. *EinfachAnkommen.de*, so soll unsere Website später heißen. Aber der Weg tut uns diesen Gefallen nicht. Wir müssen erst noch über den Alto do Poio, nochmals auf 1.330 Meter, nochmals hoch. Oben werden wir, immer noch dichter Nebel, von einer überlebensgroßen Pilgerfigur begrüßt, die habe ich auf vielen Bildern schon gesehen. Im Nebel sieht sie noch gewaltiger aus.

Am Straßenrand sitzen plötzlich unsere beiden Damen aus Litauen, die habe ich hier noch gar nicht vermutet. Wahrscheinlich sind sie in La Faba gestartet. Beide haben die Schuhe ausgezogen, wir wissen was das heißt. Wenn die Blasen erst einmal angefangen haben, gibt es fast keine Lösung mehr. Man muss den Anfängen wehren, sonst ist die Reise zu Ende. Man geht ja nicht mal eben Wandern. Es sind Hunderte von Kilometer. Wir sagen den beiden, dass die einzige Lösung nur noch Hirschtalg sei und bieten es an. Aber die Damen winken ab, nein, ein Taxi muss her. In dieser Einöde entweder unmöglich oder wahnsinnig teuer. Es wird letzteres.

Unser Weg geht weiter, führt durch Dörfer, die keinen Namen mehr haben. Die existieren gar nicht mehr auf unserer Karte und doch sind sie da. Zeitzeugen vergangener Epochen. Wer hier gelebt hat, muss rau gewesen sein, denn hier oben soll fast immer Nebel herrschen. Und die Hexen von O Cebreiro sind gar nicht so weit weg. Wir treffen zwei Deutsche aus Paderborn, sie sehen ziemlich fertig aus. Sie sind vor kurzen eingestiegen und ihr Ziel sind 40 Kilometer, und zwar jeden Tag. Was in der Heimat machbar erscheint, ist auf dem Camino aber fast unmöglich. Nur der Ire hat das wohl durchgehalten, wir schaffen höchstens 35 Kilometer, aber das auch nur ausnahmsweise. In der Regel laufen wir gerade mal 25 Kilometer. Aber die beiden haben keine Zeit, der Urlaub ist zu knapp. Das ist schade, denn so findet man nicht die nötige Ruhe. Und endlich sehen wir im dichten Nebel erste Ruinen auftauchen. Das wird doch nicht… ?

Doch, es wird. Wir sind da.

Fonfría. Hier steht unsere Albergue. Ein Hotel gab es einfach nicht. Heute müssen wir in eine spanische Albergue. Aber die hier oben in den Bergen ist wirklich top – wie sich später herausstellt - und sie hat Privatzimmer, sie kann man nur empfehlen. Der Herbergsvater ist Mitte 30 und sehr zuvorkommend. Hier gibt es alles für kleines Geld. Und das zwischen Himmel und Erde.

Ich versuche noch mal eine Runde zu gehen, aber große, freilaufende Hunde halten mich davon ab. Außerdem ist in diesem dichten Nebel einfach nichts zu sehen. Es ist wie in einer Waschküche. Ich gehe in die Herberge zurück und lasse mir von einer Maschine die Waden massieren. Ein solches Gerät steht in nahezu jeder Albergue, ist aber nicht zu empfehlen. Ich hatte während der Massage sogar Angst, dass ich hinterher gar nicht mehr laufen kann, konnte ich zwar doch, aber besser sind die Waden auch nicht geworden. Dann entdecken wir ein Kartenspiel mit dem Namen „Der Spanische Jakobsweg". Es ist ein Quartettspiel und auf jeder Karte stehen weise Sprüche, die das Leben betreffen. Diese Sprüche habe ich - nach dem Mischen der Karten! - in meinem Tagebuch jedem der Tage vorangestellt. Die Herbergsmutter fragt, ob wir zum Abendessen bleiben, aber dies ist wohl nur eine rhetorische Frage. Sie könnte jeden Preis festlegen, niemand kommt heute hier noch weg. Aber der Preis ist fair, wie immer 10 Euro, alles inklusive.

Das Abendessen wird gemeinschaftlich eingenommen. An einem Tisch sitzt ein Vater mit seinen zwei Töchtern und seinem Sohn. Sie kommen aus Málaga, wie wir erfahren werden. Als der Sohn mitbekommt, dass wir Deutsche sind, wendet er sich uns zu. Er liebt Deutschland über alles oder besser, deutsche Autos. Wenn er groß ist, möchte er nach Deutschland auswandern. Ich rate ihm davon ab, aber es wird nichts nützen. Am anderen Tisch sitzen Asiaten, die wir noch nicht kennen. Wir setzen uns mit den Damen aus Litauen zusammen, die inzwischen eingetroffen sind. Dazu kommt ein Pärchen aus den USA und Spanien. Bei Tisch stellt sich heraus, dass die Litauerinnen Schwestern sind und heute hat die Jüngere, Agnes, Geburtstag. Sie ist 42 geworden. Ich schaue sie direkt an, sie nickt leicht und ich fange in der Herberge laut zu singen an. Meiner Frau ist das wie immer peinlich, aber dann stimmen alle in dieser gottverlassenen Gegend, hoch oben in den Wolken ein. *Happy Birthday to you*. Wir singen das alle verbindende Liedchen lauthals hintereinander. In diesem Augenblick habe ich ihr Herz gewonnen, gesteht mir Agnes später. Wir vier verstehen uns ab diesem Augenblick einfach prima. Die ältere Schwester, Luisa, lebt seit 20 Jahren in den USA. Sie studierte in Litauen Zahnmedizin und ist dann ausgewandert. Was für eine interessante Frau. Sie hat es weit gebracht in den Staaten, aber sie hat mächtig Heimweh, gesteht sie uns. Das kann ich gut verstehen. Mir geht's schließlich ähnlich. Wir lachen uns zu. Ihre Ehemänner durften auf dieser Reise nicht mit, verraten sie uns. Es ist ein Trip der beiden Schwestern, dies machen sie öfters. Die Jüngere arbeitet in einer Bank.

Ich könnte mir nicht vorstellen, den Weg mit jemand anderen als mit meiner Frau zu gehen, aber die beiden sind ein Herz und eine Seele. Da wir in Feierlaune sind, und da es sonst nichts gibt, bestellen wir eine Flasche Wein nach der anderen und wir verhandeln mit dem Herbergsvater, dass wir morgen nicht gar so früh aufstehen müssen. Niemand möchte um 8 Uhr aus der Albergue. Und er hat ein Herz für uns arme Pilger. 9 Uhr legt er fest! Das ist natürlich erneut ein Grund zum Feiern und ich bestelle eine weitere Flasche Wein. Und, ich kann gar nicht anders, ich revidiere meine Meinung über die spanischen Massenunterkünfte. Es gibt tolle Albergues, die in Fonfria, hier oben in den Bergen, kann man unbedingt empfehlen.

Nach Mitternacht gehen wir zu Bett, ein toller Abend. Ich öffne weit das Fenster und atme die kühle Höhenluft ein. Ein ruhiges Gefühl überkommt mich, wie ich es schon lange gesucht habe. Ich denke an den Kelch und schlafe ein.

Tag 28 - 28. März

Das Gestern ist Geschichte, das Morgen ist noch ein Geheimnis, das Heu-
te ist ein Geschenk.
Unbekannt

Fonfría – Samos

Als wir zum Frühstück kommen, sind wir doch wieder die Letzten, was eindeutig mein Verdienst ist. Ich habe meinen Hotel-
Biorhythmus verinnerlicht, die anderen sind pünktlicher, ab 7 Uhr
ist bei ihnen Aufstehen angesagt. Ein Blick nach draußen lässt uns
verwundern. Nichts mehr von dem gestrigen Nebel ist zu sehen,
stattdessen haben wir beste Aussicht auf zahlreiche Berge. Wir sind
ja noch auf 1.300 Meter Höhe.

Heute wird ein guter Tag werden. Unser Etappenziel ist 20 Kilometer entfernt und es geht nur bergab. Jetzt haben wir die Berge
überstanden. Ab jetzt soll es insgesamt flacher werden, sagt der

Reiseführer. Das stimmt zwar, aber die restlichen Mittelgebirge werden uns auch noch schwer zu schaffen machen.

Der Weg von Fonfría runter ins Tal ist grandios. Viel besser als der Weg runter vom *Cruz de Ferro*. Diesen Weg darf man auf keinen Fall auslassen. Unten in den Tälern sind Wolkenfelder zu sehen, hier oben ist bereits herrlicher blauer Himmel. Niemals kann, niemals wird, pilgern schöner sein. Wir summen ein Lied und laufen beschwingt bergab. Die Wege sind dabei so sanft, dass weder Knie noch Füße weh tun. Unterwegs stoßen wir auf die Familie aus Málaga. Sie bleiben an jeder Ecke stehen und der Vater erklärt seinen Kindern irgendwelche Tierarten. Nach 10 Kilometern besten Pilgerweges kommen wir nach Tricastela. Kurz vorher gibt es jedoch etwas ganz besonderes am Wegesrand. Hier steht der älteste Baum des Jakobsweges, er ist über 800 Jahre alt. Wir machen Rast und umarmen den Baum. Soll er uns etwas von seiner Kraft abgeben. 800 Jahre. Was war hier los um 1215? Es war der Höhepunkt der Pilgerbewegung im Mittelalter. Das Dorf war sicher ein Sammelplatz und ein Hospital, denn wer die letzten Berge überstanden hatte, machte hier Rast. 1215. Da gab es noch keine Kathedrale in Burgos, León oder Santiago. Was hat dieser Baum nicht alles gesehen? Wir umarmen erneut den Baum, und plötzlich kommen Agnes und Luisa um die Ecke. Ein großes Hallo, Fotosession und eine gemeinsame Pause beginnt, dann gehen die beiden weiter. Langsam gehen meine Frau und ich nach Tricastela rein, linker Hand gibt es eine Luxus-Albergue, direkt am Flussufer.

Tricastela. Heute ist hier Marktgeschehen und wir schlendern an den Schauläden vorbei. Von vorne winken uns Agnes und Luisa bereits zu, wir sollen dringend kommen. Es stellt sich heraus, dass am Ende des Marktes *Pulpo* angeboten wird. Frische Krake aus heißem Topf, und zwar fangfrisch. Sehr gerne würden die beiden die Krake probieren, aber sie trauen sich nicht. Sie brauchen Vor-koster.

Meine Frau macht das wie immer gerne, sie kann einfach alles essen. In China sind es Froschschenkel, in Mexiko Würmer und hier eben Pulpo. Nur die gegrillte Vogelspinne in Kambodscha habe ich ihr voraus. Gemeinsam bestellen wir eine Krake, dies soll-te erst einmal reichen. Durch Zufall stellt sich heraus, dass die Ver-käuferin Russin ist und die Litauerinnen und die Verkäuferin fan-gen ein russisches Gespräch an. Ich lausche, dann mische ich mich ein, denn ich war früher Armeefunker und spezialisiert auf Rus-sisch, einiges ist im Kopf hängen geblieben. Die Litauerinnen dre-hen sich erschrocken um, sehen mich dann aber und fangen herz-haft zu lachen an. Waaas, du sprichst Russisch? Sie können es nicht fassen. Russisch, hier in der Pampa. Wir sind ein Herz und eine Seele. Unterdessen wird die Krake garniert und zubereitet. Mir wird jedoch schon beim Anblick schlecht, die drei Frauen freuen sich. Nach dem Festmahl - ich habe mich verstärkt an das Weißbrot gehalten, da ich von der Verkäuferin auf bestem Russisch erfahren habe, dass die Krake "fangfrisch" aus Marokko kommt (also höchstens 2.000 Kilometer Fahrt hinter sich hat) - geht es auf zur letzten Etappe des Tages. Samos ist unser heutiges Ziel. Der Pilgerweg führt an einer Straße entlang. Links von uns rauscht ein Bach. Wir traben gedankenversunken dahin. Das Wetter ist erneut prachtvoll, 25 Grad, blauer Himmel mittlerweile. Was für ein März, sagen die Einheimischen. Ja, was für ein März. Der Reiseführer schreibt, nach Ponferrada komme bis Santiago nichts Wichtiges mehr, wie irrt er.

Samos. Diesen Ort darf man nicht auslassen. Hier steht eines der ältesten Kloster Europas. Heute leben dort nur noch 12 Benediktinermönche, aber es wurde im Jahre 500 gegründet. Und was für ein Bauwerk. Zuerst checken wir jedoch im Hotel A Veiga ein, ein tolles 3-Sterne-Hotel an der Hauptstraße. Wir bekommen den Blick zum Fluss. Wie schön. Und überhaupt. Spanien übertrifft sich hier mal wieder. Seit Beginn des Weges sind die Spanier freundlich, und zwar ausnahmslos. Aber hier wird um den Gast geworben, das kenne ich nur aus Asien. Obwohl wir zu Mittag (es ist erst 17 Uhr) nur kleine Vorspeisen bestellen, bringt sich der Kellner für uns fast um. Wir speisen in einem großen Saal mit Blick auf den Fluss. Danach gehen wir zurück aufs Zimmer. Wir waschen unsere Sachen und starten unseren Weg zum Benediktiner-Kloster.

Zuerst schaue ich in die Kirche des Klosters rein. Und ich habe Glück. Dort ist Messe und ich gehe in die zweite Reihe. So einen Altar wie in Samos habe ich vorher noch nie gesehen. Es geht nicht ums Gold oder irgendwelche Verzierungen, nein, hier stehen Büsten und Figuren aus dem Alten Testament, perfekt und überlebensgroß in Stein gemeißelt. Ich bin schwer beeindruckt. Samos werde ich mir merken. Dann suchen wir das Kloster auf und haben erneut Glück. Es ist 19.30 Uhr. Wir bekommen die allerletzte Führung, und zwar als Privatführung, es ist ja niemand weiter da.

Über eine Stunde gehen wir durch die Kreuzgänge, an den Fresken vorbei, in den Schatzsaal und erfahren viel über die Benediktiner. Sicher werden wir uns das nicht merken, aber so ist es ja immer. Der Eindruck bleibt bestehen, und Interessen werden geweckt, mehr geht nicht. Zu Hause werde ich mich mit den Benediktinern beschäftigen.

Nach dem Kloster gehen wir in die berühmte Klosteralbergue, weil wir unbedingt deren schönen Stempel wollen. Diese Albergue kann man jedoch ganz und gar nicht empfehlen, nein, man muss sogar unbedingt von ihr abraten. 40 Betten in einem Raum kennen wir schon. Aber hier steht die Luft, es gibt kein Fenster! Man bekommt ein vages Gefühl, wie es im Mittelalter wohl war. Vor der Albergue treffen wir die Familie aus Málaga, Jim und Therese und auch die beiden Litauerinnen sind da. Wir wollen heute jedoch alleine sein und gehen nach einem kurzen Gespräch ins Hotel zurück. Das Abendessen im Hotel ist genauso gut wie der Mittagssnack. Wir sitzen bestimmt zwei Stunden zu Tisch, beobachten die Gäste und sprechen über den Tag. Insbesondere über den Folgetag, denn ab morgen wird Pilgern anders werden, dies wissen wir. Morgen kommen wir nach Sarria. Ab hier wird sich alles ändern. Wir erinnern uns der bisherigen Etappen und saugen die Erinnerungen auf. Akribisch notiere ich mir alle Gedanken in mein Tagebuch. Nachts lullt uns das Rauschen des Flusses ein.

Der Weg tut gut.

Tag 29 - 29. März

Es wird Dir niemals ein Wunsch gegeben, ohne die Kraft, diesen zu verwirklichen. Es könnte allerdings sein, dass Du dich dafür anstrengen musst.

R. Bach

Samos – Sarria

Letzte Nacht war Zeitumstellung, wir haben also eine Stunde verloren, aber heute macht uns das nichts aus. Der Weg ist kurz, knapp 20 Kilometer. Wir freuen uns auf eine der leichteren Pilgeretappen, irgendwann in naher Zukunft werden wir nochmals über 30 Kilometer gehen müssen. Es gibt eine Route direkt an der Straße entlang und eine schönere, längere über ein paar Hügel. Letztere wählen wir. Die Hügel entpuppen sich beim Besteigen jedoch als handfeste Berge, der Schweiß läuft uns bereits um 10 Uhr nur so runter. Es ist richtig heiß geworden. Im Schnee losgehen, im Atlantik baden, das war mein heimlicher Wunsch. Könnte klappen. Wir haben irgendwie Sommer hier, Ende März.

Auf dem Berggipfel treffen wir Agnes und Luisa. Luisa sitzt verzweifelt am Straßenrand und hat Tränen in den Augen. Es geht nicht mehr, sagt sie, die Schmerzen am Fuß machen sie verrückt. Sie erzählt uns, dass sie vor Jahren auf dem Kilimandscharo aufgestiegen war, auch das war wegen des knappen Sauerstoffs sehr anstrengend gewesen. Aber heute geht es nicht mehr weiter. Seit dem *Cruz de Ferro* hat sie dramatische Fußschmerzen, jetzt sei endgültig Schluss. Sie müssen abbrechen. Wir versuchen beide zu überreden, es mit unserer Hilfe eine weitere Etappe zu versuchen, aber es geht nicht mehr. Wir bedauern ihr Zurückbleiben sehr und gehen gedankenversunken weiter. Vielleicht schaffen sie es ja doch noch irgendwie, sagen wir uns. Wir drücken ihnen von Herzen die Daumen. Zum Glück werden wir sie wieder sehen.

Der Weg nach Sarria ist schwerer als man vermuten könnte. Es geht hoch und runter und hoch und runter, auch wenn es nur noch Hügel sind. Nach einigen Stunden erreichen wir eine Albergue, drei Kilometer vor Sarria. Dort sind auf einer großen Wiese Hängematten aufgebaut, überall stehen Tische und Stühle herum. Jeder Pilger darf alles kostenlos benutzen. Im Haus gibt es zusätzlich kostenlos Kaffee und Snacks. Das ist eine neue Erfahrung. Alles umsonst. Spanien überrascht uns immer und immer wieder. Um unseren Füßen laufen die Katzen des Hauses herum, auf der Wiese stehen Käfige mit Singvögeln und diese tun das, was sie am besten können. Sie singen prächtig. Und sie haben aufmerksamere Zuschauer als ihnen lieb sein kann, denn vor den Käfigen hocken zahlreiche Katzen und lauschen gespannt der Vogelmusik. An was sie wohl denken mögen? Ich habe eine dunkle Ahnung. Jede Wette, Tiere können denken. Sie können genau so denken wie wir, wenn wir keine Worte verwenden würden. Denken ohne Begriffe ist möglich, es sind Gefühle oder auch Bilder, und logische Abfolgen davon, die in den Gehirnen herumgeistern. Katzen sind sicher auch ohne Worte schlau, nicht umsonst sind sie in jedem Haushalt, den sie bewohnen die heimlichen Chefs. Meine Frau und ich, wir denken sofort an unseren Chef daheim, er heißt Romeo und ist seit Wochen in einer Tierpension, der Arme. Wir vermissen ihn. Wir bleiben noch fast zwei Stunden auf der Wiese. Ich lege mich genüsslich in eine Hängematte und träume tiefenentspannt in den Tag hinein. Es ist traumhaft. Das Foto auf dem Buchcover ist dort entstanden. Wir versenden zahlreiche dieser Fotos an Freunde zu Hause. Na endlich, antworten sie prompt. Wir waren sehr lange abgetaucht, außer unseren Kindern hatte keiner Ahnung, wo wir uns gerade auf dem Camino befinden. Sollen jetzt alle mal sehen, wie pilgern sein kann, denke ich. Pilgern ist nicht nur Mühsal, nein, es ist phantastisch. Die Antworten der Freunde lassen nicht lange auf sich warten, und sie sind sehr erbaulich. Keiner hat uns bzw. hat *mir* je zugetraut, dass wir bis hierher - bis kurz vor Sarria - zu Fuß kommen würden. Euer Countdown hat angefangen, schreiben sie.

Die Freunde haben Recht, der *Countdown* hat soeben begonnen.

Man muss wissen, dass jeder Pilger die letzten 100 Kilometer zu Fuß, jeder Fahrradfahrer die letzten 200 Kilometer per Rad gepilgert sein muss. Alles was man davor gemacht hat zählt nicht. Man kann Bus, Taxi, Esel nehmen. Es ist egal. Aber das Domkapitel in Santiago besteht darauf, dass man die letzten 100 Kilometer zum Grab des Apostels zu Fuß gehen muss. Dies wissen natürlich alle, und 80% der Pilger starten deshalb erst hier. Im Monat April werden 5.000 Pilger in Santiago eintreffen und eine *Compostela* ausgestellt bekommen, 4.000 dieser Pilger sind dann von hier aus gestartet. Ja, der Countdown hat begonnen. Jetzt bloß nicht mehr verletzen. Ich nehme mir vor, auf allen Vieren zu kriechen, wenn ich muss. Ich will jetzt nach Santiago. Ich will nach Santiago, ... hinter uns liegen 670 Kilometer. Fast alles sind wir zu Fuß gelaufen, der Rest war Camino-Glück. Aber ab jetzt muss alles perfekt klappen. Heiliger Jakob, beschütze und bestärke uns auf unserem Weg ... Wir kriechen aus den Hängematten und gehen los.

Sarria. Der Einmarsch ist hässlich. Doch man merkt bereits in den Außenbezirken, hier wird es voll werden. Mit Müh und Not haben wir eine Unterkunft bekommen. Außerdem ist *Semana Santa*. Alle Spanier haben frei. Und viele von ihnen wollen wie wir das Osterfest in Santiago feiern. Denn jeder ahnt, dass hier Großes wartet, jeder weiß, dass Einmaliges auf ihn zukommt. Wir haben kein Recht auf den einsamen Weg der vergangenen Wochen zu bestehen, jeder Pilger sucht das Gleiche. Wir wissen all das, aber die Massen lassen sich nicht unbemerkt verdrängen. Unser Hotel wirkt von außen sehr bedürftig, aber wir bekommen das beste Zimmer des Hauses mit einem herrlichen Blick über die Altstadt. Da unser Pilgerausweis voll ist (der zweite bereits!), mache ich mich auf den Weg, einen dritten Ausweis zu besorgen. Hoffentlich klappt das, denn ohne diejenigen Stempel, die jetzt auf uns zukommen gibt es später keine *Compostela*. Es ist klar, man pilgert für sich, aber wenn man hier läuft bekommen all diese Stempel einen eignen Wert. Es sind *Orden*, die einem verliehen werden, es ist vielmehr als nur Farbe. Jeder Stempel erzählt eine Gesichte, bei jedem haben wir etwas erlebt. So auch hier. Das neue Stempelbuch gibt es nur, wenn man an der Messe teilnimmt. Ich kann nicht glauben, was der Pfarrer gerade gesagt hat und gehe zur Albergue Munizipal, die gibt es schließlich in jeder Stadt. Die vertritt den spanischen Staat vor Ort. Und in der Tat, dort kann man - ohne Messebesuch - leere Stempelhefte kaufen. Mit diesen gehe ich zur Kirche zurück und setze mich in die Messe. Diesmal aber freiwillig, das ist ganz was anderes. Und es ist voll, rammelvoll geworden. Hunderte Spanier drängen sich in der Kirche. Ein Stimmengewirr, sehr viele junge Leute. Spanischer Wandertag, fällt mir dazu ein.

Nach der Eintragung, dem so wichtigen Anfangsstempel, gehen wir Kaffee trinken. Wir sitzen in der Sonne bis sie untergeht, dann schlendern wir zum Abendessen. Und hier merkt man frustriert, dass es anders geworden ist. Es gibt kein Pilgermenü und der Gastwirt ist zum ersten Mal unfreundlich. Massenabfertigung eben. Wir essen Pizza und akzeptieren das notgedrungen. Wir kennen Spanien zum Glück anders. Gegen 23 Uhr gehen wir zu Bett.

Tag 30 - 30. März

Der Charakter ist das Schicksal des Menschen.
G. Keller

Sarria – Portomarín

Leider musste ich an diesem Vormittag arbeiten, ausnahmswei-se, bis Mittag hing ich am Telefon. Doch dann konnte es endlich losgehen. Heute hat der Countdown begonnen. Mit uns sind Hun-derte von Pilgern auf dem Weg.

Der Camino ist sehr angenehm, der Himmel blau. Die Spanier wundern sich über den schönen März, wir freuen uns mit ihnen. Pilgern ist heute völlig anders, es kommt mir wirklich wie Wander-tag vor. Zahlreiche Schulklassen überholen uns, die jungen Leute sind in ihre Gespräche vertieft, arbeiten am Handy oder albern herum. Vor 20 Jahren wären wir genauso gepilgert, jeder geht sei-nen Camino, zu seiner Zeit. Und doch stört es, die Ruhe, die Ge-danken, der Zauber, alles ist vorbei. Wir sind enttäuscht. Wahr-scheinlich ist es im Hauptsommer auf dem ganzen Weg so, Grund genug, nicht im Sommer zu gehen. Aber auch die Heilige Woche vor Ostern scheint einer Völkerwanderung gleich zu kommen. Wie gut, dass wir bis Santiago mittlerweile alle Unterkünfte vorgebucht haben. Niemals würden wir spontan unterkommen. Vor uns geht eine Familie mit kleinen Kindern. Die Kinder fangen irgendwann zu weinen an, es ist heiß geworden. So ist es eben, meine Frau und ich schauen uns an. Dann lernen wir den Weg auch mal anders kennen, sagen wir uns. Mittags kommen wir an einer Bar vorbei und sie ist komplett voll. Normalerweise konnten wir die Tische aussuchen, jetzt müssen wir warten bis ein Platz frei wird. Na, das wird ja lustig bis Santiago.

Erneut geht es einen steilen Berg hoch, wir überholen zahlreiche Familien mit Kindern. Die spanischen Jugendlichen geben sich jedoch nicht so leicht geschlagen, sie haben noch die gesamte Lebenskraft in sich. Sie überholen uns zurück und lächeln uns Alte mitleidig an. Viele werden wir wiedersehen, Blasen eben.

Am späten Nachmittag wird es wie vorausgesehen ruhiger. Etliche Neupilger sitzen am Wegesrand und halten ihre Füße in die Bäche. Wir trauen uns nicht, sie darauf hinzuweisen, dass man dies auf keinen Fall machen sollte. Wir wollen nicht oberlehrerhaft erscheinen. Dann treffen wir zwei sportliche Holländer, Vater und Sohn. Beide haben die Schuhe ausgezogen, auch die beiden haben starke Schmerzen. Wir raten zu Hirschtalg und unterhalten uns etwas. Die Frau ist auf dem Wege abhanden gekommen, sie müssen jetzt sowieso warten. Ja, heute ist es anders. Überall wird erzählt, manche - an denen wir vorbeiziehen - haben ein großes Radio auf dem Rücken. *Pilgern auf Spanisch?* Nein, sicher nicht, wir sind einfach in ihre Heilige Woche geraten. Obwohl uns die Etappe kurz vorkommt, es sind nur 22 Kilometer, gibt es immer mehr Ausfälle bei den Pilgern. Man kann eben doch nicht von der Schulbank aufstehen und einfach loswandern. Die Straßenränder werden immer voller. Wir sehen riesige Rucksäcke, Menschen in Sandalen. Auch wenn der Countdown nur 111 Kilometer ist, manche werden es so nicht schaffen. Ihr Lieben, es sind immerhin 111 Kilometer, möchte ich ihnen zurufen. Spart eure Kräfte! Der Camino ist kein 100-Meter-Lauf, eher ist er wie ein Marathon. Wir hoffen, dass wir es schaffen, sicher kann man sich nie sein, auch hier noch nicht. Wir haben von einer Frau erfahren, die musste 10 Kilometer vor Santiago aufgeben, oh wie bitter.

Endlich sehen wir die riesige Brücke vor Portomarín.

Portomarín. Diese Stadt hat eine Besonderheit. Aufgrund eines großen Stausees von 1956 musste es in den 1960ern komplett umgesiedelt werden. Sogar die alten Kirchen wurden Stein für Stein rumgetragen. Sowas kannten wir bisher nur aus China, wir waren mal zwei Wochen auf dem Yangtse und haben das ganze Elend der Bewohner gesehen, die ihre Dörfer Stein um Stein selber abtragen mussten. Aber auch in Spanien gibt es sowas, und wenn man sucht, in Deutschland sicher auch. Der Weg nach Portomarín führt über eine ungewöhnlich lange Brücke. Diese schwingt leicht im Wind, bloß schnell drüber, denke ich, sonst wird mir schlecht. Das Geländer ist zu tief gebaut, nicht runter schauen. Ich bleibe trotzdem stehen und mache ein paar Fotos. Kristallklares, blau schimmerndes Wasser zeichnet sich unten ab. Portomarín liegt nach der Zwangsumsiedlung auf einer Anhöhe, die alte Kleinstadt unter Wasser, angeblich kann man sie bei Pegeltiefstständen sehen. Der neue Ort ist relativ groß, über 1.000 Einwohner. Ich überlege gerade wie wir unser Hotel diesmal finden werden. Bisher hat uns immer der Zufall bis vor die Tür geführt. Auch hier finden wir zufällig eine Tafelanzeige aller Hotels, aber leider steht unseres nicht auf der Tafel. Nach langem Suchen verstehen wir endlich, dass wir diesmal im falschen Ort gebucht haben. Dies ist uns noch nie passiert. Heute scheint es auch besonders ungünstig zu sein, denn hunderte Spanier suchen gerade eine Bleibe. Mit Glück, wirklich nur mit großem Glück, finden wir ein Hotel, welches noch freie Zimmer hat. Wir bekommen sogar ein Zimmer mit Blick auf den Stausee, wunderbar. Ich bedanke mich beim Heiligen Jakob. Das hätte man nicht besser planen können.

Nachdem wir uns ausgeruht haben, gehen wir auf den Marktplatz. Die Hauptkirche San Nicolás schimmert in der Abendsonne, das gibt Fotos mit viel Gefühl. San Nicolás zeigt allerdings auch, dass es hier viele Kriege gegeben haben muss. Und so war es auch. Drei Orden haben sich im Mittelalter hier am Pilgerweg niedergelassen und stritten um die Macht. Die Kirche sieht daher wie eine Festung aus - fast so hässlich wie der alte Papstpalast in Avignon, denke ich - eine echte Wehrkirche eben. Letztlich hat sich hier der Orden der Santiago-Ritter durchgesetzt, auch gegen die Templer. Auch innen ist die Hauptkirche nicht schön, uns schlägt kalte, feuchte Dunkelheit entgegen, ich spreche kurz mit dem Heiligen Jakob, dann gehen wir wieder raus.

Nach einiger Zeit finden wir sogar noch einen freien Kaffeetisch. Wir kommen mit einem Iren ins Gespräch, der leider nur Zeit für die letzte Etappe hat. Sein Humor ist so spitze, die einzige Kellnerin des Kaffeehauses hat es schwer mit unserem Tisch. Auf einmal sehen wir Jim und Therese geplagt und müde die Hauptstraße entlang schleichen. Ich gehe auf sie zu und Therese fällt mir sofort in die Arme. Sie regt sich wahnsinnig darüber auf, wie viele Leute hier sind. Sie haben Quartier in einer Albergue bezogen, aber sie hat nicht mal ein Zimmer mit ihrem Mann zusammen bekommen, erzählt sie uns genervt. Diese Albergue sei ein Monstrum, 130 Menschen in einem Zimmer, nur mit ein paar Vorhängen getrennt.

Therese will nur noch weg. Ich schlage ihr vor, es in unserem Hotel zu versuchen. Da es von außen geschlossen aussieht, könnte sie dort noch Glück haben. Und sie hat Glück! Erleichtert kommt sie nach einer halben Stunde zurück und wir verlängern unsere Kaffeepause.

Wir verabreden uns mit beiden zum Abendessen, dann gehen wir Richtung Stausee und machen wunderbare Fotos. Es werden richtige Angeberfotos, aber die Abendsonne, die Parks, der Stausee unten, das ist einfach traumhaft. Das Abendessen später holt uns zurück, es ist touristenmäßig, schlecht. Kein Vergleich zu der freundlichen, fast familiären Atmosphäre früherer Abende auf dem Jakobsweg. Hier ist Massenabfertigung, aber es geht wohl gar nicht anders. Nach dem Essen machen wir alle noch einen schönen Spaziergang und gehen dann ins Hotel. Jim und ich nicken uns an der Treppe zu, und wir verabreden uns in der Lobby.

Auf dem Zimmer angekommen, sehe ich einen Anruf unserer jüngsten Tochter, ich solle dringend meine Mails checken, es wäre wichtig. Während meiner 6-wöchigen Abwesenheit lesen die Töchter zwei bis drei Mal die Woche meine Mails, auch meine Geschäftspost, man kann sich eben doch nicht ganz aus der Zivilisation verabschieden. Doch diesmal bin ich happy. Ich lese die Nachricht zweimal, dann erst verstehe ich es richtig: „Wir berufen Sie hiermit in Absprache mit dem Kultusministerium auf eine Professur...", mit Unterschrift des Präsidenten. Ich kann einen Freudenschrei nicht unterdrücken, meine Frau ist erschrocken, ich nicke ihr freudestrahlend zu, dann liest sie es auch und wir machen eine Flasche Wein auf. Ja, darauf habe ich gehofft, habe alles danach geplant. Aber Berufungsverfahren in Deutschland sind sehr langwierig und teilweise abenteuerlich. Man weiß vorab nie, wann alles geschafft sein wird. Gut gelaunt – nein eigentlich auf Wolke 7 - gehe ich zu Jim in den Aufenthaltsraum, erzähle jedoch nichts.

Jim hat etwas zum Trinken mitgebracht und wir kommen ins Erzählen. Er berichtet, dass er jeden Tag einen Blog schreibt und mittlerweile tausende Follower hat. Ich finde seine Idee echt gut und er erklärt mir weiter, dass er sogar richtige Fans besitzt. Viele ältere Menschen, die selbst nicht mehr reisen können, lesen all seine Berichte, Tag für Tag. Und Jim sagt, er schreibe ab und zu auch von mir.

Ich beichte ihm daraufhin, dass ich akkurat Tagebuch schreibe und dieses eventuell im Freundes- und Familienkreis veröffentlichen werde, da wir (zu) viele Skeptiker in den eigenen Reihen haben. Er schaut mich an. Nein, sagt er kopfschüttelnd, schreibe es auch für andere! Die ganze Welt interessiert sich für den Jakobsweg und jeder sollte hier einmal im Leben gegangen sein. Es ist tiefgreifend, und du weißt das. Raúl, er nimmt meine Hand, schreibe es! Paar Leute werden es mit Sicherheit lesen und uns dann folgen, und immer weiter, so wie seit Tausenden von Jahren. Und es wird ihnen genauso gut tun, wie uns beiden jetzt. Versprich, dass du es machst! Ich nicke, bekomme aber Angst vor meiner eigenen Courage. Trotzdem verspreche ich es ihm. Ja, ich werde es zumindest versuchen. Er drückt mir die Hand und wir stoßen an. Dann berichtet er von seiner Krebserkrankung und die wahren Gründe, warum er bei Intel aufgehört hat. Er kann das alles nicht mehr mit sich selbst ausmachen. Er hat in Los Alamos gearbeitet, dieser Ort ist berühmt. Hier wurde die erste Atombombe der Welt gebaut. Aussteigen war für Jim die einzige Option. Sein Krebs hat ihn umgehauen. Und Jim berichtet von seiner Verzweiflung. Seinem Trost. Seiner Angst. Und von seiner großen Enttäuschung gegenüber den Ärzten. Die hätten ja alle gar keine Ahnung, beginnt er wieder, sie untersuchten jede Zelle, alles wird immer genauer unter die Lupe genommen, aber das große Ganze verstünden sie einfach nicht. Jim ist deprimiert. Ich nicke ihm zu, da er aber wie ich Ingenieur ist, stelle ich ihm eine der hochinteressantesten Denkaufgaben, die es zu diesem Thema gibt. Sie ist die Idee meines Vaters, und sie hat mir seiner Zeit viel gelehrt.

Jim, beginne ich, stell dir mal vor, du bekommst ein unbekanntes Ding vor die Nase gesetzt. Es ist ein Radio, welches Musik abspielt, aber du weißt das nicht. Nun sollst du erkunden, *warum* das Gerät Musik abspielt. Jim schaut mich fragend an und ich fahre fort. Jim, du bist Fachmann, du untersuchst jedwede Elektronik. Du machst jeden Schaltkreis auf, schaust in jede Diode, in jeden Transistor, aber du siehst einfach nicht, wo die Musik herkommt. Du findest die Musik einfach nicht. Du bist frustriert und schreibst Doktorarbeiten aus. Dann nimmst du eine Lupe und tausend andere Messgeräte und suchst jetzt das Innere und sogar die Oberflächen der Schaltkreise ab, sozusagen die inneren Membranen. Aber du findest die Musik immer noch nicht. Wo aber ist die Musik, Jim? Wie hat das Ding denn die Musik erzeugt? Jim nickt, er hat es verstanden. Ja, was für ein Vergleich. Er strahlt mich begeistert an. Was für ein Vergleich. Die Musik kommt von außen, die findet man im Radio nie. Und so ist es auch beim Menschen. Die Ärzte finden nie den Geist in der Maschine, denn er ist nicht dort! Sie können jede Zelle aufmachen, jede Membran untersuchen. Der Geist ist nicht da. Und doch ist er da. Und doch kann er krank machen. Dieser nicht auffindbare Geist kann den Krebs erzeugen. Genau deshalb können die Ärzte den Krebs auch nicht *heilen*, egal mit welchen Geräten sie kommen oder zukünftig kommen werden, egal, in welche Zellen sie schauen und welche Biochemie sie untersuchen. Jim schaut mich begeistert an. Wir sind Seelenverwandte, Brüder im Geiste. Wir hatten es geahnt und wir erzählen bis weit, weit nach Mitternacht. Über Gott und die Welt. Und über die Hoffnung.

Beim Abschied umarmt er mich mit Tränen in den Augen, und ich - als nicht gerade der größte Amerika-Fan - finde das Land mit seinen Leuten wieder ein Stück sympathischer. Was für interessante Menschen drüben vom Atlantik. Spät, viel zu spät, gehe ich ins Bett. Vorher trinke ich jedoch noch eine ganze Flasche Wein auf dem Balkon aus. Ich muss meinen Kopf beruhigen. Ich schaue auf den Stausee und nicke ein. Irgendwie kam ich auch zu Bett, weiß bloß nicht mehr wie. Diesen Tag vergesse ich nicht so schnell.

Ein Dank an Jakobus, ein Dank an Jim, ein Dank nach Deutschland.

Die kurze Nacht wird tief, traumlos und schwer.

Tag 31 - 31. März

Es gibt nichts Gutes oder Böses, erst Deine Gedanken machen es dazu.
W. Shakespeare

Portomarín – Palas de Rei

Die heutige Strecke wird relativ schwer. Auf der Karte sind es nur 25 Kilometer, aber wir wissen seit den Schrittzählermessungen, dass man viele Kilometer mehr läuft als ausgewiesen ist. Es werden sicher 30 Kilometer werden und es wird hoch und runter gehen. Für uns hoffentlich machbar, wir sind im Training. Der Fuß meiner Frau hat sich beruhigt.

Die Neuankömmlinge werden sich jedoch schwer tun, es geht gar nicht anders. Ich denke an unsere erste Etappe in den Pyrenäen. Es waren nur 6 Kilometer, danach waren wir beide fix und fertig. Das Gepäck, alles war ungewohnt. Die Spaniern hier trauen sich ziemlich viel zu, viel zu viel, für die meisten ist es ja erst die 2. Etappe. Das Wetter ist bewölkt. Zum Glück noch keine Hitze.

Gleich hinter Portomarín geht es einen Berg hoch, dann wieder einen. Man muss nach Hospital de la Cruz, fast wieder 700 Meter hoch. Der Ausblick ist wieder sehr schön, die Strecke aber mühsam. Wir haben uns jetzt an die anderen Pilger gewöhnt, natürlich trauern wir der Ruhe nach, aber jetzt wissen wir wenigstens, wie es sich im Hochsommer anfühlt, wenn ganz Spanien pilgert.

Am frühen Abend kommen wir kurz vor Palas de Rei an, jetzt sind es noch 66 Kilometer bis Santiago. Interessanterweise sind in meinem Kopfe die meisten Bilder kurz vor dem Ziel verblasst, sie reichen nicht annähernd an die Eindrücke vom Rest der Wegstrecke heran. Ich weiß nicht, woran das liegt, wahrscheinlich denkt man einfach nur noch an Santiago und nimmt die Schönheit kurz vor dem Ziel nicht mehr war. Oder es liegt an dem neuen Gefühl. Die Ergriffenheit ist verschwunden, das Pilgern ähnelt hier dem Gefühl des Wanderns. Es ist interessant, die Unterschiede zu erfahren, zu erspüren. Auf dem Weg ist man viel feinfühliger geworden. Nicht nur, dass es mir zu Gewohnheit geworden ist, jeden Tag mit dem Heiligen Jakob zu sprechen. Ich gehe mittlerweile täglich in die Kirchen und falls mal eine geschlossen ist, bin ich richtig unglücklich.

Auch an diesem Abend gehe ich in die Stadt. Meine Frau möchte in der Anlage bleiben. Wir haben eine Unterkunft ca. 2 Kilometer vor Palas de Rei bezogen, es ähnelt einem großen Landschulheim. Meine Frau erholt sich auf dem Zimmer, während ich den Ort erkunden gehe.

Palas de Rei. Der Ort ist nichtssagend, man sieht überall nur Menschen, oder besser Massen von Menschen, aber keine wirklich bedeutende Architektur. Zum Glück finde ich nach einigem Suchen die Kirche, um hier meine Seele baumeln zu lassen. In der Kirche ist es sehr ruhig, die Gedanken kommen zur Ruhe. Ich tue

all den anderen Pilgern unrecht, auch sie suchen die innere Ein-
kehr, auch sie stören sich an den Massen. Auch sie sitzen hier wie
ich. Ich bin ein Teil von ihnen. Wir alle schauen auf den Altar und
hängen unseren Gedanken nach. Was hat uns der Weg bisher gebracht. Dies wird jeder für sich selbst entscheiden müssen. Ich bin
mehr als belohnt worden für all die Mühen. Es war bisher eine der
stärksten und intensivsten Erfahrungen meines Lebens. Und der
Camino hat mir Glück gebracht, zu Hause hat sich seit gestern eine
neue Arbeit ergeben (auch wenn ich später eine andere Professur
annehmen werde), die Verbindung zu meiner Frau ist noch inniger
geworden und wir haben überaus interessante Leute kennen gelernt. Ich denke an letzte Nacht, ein friedliches Gefühl breitet sich
im Inneren aus. Der Camino hat innere Ruhe gebracht. Ich weiß
nicht, ob das auch zu Hause anhalten wird, aber ich weiß jetzt, dass
man auch in der heutigen Zeit seine Ruhe, seinen Abstand, seinen
Sinn zurück finden kann. Wir sind dieser hektischen Welt *nicht*
schutzlos ausgeliefert.

Und jedem steht ein solcher Weg frei.

Gedankenversunken trete ich den Rückweg an, drehe mich
nochmals um und sehe auf die Kleinstadt herab. Dann gehe ich
einen schönen Waldweg zurück. Im Landschulheim ist Abend-
brotszeit, wieder sehr gute Verpflegung für 10 Euro pro Person,
und genug Wein für alle. Spanien hat mich schon lange überzeugt.
Soll man in Deutschland doch Exportweltmeister sein. Haben die
einzelnen Deutschen was davon? Was ich sehe, ist, dass die Spanier sehr gut leben. Ich weiß, dass es hier eine hohe Jugendarbeitslo-
sigkeit gibt, eine Schande für jedes Land. Ich weiß, dass die Politik
in Spanien sehr korrupt ist, doch wohin ich als Normalbürger auch
blicke, ich sehe Lebensart, die Vorbild sein kann, nein, sein muss.

Nach dem Abendessen spiele ich mit meiner Frau Quartett, etwas was wir seit Jahrzehnten nicht mehr gemacht haben. Wir ha-

ben festgestellt, dass sich die Pilgerglückskarten - die wir in Fonfria gekauft haben - sehr gut zum Spielen eignen. Es macht unerwarteten Spaß und es gibt viel zu lachen. Quartett erinnert dann doch an die Jahre, wo die Kinder noch klein waren. Jetzt gehen sie bereits erfolgreich ihren Weg. Ohje, ich möchte nicht mehr 20 sein, so schön es war, aber was für eine Arbeit bis man angekommen ist. Und dann stellt man fest, dass man eigentlich nie angekommen ist. Keine Ahnung wie es sich im hohen Alter anfühlen wird, sicherlich wird es schwer, zufrieden zu sein. Bei all den Möglichkeiten. Hätte man dies oder jenes noch machen können? Hätte man nicht doch lieber auswandern sollen oder mehr Kinder bekommen, oder, oder, oder. Es ist endlos und es wird nie aufhören. Der Camino hat mir den Ausweg gezeigt. Das eigene Glücksempfinden ist der Kompass, der Weg ist das Ziel.

Das ist weit mehr als eine Metapher.

Ich glaube, ich habe beim Quartett haushoch gewonnen, meine Frau behauptet jedoch das Gegenteil. Es gibt Streit, wir lachen, wir schmeißen die Karten hin. Das Leben kann so einfach sein. Wir erinnern uns an die Litauerinnen. Raúl, sagte Luisa in Fonfria leise zu mir, der Camino gibt mir Halt, er reduziert meine Komplexität. Ich will nur schlafen, trinken, essen. Nicht mehr und nicht weniger. Was für ein schönes, ursprüngliches Leben. Ich will jeden Tag nur noch drei Dinge. Zu Hause habe ich hunderte Probleme, hier nur drei. Ja, das ist der Camino. So sehe ich das auch. Doch heute habe ich vier Probleme, denn ich wollte heute noch gewinnen, aber das scheint nichts zu werden. Waffenstillstand. Ruhe. Wir lesen etwas.

Dann legt sich die Nacht über das spanische Landschulheim.

Tag 32 - 1. April

Probleme sind Herausforderungen, die Du Dir selbst geschaffen hast, um daraus zu lernen.

R. Bach

Palas de Rei - Salceda

Heute kommt eine der längsten Strecken des Weges für uns. Aufgrund der vielen Pilger konnten wir die Unterkünfte nicht so buchen, wie es geplant war. Wir müssen heute nach Salceda, es sind weit über 30 Kilometer. Der Reiseführer empfiehlt zu Recht einen Stopp in Arzúa, aber dort waren alle Hotels bereits ausgebucht. Und in eine Albergue wollten wir noch immer nicht. Nein, hinter Arzúa sind es nur noch 10 Kilometer bis Salceda, das schaffen wir dann auch noch locker, sagen wir uns gegenseitig.

Die wichtigsten Etappenziele sind nun - wie erwähnt - die täglichen Stempel. In Leboreiro bekommen wir einen in einer schönen kleinen Kirche, in Melide werden wir abgespeist in einer speziellen Pilgerkirche mitten in der Stadt. Die Menschen hier auf diesem Abschnitt des Caminos haben sich auf die riesigen Massen von Pilgern eingestellt. Hier liegen nicht einfach in einer Kirche die Holzstempel aus wie ganz zu Anfang. Hier gibt es regelrechte *Stempelkirchen* für Pilger, sogar mit kommunalen Personal. Ab Sarria sollte man zwei Stempel pro Tag haben, dies ist ein geschriebenes oder ungeschriebenes Gesetz, wir holen uns lieber drei, man weiß ja nie. Jetzt die *Compostela* verpassen, das wäre kein schöner Abschluss. Man hört Horrorgeschichten von Pilgern, die abgewiesen wurden. Stempel nur von Bars oder zu wenige oder eine Ortschaft ausgelassen. Nach unserer Erfahrung später, spielt das alles keine Rolle, aber das können wir in Melide ja noch nicht wissen.

Melide. Dieses Örtchen selbst hat einige schöne Kirchen, aber man wird diese vergessen. Meine Frau hat auch schon wichtigere Ziele ausgemacht, eine *Churros*-Bar. Endlich. In jeder Stadt essen wir *Churros* mit heißer Schokolade, dies ist ein Gedicht. Die Schokolade ist so cremig, da können selbst die Schweizer noch was lernen. Nach Melide wird es wieder schön. Kühe und Störche begleiten uns mit den Blicken. Die Massen sind verschwunden, auf dem langen Weg entzerren sich doch die vielen Pilger. Gerade als ich das aussprechen wollte, sehe ich auf dem Weg vor uns eine Traube von Menschen mit Pilgerstab, bestimmt 100 Leute auf einem Haufen. Ich zeige sie meiner Frau, aber sie hatte die Pilger bereits eher entdeckt und sieht noch mehr. Nein, das sind keine Pilger, sagt sie bestimmt, schau nur auf die Schuhe, dass sieht man doch gleich. Frauen schauen irgendwie anders auf die Umwelt, aber das wusste ich. Wir nähern uns der Menschentraube und sind verwundert. Alle sprechen Deutsch, was für eine Überraschung, was für eine Freude.

Und die Überraschung wird noch größer als wir erfahren, dass die Menschen von der AIDA sind. Die AIDA hier auf dem Pilgerweg? Wir können unser Erstaunen nicht unterdrücken, aber es ist wahr. Es ist eine Atlantiküberführung aus der Karibik mit Zwischenstopp in Nordspanien. Und als Attraktion gibt's einen Tagesausflug auf den Jakobsweg, einfach mal 5 Kilometer pilgern. AIDA ist clever, das kennen wir von eigenen Fahrten. Zwei Busse haben sie füllen können.

Wir amüsieren uns prächtig über diese neuen Pilger. Sie bleiben an jedem Stein stehen, bestaunen, nein, verscheuchen die Störche, kaufen jedes Souvenir, einen weiteren Wanderstock, eine Muschel und alles was man nicht braucht. Wir lästern, aber das ist unfair. Wir machen selber öfters solche Touren, und doch, hier ist das

AIDA-Feeling völlig fehl am Platze. Außerdem macht lästern riesigen Spaß. Wenig später kommen wir mit einem Pärchen aus Bonn ins Gespräch.

Seit ihr richtige Pilger?, fragen sie, als sie unsere Rucksäcke sehen.

Ja, schon, antworten wir stolz, haben jetzt ca. 750 Kilometer hinter uns.

Die beiden können es nicht glauben, beneiden uns ernsthaft. Und es stellt sich heraus, dass die Frau schon seit Jahren pilgern wollte. Es sei ihr großer Traum. Sie ist Managerin bei der Telekom in Bonn, aber sie will raus aus dem Trott. Doch sie hat große Sorgen. Kann man als Büromensch pilgern? Schafft man das? Und was ist mit all den Bettwanzen und Flöhen? Was mit dem ganzen Ungetier? Wir reden lange miteinander und ich bin sicher, dass wir ein gutes Werk vollbracht haben, denn wir konnten ihr viele der Sorgen nehmen. Genau diese Sorgen hatte ich selber vor dem Start.

Schreib doch mal ein Buch darüber, sagt jetzt auch meine Frau, als die beiden zu dem AIDA-Bus zurückkehrten. Die haben ja genau deine Sorgen. Immer geht es ums Schlafen und die ganzen Bettwanzen. Sicherlich haben viele ähnliche Sorgen wie du und wir haben es doch auch geschafft. Selbst du, frotzelt sie zum Schluss ... und humpelt davon, hätte ich ihr beinahe hinterher gerufen, denn wer von uns beiden kann hier nicht laufen. Aber sie hat Recht, ja, selbst ich. Niemals habe ich mir den Weg zugetraut, was hatte ich Panik wegen der Nächte. Und ich stelle erneut fest, viele Menschen dort draußen denken ähnlich.

Ja, gute Idee, sage ich zu meiner Frau, tolle Idee von dir!

Die AIDA-Leute sind kaum im Bus, dann stehen wir vor einer Bar. Cafeteria *El Aleman*. Echter deutscher Kaffee, steht dort. Der Besitzer ist gerade aus Deutschland zurückgekehrt, ein Spanier. Ihm hat es in Deutschland nicht mehr gefallen und er wollte wieder nach Hause. Jetzt hat er die Bar aufgebaut. Die ist auch rammelvoll. Eine gute Entscheidung, denke ich noch und hole mir einen deutschen Stempel. In Boente hole ich mir meinen nächsten Stempel, sollen die Kirchenoberen in Santiago doch sehen, dass wir uns durstig von Bar zu Bar gehangelt haben. Die Sonne glüht mittlerweile, auch der April scheint schön zu werden. Nach Boente kommt wieder viel Landschaft, aber schöne Landschaft. Kühe, Schafe, Kakteen, alles was das Herz begehrt. Galicien ist richtig schön, es erinnert mich an die Gegend in Baden-Württemberg, wo ich wohne und doch kommt es mir hier ein bisschen schöner vor. Galicien ist von Gott gesegnet, das ist völlig klar. Ich stimme mir selber zu, sonst wäre ja auch Santiago nicht hier, logisch.

Arzúa. Der Einmarsch ist völlig unspektakulär, ein Ort, den man vergessen wird. Hier ist das Etappenziel für die meisten Pilger. Gerade beim letzten Aufstieg treffen wir eine Mutter mit Tochter, bei beiden geht gar nichts mehr. Diese Etappe von Palas de Rei war einfach zu viel, knapp 30 Kilometer. Die Tochter hat die Füße voller Blasen. Sie sind vorgestern in Sarria gestartet, ihr 2. Tag, einer der kritischen wie ich mittlerweile immer sage. Wir trösten sie, bis Arzúa werden sie es schaffen, ob bis Santiago steht in den Sternen. Sind die Blasen einmal da, … man muss langsam starten. Der Camino ist ein Marathon, einfach nicht zu schnell starten, belehre ich meine Frau. Sie nickt bescheiden, hat ja nur die komplette Reiseplanung gemacht.

In Arzúa besuchen wir eine Albergue, in der wir hätten übernachten können. Aber wir gehen heilfroh wieder raus. Ist ordentlich und sauber, alles gut, aber wieder 30 Mann in einem Zimmer. Warum man das so bauen muss, ist mir schleierhaft. Einfache Trennwände wären nicht viel teurer geworden. Es gehört zum Camino dazu, höre ich die Oberschlauen daheim sagen, aber die haben nur über den Camino gelesen. Wer ihn gegangen ist, der hat erfahren, dass jeder seinen Camino gehen darf wie er will. Eine der größten Erkenntnisse. Und es ist nicht banal. Was verurteilen wir uns nicht alle immer gegenseitig, was lästern wir den ganzen Tag, über die Kollegen, die Nachbarn, AIDA, die anderen. Jeder hat seinen eigenen Camino, die größte Lehre des Weges. Ich werde das in Zukunft berücksichtigen. Jeder kann die Menschheit ein kleines Stück besser machen und in Gedanken freue ich mich auf meine neue Arbeit.

Auf dem Marktplatz stellen wir zum hundertsten Mal enttäuscht fest, dass die Kirche geschlossen hat, ja, mal wieder. Können sie nicht wenigstens ab Sarria die Kirchen aufmachen?! Ihr lieben Verantwortlichen, bitte macht eure Kirchen auf, wir Pilger lieben das, es gehört zu unserer Reise dazu.

Nach der Enttäuschung kommt ein absolut toller Weg. Wir haben es nicht mehr weit, in drei Stunden werden wir da sein. Der Weg von Calzada nach Calle ist kurz, man geht aber durch so schöne Landschaft, dass ich mich nicht satt sehen kann. Die Wege sind eingewoben in Bäume und Laub. Eukalyptusbäume soweit das Auge reicht. Ich überlege noch, was man mit all dem Eukalyptus macht, dann sind wir da. Salceda, ein kleines Dorf, aber mit einer sehr schönen Albergue. Wir haben dort ein Doppelzimmer gebucht und sind von der Unterkunft einfach begeistert. Wir sind nun keine Kenner von Albergues auf dem Weg, nur der Hotels, aber so eine Albergue haben wir das letzte Mal vor 350 Kilometern gesehen, auf dem Weg nach Frómista. Dort - in Boadilla del Camino - gab es einen Pool, hier nun einen Teich mit Hollywoodschaukeln. Und zur Krönung kocht der Chef selbst. Das Essen wird auf weißem Tischtuch serviert. Sage mir nochmal einer was gegen spanische Albergues.

Beim Abendessen lernen wir drei junge Frauen aus Deutschland kennen. Überhaupt scheinen mir mehr Frauen als Männer zu pilgern, obwohl die Statistik das Gegenteil behauptet. Wir haben so viele Frauen hier getroffen, dass meine Tochter mir später erklären wird, dass das nur logisch sei, denn Frauen wollen sich verändern, denken nach, brechen aus. Ich sehe natürlich genau das Gegenteil als Pilgergrund und werde ihr daraufhin erklären, dass Frauen einfach mehr zu büßen hätten und daher den Weg gehen müssten, was in einen handfesten Streit ausarten wird. Wenn man zwei Töchter groß zieht, wird es einem nie langweilig.

Da meine Frau schlafen möchte, gehe ich noch runter zur Bar und freunde mich mit den drei jungen Damen an. Sie erzählen über ihre Freunde zu Hause, oder eher über die fiesen Typen, die alle nur das eine wollen (ich habe keine Ahnung was sie meinen könnten), und darüber, wie sie sich stets erfolgreich dagegen gewehrt haben. Es gibt wahnsinnig viel zu lachen an der Bar. Der Barkeeper versteht zwar kein Wort, lacht aber lauthals mit. Die drei Damen sind völlig aufgedreht, für jede eben eine Flasche Rotwein zum Essen. Ja, der Pilgerabend ist schön.

Was für ein Weg.

Weit nach Mitternacht liege ich im Bett und fühle, dass wir es schaffen können. Es sind noch 28 Kilometer, wir zählen mittlerweile genau. Und ich werde wehmütig. Ich will es doch gar nicht geschafft haben! Ich will einfach nicht da sein! Später in *Santiago* stelle ich fest, dass es vielen Pilgern so ergeht. Manche brechen in Tränen aus, weil sie es geschafft haben, manche weil jetzt alles vorbei sein soll. Niemand, der diesen Weg gegangen ist kommt ohne Überwältigung aus, niemand, wir werden sehen.

Zufrieden schlafe ich ein.

Tag 33 – 2. April

Wenn einer stirbt, nicht das alleine ist der Tod, Tod ist, wenn einer lebt und es nicht weiß.
R. M. Rilke

Salceda – Labacolla

Heute beginnen wir den Tag völlig entspannt. Da wir gestern eigentlich 1,5 Etappen gegangen sind (es wäre besser, wenn man in Arzúa eine Übernachtung gefunden hätte) – haben wir heute genug Zeit. Es sind nur noch 28 Kilometer bis *Santiago* und wir wollen erst morgen dort ankommen. Morgen ist Karfreitag, morgen kommt unsere große Tochter mit dem Flieger dazu.

Das Frühstück passt genau zu der Herberge, es war einfach klasse. Und der Wirt zeigt uns noch eine Abkürzung durch den Wald. Abkürzen ist erlaubt, sagt er verschmitzt, dann umarmen wir uns. In 4 Stunden kommen die nächsten Pilger, er muss viel aufräumen. Sein Pilgeralltag. Die Abkürzung durch den Wald erweist sich als voller Erfolg, denn ich entdecke ein Reh. Kurzum werde ich zum *Pilgerkönig des Tages* gekürt, denn meine Frau kann an diesen Erfolg nicht ansatzweise anknüpfen. Sie entdeckt Kühe, Schafe und ja, erneut große Hunde. Das Reh jedoch war ein gutes Omen, es stand dicht am Wegesrand, erst sehr spät rannte es weg und der Hintern leuchtete noch lange weiß nach. Am Wegrand tauchen immer mehr Palmen auf, wer hatte das in den Pyrenäen noch gedacht. Vom typischen galicischen Regen ist auch heute wieder nichts zu sehen. Wir freuen uns aber lieber nicht zu laut, nehmen dieses Wetterglück einfach dankend an.

O Pedrouzo. Gegen Mittag erreichen wir den Ort, wegen seines Namens habe ich mir sonst was vorgestellt, aber hier ist es völlig trist. Ich bin verwundert, dass hier, wo so viele Pilger jährlich vorbei ziehen, solch hässliche Orte entstanden sind. Was haben wir nicht alles schon gesehen, Pamplona, Logroño, Burgos, León, Astorga und vieles mehr. Aber ab Portomarín gibt es keine Stadt mehr, die einem bedeutend erscheint. Auch der Reiseführer schreibt, außer Landschaft findet man nicht viel auf den letzten Etappen. Santiago hat wahrscheinlich alles wie ein Magnet an sich gezogen, in seinem Umfeld konnte sich nichts entwickeln, was irgendwie Konkurrenz sein könnte. Keine Kirche, keine Städte, nichts, Santiago zog alle Künste zu sich selbst. Nur die Landschaft hat Santiago der Umgebung großmütig überlassen. Überall zieren Eukalyptusbäume den Weg. Es ist wieder wunderschön anzusehen, man traut es sich schon kaum noch zu sagen.

Auf den Berg hinter O Pedrouzo lernen wir ein Verlegerpärchen aus Sinsheim kennen. Der Camino bringt durch Zufälle wirklich schöne Gespräche zustande. Wir gehen eine Stunde zusammen und reden viel. Der Verleger schimpft über den Untergang unserer Kultur. Alle werden immer blöder. Die Kinder taugen gar nichts mehr. Die beiden sind alt geworden und haben viel gesehen. Aber ich widerspreche ihm trotzdem, dies gehörte schließlich jahrelang zu meinem Job. Und ich bringe ihn in Erstaunen, denn ich habe eine völlig andere Weltsicht über die drohende Verdummung. Ja, antworte ich ihm zuerst nickend, die Menschen sind dümmer geworden, das ist mir auch schon aufgefallen. Schauen sie die Kathedralen an, das kann heute keiner mehr bauen. Niemals würden wir eine Kathedrale von Burgos bauen können, selbst wenn sich ganz Europa zusammen tun würde. Der Verleger sieht mich an. Sag ich doch, antworten seine Augen. Ja, fahre ich fort, das Problem sei aber nicht, dass der Normalbürger dümmer geworden sei. Lieschen Müller hat auch früher den Dom nicht gebaut. Unser großes Problem ist, dass die Eliten verblöden, fahre ich fort. Vollkommen verblöden! Der Verleger bleibt erschrocken stehen. Er ist völlig erstaunt. So hat er das noch gar nicht gesehen. Aber ich rede mich bei diesem Thema stets in Eifer. Was gibt es nicht für Bücher über die Dummheit unserer Hauptschüler, das regt mich echt auf. Nicht die Dummheit der Hauptschüler ist unser Problem, die waren im Mittelalter auch nicht mit Weisheit gesegnet, nein, die Dummheit der Eilten ist das Problem unserer Zeit. Die Mediziner sind verblödet, die Politiker, die Professoren, wir Manager in den Chefetagen. Darüber sollte man schreiben, fordere ich ihn ernsthaft auf. Sie sind Verleger, halten sie der Gesellschaft bitte den Spiegel vor. Er stutzt, widerspricht mir aber nicht. Vielleicht habe ich ihn auf eine Idee gebracht. Mir soll's recht sein. Zeigen wir doch nicht immer auf die kleine Leute. Die Chefetage, die Wissenschaftler, die Mediziner, und ja, das Klischee stimmt, auch die Politiker, alle sind auf hohem akademischen Niveau verblödet. Sie alle haben keine Ahnung von politischen, medizinischen oder gar wissenschaftlichen *Zusammenhängen*. Dafür gibt es Tausende von Beispielen und genau das ist das Problem unserer Zeit, wiederhole ich mich. Lassen wir unsere Kinder, die Hauptschüler und die Bevölkerung endlich in Frieden. Seine Augen blitzen, und stimmen mir überrascht zu. Und ich habe ihn getroffen, denn Verleger gehören definitiv zu den Eliten des Landes. Wir reden weiter, über den Weg, das Abendland und vieles mehr. Vielleicht besuche ich die beiden später mal in Sinsheim.

Nach einiger Zeit geht es wieder einen steilen Berg hoch und die beiden Herrschaften sind völlig außer Atem. Jeder geht seinen Camino. Der Alto de Barreira ist zwar nur 360 Meter hoch, aber da die Sonne sehr heiß geworden ist, ist der Weg viel anstrengender als gedacht. Auch der Weg um den Flughafen von Santiago herum ist ermüdend.

Wir sind froh, als wir am Nachmittag in Labacolla ankommen. Und wir haben Glück, wir bekommen im Hotel ein Upgrade, eine Suite. Danke, Heiliger Jakob.

Das große Zimmer kurz vor Schluss ist sehr angenehm, da wir hier nochmals alles durchwaschen können. Schließlich wollen wir morgen sauber in Santiago erscheinen und Labacolla ist dafür berühmt. Hier haben im Mittelalter alle Pilger Rast gemacht, hier in dem kleinen Bächlein Labacolla hat man sich gewaschen und gereinigt. Welche Mühsal musste das im Mittelalter sein, von den Pyrenäen hier her. Und für viele war unser Weg ja nicht mal die Hälfte. Zurück musste man ja auch noch laufen. Was waren das nur für Menschen, die all das schaffen konnten. Eine große Ehrfurcht vor diesen Menschen, auf deren Schultern unsere gesamte Kultur ruht, überkommt mich. Was war das Mittelalter für eine Zeit. Grandios. Bedrückend. Erleuchtend.

Auch ich gehe mich in dem Bach waschen, muss aber feststellen, dass er richtig kalt ist. Obwohl ich auch schon einige Male Eisbaden war, kann ich mich nicht überwinden vollständig in den Bach zu springen. Wenigstens die Füße rituell reinigen, das wird reichen, so rede ich mich vor mir selber raus. Das kalte Wasser bringt einen klaren Geist, ich fühle mich mächtig und stark. Und habe 770 Kilometer in den Knochen. Morgen, das schaffen wir, und wenn ich auf allen Vieren krieche. Ich atme die kühle Luft ein, die Sonne geht langsam unter. Beim Abendessen sehen wir im Fernsehen bunte Umzüge in Santiago. Auch die hiesige Kirche ist vertreten. *Semana Santa* eben. Mit dem Taxi wäre ich in 20 Minuten dort, denke ich noch, verwerfe den Gedanken aber sofort. Ich möchte mich ja nicht selbst um den spektakulären Einmarsch betrügen. Monte do Gozo, Berg der Freuden-Seufzer. Morgen muss er passiert werden, dann sind wir da.

Nach dem Abendessen entdecken wir noch einen offenen Fabrikverkauf im Dorf. Ich bin verwundet, es ist bereits nach 22 Uhr. Da die Tür offen steht, betreten wir neugierig die Hallen, … und werden wärmstens empfangen. Es gibt sofort Likör, Pralinen und Kuchen zum Probieren, alles was das Herz begehrt. Ich bin überrascht und schlinge alles in mich hinein. Dann noch einen Likör, noch eine Praline, was für nette Menschen hier wohnen. Nebenbei fragt uns die Frau, ob wir eine Torte Santiago kaufen wollen, was ich selbstverständlich bejahe. Und ja, auch die Pralinen dort nehmen wir mit. Und noch eine Flasche Wein. Bei der tollen Bewirtung, man will ja kein Spielverderber sein. Meine Frau lässt mich amüsiert gewähren. Selbst als ich die vierfache Summe dessen zahle, was ich geschätzt hatte, ist mir das egal. Total egal. Wir sind vor Santiago. Pilgern ist schön. Die beiden Damen begleiten uns bis zur Tür hinaus. Auch sie sind zufrieden. Es war ein guter Tag, und der Kuchen schmeckt wirklich gut, wie wir zu Hause feststellen werden.

Tag 34 – 3. April

Wenn Du glaubst, Du kannst es, hast Du recht. Wenn Du glaubst, Du kannst es nicht, hast Du auch recht.
H. Ford

Labacolla – Santiago de Compostela

Dass der letzte Pilgertag etwas Besonderes ist, liegt auf der Hand. Wir können vor Aufregung nicht schlafen, noch weit vor Sonnenaufgang stehen wir auf und gehen zum Frühstück runter. Das große Ziel seit Wochen oder Jahren ist nur noch 10 Kilometer entfernt, gegen Mittag wollen wir da sein.

Wir schlingen das Essen regelrecht hinunter, packen die Rucksäcke in großer Eile und rennen aus dem Haus. Eilig stürmen wir in Richtung unseres Ziels. Wir merken nichts, aber auch gar nichts von Müdigkeit, Fußschmerzen, Rückenschmerzen oder was auch immer. Wir sind leichtfüßig wie die Rehe. Gerade als wir auf dem Berg bei Villamajor sind, geht die Sonne auf. So früh sind wir noch nie losgegangen, wir erfreuen uns an dem Sonnenaufgang und gehen weiter. Der Weg stellt sich jedoch als enttäuschend heraus, nationale Sendeanstalten, große Bauwerke, hier ist nichts idyllisch. Gedankenversunken gehen wir weiter. Wir ertappen uns, dass wir fast rennen. Es ist unglaublich, aber der Kopf will schon dort sein.

Unterwegs treffen wir einen Pilger mit Esel, wir machen kurz Pause und reden miteinander. Er pilgere immer mit Esel, dieser hier war jedoch günstig, nur 120 Euro und er trägt alles. Nur störrisch ist er, ständig muss er mit einem Stock zum Weitergehen bewegt werden. Es dauert länger als sonst, erklärt er uns. Der Mann – so um die 30 – wohnt sozusagen auf dem Pilgerweg. Er pilgert den *Camino Francés* nach Santiago und dann auf der Nordroute zurück in die Pyrenäen und dann beginnt er von vorne. Er erinnert mich an Luji aus Grenoble. Auch er pilgert den Weg immer und immer wieder. Beide sahen arm aus, aber nicht wie Landstreicher. Mich berührt ihre Geschichte. Ihr Leben ist so ganz anders als wir es kennen. Und es ist ganz sicher nicht romantisch, es sieht nur so aus. Und doch scheint der Mann sehr entspannt. Erst in Finisterre, wo wir ihn wiedertreffen werden, erzählt er von seinem Leben, seinen Geldsorgen, und dass er sich einen besseren Esel wünscht. Einen, der nicht gar so störrisch ist. Wir verabschieden uns voneinander, sind in großer Eile.

Und in der Tat, hinter uns sehen wir zahlreiche Pilger kommen. Wir wollen uns beeilen bevor die Massen da sind, wir sind den meisten ja eine halbe Tagestour voraus, da wir vorgestern 1,5

Etappen gegangen sind. Während wir weitergehen, überlegen wir, wo all die anderen Pilger aus Roncesvalles geblieben sind. Die Duisburger Frauen mussten leider nach Hause, Eddy hat sicher aufgegeben, Inessa ist schon seit Tagen da und Nico mit dem Schweizer wird auch vor uns sein. Hinter uns sind sicher die Medizinstudenten, die Kanadierin und Jim und Therese. Wir haben nur mit wenigen Pilgern Kontaktdaten ausgetauscht, denn wir wollen alle Treffen dem Zufall überlassen. Es ist das, was ich schätzen gelernt habe. Lassen wir den Zufall wieder ins Leben treten, sind wir überrascht, wie spannend es zugehen kann, und wie positiv.

Links neben uns taucht ein Campingplatz auf. Von hier wollen wir unbedingt einen Stempel haben. Es sei wohl ein Pflichtstempel, haben wir gehört, denn hier oben kommt man mit keinem Bus vorbei. Hierhin muss man zu Fuß gelaufen sein! Danach geht es umgehend weiter ... und auf einmal sind wir auf dem Monte do Gozo.

Zum Schluss ging es ganz schnell. Viel zu schnell.

Ja, der Monte de Gozo. Jahrhunderte stießen die Pilger hier ihre Seufzer der Freude und des Glückes aus, sahen auf Santiago herab, waren glücklich und physisch fertig zu gleich. Heute steht hier ein monströses Denkmal vom letzten Papstbesuch. Nur der Blick auf Santiago ist nicht so, wie man es sich erträumt hätte. Zum Glück waren wir vorgewarnt. Man sieht die Kathedrale nicht vom Pilgerwege aus, dazu muss man etwas links auf eine Terrasse hinunter gehen. Noch lange bleiben wir an dem Denkmal stehen, meine Frau kann ihre Freudentränen nicht unterdrücken. Warum auch. Sie hat eine Meisterleistung vollbracht, mit kaputten Fuß bis hier gewandert. Eine große Erleichterung durchströmt uns beide. Es ist geschafft. Es ist vollbracht. Wir liegen uns in den Armen und genießen das Glücksgefühl. Dann gehen wir langsam die Straße nach Santiago hinunter.

Es ist ein schöner, einmaliger Abstieg.

Santiago. Unten am Ortseingang steht ein Schild, noch 4,7 Kilometer bis zur Kathedrale. Gut, dass sie es schreiben, denn man will jetzt endlich da sein. So wird es also noch über eine Stunde dauern. Gut, dass wir es wissen.

Wer zuerst die Kathedrale erblickt, ist Pilgerkönig, diese Tradition gibt es seit dem Mittelalter. Natürlich will ich das werden, natürlich will meine Frau das werden. Wir werden schneller und schneller und schneller. Der Weg durch die Vororte ist lang, jedenfalls gefühlt, lang war der gesamte Weg, ca. 790 Kilometer. Jetzt trennen uns noch zwei bis drei Kilometer vom ersehnten Ziel. Irgendwann erreichen wir die Altstadt und mit einmal ruft meine Frau aus voller Kehle, *"ich habe sie gesehen, hurra, ich hab sie"*. Und in der Tat, die Kathedralenspitze ist von ihrer Stelle aus perfekt zu erkennen.

Jaaaa, meine Frau ist unser Pilgerkönig geworden. Hat sie verdient. Hat sie wirklich verdient. Sie hat Tränen des Glücks in den Augen.

Der Weg führt weiter durch schöne alte Gassen, an offenen (!) Kirchen vorbei, überall junge Leute, überall Straßenmusik. Hier ist Volksfeststimmung. Überall sitzen Menschen und rufen sich etwas zu. Das ist keine normale Stadt. Oder es ist keine normale Zeit. Eine Stadt im Ausnahmezustand, eine Stadt in Feierlaune, eine Stadt in Trance. Wir schieben uns durch all die Leute hindurch und irgendwann kommt linker Hand die Kathedrale. Meine Frau rennt ohne nachzudenken hinein, obwohl man mit Rucksack die Kathedrale nicht betreten darf und stolpert allen Ernstes die Treppen hinunter, kann sich zum Glück aber wieder fangen. Wir sind da! Wir sind endlich da! Die Hausregeln sind uns total egal. Ein höflicher Bediensteter gibt uns trotzdem zu verstehen, dass wir mit dem

Rucksack eigentlich raus müssten, aber - er hat Mitleid - wir dürfen uns setzen. Er sieht es uns an und weiß, wir gehen hier nicht mehr weg.

Die Kathedrale von Santiago de Compostela. Wir sitzen jetzt in ihr. Wir sind in einer der berühmtesten Kathedralen der Welt. In mir brodelt es. In mir vibriert es. Viel haben wir schon gesehen, waren auf fast jedem Erdteil, in zig Ländern. Aber diese Kathedrale hier ist etwas besonderes. Platz für 2.000 bis 3.000 Pilger. Und überall sitzen sie herum. Es gibt Gemurmel. Lachen. Weinen. Im Mittelalter konnte man hier drinnen mehrere Tage leben und wohnen. Die Bücher sprechen davon, dass man hier mit Tieren lebte, seine Kinder gebar und vieles mehr. Heute geht es etwas vernünftiger zu, und es riecht wohl viel besser. Im Mittelalter haben die Domherren aufgrund des strengen Geruchs der Menschen den *Botafumeiro* entwickelt, die größte Weihrauchschale der Welt, die hier zu besonderen Anlässen durch die Hallen geschwenkt wird. Wir werden es noch erleben, aber nicht heute. Majestätisch hängt der große Kessel an einem 30 Meter langem Seil in der Mitte der Kirche. Um 12 Uhr ist Gottesdienst, dies wollen wir sehen. Aber der Gottesdienst ist auf dem großen Platz davor. Tausende Menschen sind gekommen, es findet eine Prozession statt. Mehrere Kapuzenmänner und Frauen spielen die letzten Lebensstunden von Jesus nach, sie tragen ein Kreuz und gehen um den Platz. Die Musik ist düster. Dann spricht einer der Domherren. Wir verstehen nichts, setzen uns auf eine Steintreppe.

Die Sonne strahlt, der Himmel ist blau.

Angekommen.

Wir haben es geschafft. In mir kommt Wehmut auf, ich will nicht ankommen. Und zum Glück werden wir auch weiterpilgern, bis zum Ende, bis nach Finisterre. Zum Glück. Man kann nicht jetzt zum Gottesdienst, dann ins Flugzeug und ab nach Hause. Ab in den Alltag. Das würde man nicht verkraften und man würde der Strecke nicht gerecht werden. Nein, wir wollen sie gebührend ausklingen lassen. Nachdem wir im Hotel eingecheckt haben, gehen wir ins Pilgerbüro. Überraschenderweise ist es fast leer. Wir warten höchstens 10 Minuten. Man hörte ja davon, dass hier im Sommer zahlreiche Stunden auszuharren sind. Doch nach wenigen Minuten betreten wir den Raum und legen unsere Pilgerausweise vor. Wir erklären, dass wir religiös bzw. spirituell pilgern. Die Dame uns gegenüber schaut sich alle Pilgerausweise an, jeder von uns hat mittlerweile drei komplette Ausweise. Sie nickt anerkennend, aber auch nicht zu anerkennend und überreicht uns dann die ersehnte *Compostela*. Und sie kostet tatsächlich nichts. Jetzt haben wir das begehrte Dokument, glücklich halten wir es in der Hand. Auch wenn es *kein* Ablass ist, so freuen wir uns über das Zertifikat. Es wird einen Ehrenplatz bekommen. Ich werde zu Hause in meinem Arbeitszimmer eine *Wall of Fame* begründen, sage ich scherzhaft zu meiner Frau. Sie weiß, dass ich zu solchen Scherzen fähig bin.

Nach dem offiziellen Teil zieht es uns zu den Straßenmusikern rund um die Kathedrale. Wir reihen uns zu anderen Pilgern ein und lauschen entspannt der Musik, die wie irische Folkmusik klingt. Später erklärt man mir, dass Galicien und Irland sehr vieles gemeinsam haben, da die Kelten von hier aus nach Irland aufbrachen. Zumindest ist ihre Musik bis heute gleich.

Auf einmal entdecken wir die Familie aus Málaga, es ist der Mann mit den drei Kindern aus den Bergen. Sie laufen gerade durch das große Stadttor. Jetzt erkennen auch sie uns. Wir fallen uns in die Arme, ein großes Hallo ertönt. Ihr schon da?, fragt der Vater verwundert. Ja, vor drei Stunden, sind auch erst heute angekommen, antworten wir. Er ist beruhigt. Sein Sohn steht immer noch auf deutsche Autos, wie er mir umgehend bekundet. Lachend lassen wir sie los und sie gehen ihre *Compostela* holen. Vor 150

Kilometern haben wir sie das letzte Mal gesehen. Wir sind zusammen von Fonfría nach Samos gelaufen, das war noch vor dem großen Ansturm. Wir gehen nochmals in die Kathedrale, den Heiligen Jakob berühren.

Der Abend klingt beim Bier aus, Freunde werden angerufen. Alle freuen sich mit uns, manche können es kaum glauben. Für Außenstehende klingt es auch unheimlich, knapp 800 Kilometer zu Fuß. Wenn man läuft, merkt man es irgendwann nicht mehr. Es klingt für Dritte schlimmer als es sich in Wirklichkeit anfühlt.

Unsere große Tochter kommt pünktlich aus Deutschland angeflogen. Wir treffen sie zur Hauptmesse in der Kathedrale, sie möchte mit uns Ostern verbringen und die letzte Strecke zum Atlantik mit uns zusammen pilgern. Die kleine Tochter (die fließend Spanisch spricht und uns viel hätte helfen können) muss leider für eine weitere Mediziner-Prüfung in Deutschland bleiben, schade. Caro, wir denken an dich!

Tag 35 – 4. April

In jeder Sekunde Deines Lebens kannst Du dieses verändern. Hab den Mut dazu und lebe.
Unbekannt

Santiago de Compostela

Santiago ist eine kleine Großstadt. Mit seinen knapp 100.000 Einwohnern und seinen zig Tausenden Studenten und zahlreichen Pilgern wirkt sie sehr lebendig und gar nicht so alt und ehrfürchtig wie man denken könnte. Wir haben uns zwei Tage Zeit genommen, um diese Stadt besser kennen zu lernen. Es ist Tag 1 nach unserer *Compostela*. Wir fühlen uns stolz, das muss man ganz klar sagen. Und wir fühlen uns gut.

Oft wird die Frage gestellt, ob man auch pilgern würde, wenn die Reliquien nicht echt wären. Oder woher man eigentlich wissen würde, ob sie echt seien. Diese Fragen stellen sich uns nicht. Gar nicht. Obwohl ich vor vielen Jahren aus der Kirche ausgetreten bin, kann ich mich vielen ihrer Ansichten nicht verschließen. Sicher ist die Kirche nicht modern, sicher hat sie Weltbilder, die nicht mehr zeitgemäß sind. Aber schaue ich in die Wirtschaft sehe ich nur noch das Primat des Geldes. Wie sagte mein Chef immer gern? Ich denke, der mit dem Geld bestimmt, Raúl, deshalb wir machen es so oder so. Punkt. Aus. Er merkte gar nicht wie viel Arroganz hinter solchen Aussagen steckt. Wieso bestimmt deren Geld? Es ist alles nur geerbt, kein eigener Schweiß, keine Eingebungen, keine eigenen ungeschlafenen Nächte. Alles unecht, und manchmal sogar unlauter erworben. Und doch bestimmt der Geldadel die Geschicke. Das mag man bedauern, aber es ist die Realität und in der Wirtschaft mittlerweile unvermeidbar, wollte man nicht als Tag-Träumer erscheinen. Aber in der Gesellschaft? Hier hat die Kirche einiges zu bieten, denke ich, während wir in einer Bar ein knappes Frühstück einnehmen. Ohne Kirche wäre der westeuropäische Ansatz gar nicht mehr auszuhalten. Und so denken viele, eigentlich alle, die hier pilgern. Man muss nicht christlich sein, um den hohen Wert des Sozialen zu erkennen, die Gespräche, die Sinn stiften, die Begegnungen, die Halt geben. Jeder Pilger hat hier was zu erzählen. Und die Stadt selber hat auch viel zu erzählen.

Ja, man würde ganz klar auch dann pilgern, wenn die Reliquien unecht wären.

Wir entscheiden uns, den heutigen Tag in der Kathedrale zu verbringen und wollen gerade aus unserem Straßencafé heraustreten als meine Frau ein lautes *Hello* herüber schreit. Ich drehe mich um, und vor uns stehen ... Jim und Therese. Welch eine Freude auf beiden Seiten. Wir umarmen uns, Jim hat Tränen in den Augen. Wir stellen unsere Tochter vor und erklären, dass sie letzte Woche aus Denver zurückkam. Sofort ist das Gespräch eröffnet und wie Amerikaner so sind, unsere Tochter ist beim nächsten USA-Besuch herzlichst eingeladen. Amerikaner sind darin unschlagbar. Jim und Therese setzen sich zu uns und wir erzählen lange. Dann kommt das Gespräch auf die *Compostela* zu sprechen und Jim holt seine *Compostela Distancia* raus. Ich staune nicht schlecht, denn sowas haben wir nicht. Natürlich entschließen wir uns sofort, nochmals zum Pilgerbüro zurück zu kehren. Schnell hole ich die Pilgerausweise aus dem Hotel, dann stehen wir erneut am Büro an. Heute ist es viel voller, die Pilger-Massen sind also angekommen. Wir hatten uns etwas Vorsprung erarbeitet, aber spätestens heute wollen alle ankommen. Es ist Ostersamstag, es wird viele Prozessionen geben, es wird viele Feiern geben. Wo sonst soll man Ostern sein, wenn nicht hier. Und Jim hat uns noch mehrere Tipps gegeben. Wir sind daher um 16 Uhr wieder mit ihm verabredet und schließen uns einer Gruppe unternehmenslustiger Spanier an, die die Kathedrale besichtigen wollen. Das war die beste Entscheidung des Tages.

16 Uhr. Ohne ein Wort zu verstehen gehen wir durch viele Ausstellungsräume, sehen diverse Glocken und Steinfiguren, doch dann geht es nach zahlreichen Treppenstufen (endlich) hinauf aufs Dach. Die Sonne scheint, der Himmel ist blau und wir dürfen auf das Dach der Kathedrale von *Santiago de Compostela*. Und wir haben Zeit. Die spanische Führerin bleibt bei jeder Skulptur stehen, erklärt alles haargenau, doch Jim, Therese und wir setzen uns von der Truppe ab. Wir spazieren über das gesamte Dach, machen Fotoshootings, halten inne, träumen, erzählen, und später lege ich mich auf das Dach, direkt über den heiligen Reliquien. Wie bereits

gesagt, für mich sind das Kraftorte und ich bin fest davon überzeugt, dass - wenn Gedanken überhaupt physische Kraft erlangen
könnten -, dass dann solche Kraftorte am besten dafür geeignet
wären. Meine Gedanken fliesen in Ruhe dahin, im Hintergrund
plätschert die spanische Reiseleiterin. Über zwei Stunden dürfen
wir auf dem riesigen Dach der Kathedrale verbringen, sowas habe
ich tatsächlich noch nie erlebt. So fühlt es sich also an, wenn man
im *Fluss* mit der Welt ist, sage ich zu mir selber. Ich finde, dass wir
nahezu den gesamten Jakobsweg im *Flow* gepilgert sind, ja, darin
besteht für mich überhaupt kein Zweifel mehr. Im richtigen Leben
klappt das oft nicht, aber auf dem Camino war einfach alles miteinander abgestimmt. Was haben wir hier auf dem Wege anders gemacht? Oder war alles nur Zufall? Dies werden wir niemals wissen. Wir können das höhere System prinzipiell nicht begreifen, dies
hatten wir schon. Aber meine Gedanken fließen weiter. Ich liege
auf dem Dach und vor meinem geistigen Auge erwacht mein per-
sönlicher Held, Kurt Gödel. Er hat in den 1930ern die Unerkenn-
barkeit der Welt unwiderruflich *bewiesen*. Er hat damit - vor fast 90
Jahren - die Welt vom Kopf auf die Füße zurück gestellt und uns
alle von der Hybris befreit, alles erkennen zu können. Und fast
keiner - außerhalb der Mathematikszene - hat es bis dato bemerkt,
jedenfalls nicht die dramatische Brisanz, die hinter seinem Beweis
steckt. Natürlich außer Einstein. Denn Gödel und Einstein hatten
sich in den letzten Jahren in Princeton eng miteinander angefreundet und das große Mathematikgenie zeigte dem Physikgenie fast
nebenbei, dass Zeitreisen - zumindest mathematisch - möglich sei-
en. Gödel legte damit den Grundstein aller Science Fiction Romane
zu diesem Thema. Aber seine herausragenste Lebensleistung ist für
mich die Beendigung unserer Hybris. Hören wir also mal wieder,
irgendwer sei kurz vor der Entdeckung der Weltformel, schütteln
wir lachend den Kopf vor so viel akademischer Blödheit. Diese

Leute haben scheinbar noch nie was von Gödel gehört, die Trägheit von Gedankensystemen scheint so unendlich lang. So unendlich lang.

Natürlich ist das alles auch betrüblich. Wir können niemals begreifen, was das übergeordnete System mit uns vorhat. Schade. Verdammt schade. Ich liege auf dem Dach, schaue in die Sonne und hänge meinen verrückten Gedanken nach.

Soll dieser Tag doch nie zu Ende gehen!

Unter mir liegt Santiago de Compostela, es ist so wunderbar. Leider geht der Tag aber doch zu Ende. Gegen 18 Uhr müssen wir zurück. Benommen steigen wir vom Dach hinunter und besichtigen noch verschiedene Museen. Zahlreiche Informationen prasseln auf uns nieder.

Ich schreibe alles in mein Tagebuch, um es später aus erster Hand parat zu haben. Sehr viele Tafeln besprechen die Geschichte des Grabes. Wir wissen bereits, unter welchen Umständen das Grab nach Spanien kam, aber seit dem 1. Jahrhundert war es für mehrere hundert Jahre völlig verschollen. Um das Jahr 813 wurde es wiederentdeckt (auch das wussten wir bereits), die Geschichte seiner Entdeckung ist jedoch spannend: Ein Eremit namens Pelayo sah in jenem Jahr am Himmel eine mysteriöse Lichterscheinung, die auf etwas Besonderes in einem Walde seiner Umgebung verwies. Ordnungsgemäß meldete er es dem damaligen Bischof von Iria Flavia, der an jenem geheimnisvollen Ort an mehreren Tagen hintereinander eine heilige Messe abhielt. Dann beauftragte er zu Grabungen. Als man tief unter der Erde eine Grabstelle fand, erklärte der Bischof, dass es sich um das lange vermutete Grab des Heiligen Jakobus handeln muss. Es war zuerst zwar nur ein Verwaltungsakt und doch wurde es zur fundamentalen Wahrheit aller Christen. König Alfons II. von Asturien ließ über dem Apostelgrab eine Kirche errichten, die sich seit dem 10. Jahrhundert zu einem

Wallfahrtszentrum entwickelte. Irgendwann wurde die Kirche für den immer größer werdenden Ansturm zu klein und es wurde mit einem neuen Bauwerk begonnen, welches verschiedene Kalifen jedoch mehrmals zerstörten. Das Grab des Apostels ist zum Glück immer verschont geblieben. Um 1070 wurde unter Alfons VI. die Kirche komplett neu errichtet und 1120 wurde sie schlussendlich Sitz des Erzbischofes. Zu jener Zeit war Santiago bereits zum drittgrößten Wallfahrtsort der Christenheit avanciert. Im Mittelalter überragte es kurzzeitig sogar Rom und Jerusalem in seinem Ruhm und in seiner Bedeutung. All diese Informationen kann und wird niemand behalten, aber es gibt uns eine gute Gegenüberstellung der bedeutenden Städte am Pilgerweg.

Die Kathedrale von León wurde später gebaut, so ab 1250. León war zwar früher eine bekannte Römerstadt gewesen, die bereits im 1. Jahrhundert gegründet worden war, aber im Mittelalter war León nur noch eine normale Stadt am Pilgerweg. Seine Kathedrale jedoch - immerhin 150 Jahre nach der von Santiago errichtet (so dass all die Erfahrungen früherer Baumeister einfließen konnten) - sieht viel eleganter als die von Santiago aus. Ich wiederhole es, in León haben sich die Künstler beim Bau der gotischen Fenster selbst übertroffen. In Santiago sind alle Baustile vermischt, romanisches Südportal, gotische Kreuzgänge, barocke Ausstattungen. In León sind die Baumeister an ihre Grenzen gelangt und haben damit letztlich das Ende der Gotik eingeläutet - so wie ich es als Laie verstehe. Denn wie sollte man das alles nochmals steigern? Höher? Geht nicht. Größer und wuchtiger, ja geht immer, aber dadurch verliert das Bauwerk seine Eleganz. Die Kathedrale von León kann man nicht verbessern, auch in tausend Jahren nicht. Aber das ist Ansichtssache. Meine Frau war von Burgos noch mehr begeistert, dort steht aus meiner Sicht aber gar keine Kathedrale, sondern eine Stadt in der Stadt. Die Kathedrale in Burgos wurde auch bereits

1260 geweiht, sein Bau ruhte jedoch 200 Jahre. Erst im 15. Jahrhundert wurde der Bau durch Johannes von Köln beendet. Er kannte (sicherlich) die Vorgaben für den Kölner Dom und lehnte sich an das Basler Münster an. So spricht jedes Bauwerk für seine Zeit.

Natürlich hat die Kathedrale von Santiago die meiste Kraft in sich. Seit über 1.000 Jahren kommen hier Pilger an, seit über 1.000 Jahren! Wie viele Pilger hat die Stadt schon gesehen? Ich kann das schwer schätzen, vielleicht 10 Millionen, vielleicht mehr. Und dazu noch die 50 Millionen Touristen aus der Neuzeit. Alleine dieser Umstand lässt uns ehrfürchtig werden. Das hier übersteigt ein Menschenleben, das sprengt die Vorstellungskraft, dessen was machbar ist. Solch ein Bauwerk, solch eine Pilgerbewegung kann man nicht planen. Ich bin sicher, dass hier sehr glückliche Zufälle ihre Hand im Spiel hatten. Wie bei der Evolution, wo nur durch sehr glückliche Zufälle das rauskommen konnte, was eben rausgekommen ist. Mathematisch geht das gar nicht. Aus Sicht der Komplexitätstheorie kann es den Menschen gar nicht geben, aber eben auch diese Kathedrale nicht. Und doch steht sie da. Sie wurde erschaffen.

Wir schlendern von Museum zu Museum und setzen uns schließlich erschöpft in eine Bar.

Durch ein Missverständnis dürfen wir noch Frühstück bestellen (es ist ja auch erst 19 Uhr), die Sitten in Spanien sind super. Als wir gerade unser Rührei essen wollen, stößt mich meine Frau an und ich schaue in ihre Richtung. Nee, oder, sage ich. Dort kommen Agnes und Luisa die Straße hinunter geschlendert. Nein, unfassbar. Wir schauen uns an, dann schreien wir los. Die Stadt kennt das schon, mehrmals am Tage ertönen laute Rufe der Freude, des nicht an sich halten Wollens, des ehrlichen Schreis vor Glück. Wir umarmen uns, drücken uns, es ist mehr als nur mal *Hallo* sagen. Wir stellen unsere Tochter vor und beide setzen sich zu uns. Ja, wir müssen hören, wie ihre Reise weiter ging. Das letzte Mal haben wir uns in Samos gesehen. Wir waren auf dem Weg nach Sarria, dann hatten wir uns aus den Augen verloren. Luisa erzählt uns, dass es an jenem Tag zu Fuß leider nicht mehr weiterging, sie mussten aufgeben und sich ein Taxi nehmen. Sie sind nur noch wenige Etappen gepilgert, ihre Füße haben einfach gestreikt. Seit mehreren Tagen sind sie bereits in Santiago und sie waren mit dem Bus schon an der Atlantikküste. Dort ist es traumhaft, und sie haben echte Jakobsmuscheln gefunden. Meine Tochter horcht sofort auf, sie liebt Muscheln sammeln über alles. Sie wird allerdings später auf eine schwere Probe gestellt werden, aber das weiß sie ja noch nicht. Und die beiden Frauen schwärmen von Muxia, dort werden wir leider nicht hinkommen, wir haben keine Zeit dafür. Auch das wird sich als falsch erweisen, denn wir werden später ein Taxi nehmen und einen Badetag zwischenschalten. Und zwar ohne schlechtes Gewissen. Ich habe mir vorgenommen, zukünftig an einer Kreuzung auch mal den leichteren Weg auszuprobieren. Dies habe ich auf dem Camino begriffen. Wir sind nicht auf der Welt, um permanent zu kämpfen. Natürlich muss man das können, aber man muss es nicht immer *tun*. Auf dem Camino haben wir gar nicht gekämpft, auch wenn es ab und zu Tränen und Schmerzen gab. Es hat sich irgendwie immer alles gefügt.

Wir erzählen lange miteinander, solange bis es dunkel wird und wir verabreden uns zur heiligen Ostersonntagsmesse um 12 Uhr in der Kathedrale. Selbstverständlich Reihe 1, wie wir scherzhaft anfügen. Dann schlendern wir weiter durch die Stadt. Im Ort herrscht eine sehr spezielle Stimmung. Tausende von Menschen, auch Einheimische sind auf den Straßen. Auf einer großen Hauptstraße sehen wir eine Prozession, wir folgen ihr und kommen an eine Kirche. Auf dem Vorplatz wird der Kreuzweg Christi dargestellt, es wird gesungen, trompetet, geläutet. Niemand sagt etwas. Gegen

Mitternacht verschwinden die Akteure in der Kirche und wir gehen zur Hauptkathedrale zurück. Die Messe geht bis weit nach 24 Uhr. Obwohl Hunderte, wenn nicht Tausende von Menschen dort sind, winken uns die beiden Litauerinnen wieder zu. Welch schöner Zufall, dass man sich immer wieder trifft. Wir grüßen stumm und sind in Gedanken. Der Erzbischof spricht lange, dann gibt es eine Einweihung. Ein junger Priester wird an einem Becken getauft oder gefirmt, ich weiß es nicht. Wahrscheinlich wird er aber in das Domkapitel aufgenommen, seine Eltern sind gekommen, er kniet ehrfürchtig nieder, es ist mucksmäuschenstill in dem riesigen Raum. Niemand denkt daran, ins Bett zu gehen. Es ist mittlerweile Ostersonntag geworden und das hier ist nicht wiederholbar, das ist jedem klar. Das vergessen wir nie wieder im Leben. Wir stehen in der Kirche, fassen uns an den Händen und sind erfüllt. Von was? Ja, von dem, was wir alle gesucht haben. Um 2 Uhr morgens liegen wir im Bett, die Gedanken kreisen, sie kreisen um schöne Dinge.

Santiago, ich schicke dir meine Liebeserklärung, dann schlafe ich ein.

Tag 36 – 5. April, Ostersonntag

Der Weg ist das Ziel.
Konfuzius

Santiago de Compostela

Wir stehen früh auf, da wir im Hotel das Ostersonntagsfrühstück genießen wollen. Und es ist das beste Frühstück seit Wochen. Es gibt einfach alles. Meine Tochter isst das Büffet leer, Studentin halt, meine Frau und ich, wir picken uns die Rosinen runter, Mittelschicht halt. Wir sind glücklich, dass wir mal wieder so ausgiebig frühstücken können. Gegen 10.30 Uhr wird meine Frau langsam unruhig, da heute die berühmte *Ostermesse* für die Pilger stattfindet. Ja, die Pilgermesse. Eigentlich ist sie jeden Freitag, aber wegen der Karwoche, ist sie auf den Sonntag verlegt worden. Und diese darf man nicht verpassen. Da es aber erst um 12 Uhr losgeht, trinke ich in Ruhe meinen Kaffee aus, die Kathedrale ist groß genug für alle.

Warum die Eile, sage ich gelassen zu meiner Frau.

Ich möchte nicht vor 11 Uhr dort sein.

Wir treffen jedoch um 10.59 Uhr ein und ich bin regelrecht erschrocken. Alles ist bereits voll. Jeder Platz ist besetzt. Die großen Türen sind kurz davor geschlossen zu werden. Was ist bitte hier los? Wo kommen all die Leute her? Mir ist klar, das heute der *Botafumeiro* geschwenkt werden wird, das wird sicher einmalig, aber trotzdem. Tausende Menschen sind in der Kathedrale. Wir drücken uns durch die Massen und ich deute meiner Frau an, dass wir uns vorne irgendwo auf den Fußboden setzen sollten, da sehe ich, … ich kann es kaum glauben, ich sehe, … die beiden Litauerinnen in Reihe 1 des südlichen Seitenschiffes. Ich winke ihnen hektisch zu, sie entdecken mich in den Massen und ich rufe laut in die Halle hinein:

Bitte Platz zu machen, wir müssen hindurch!

Ohne jegliche Missstimmung bildet sich eine Gasse und wir werden tatsächlich durchgelassen, bis ganz nach vorne, dann umarmen wir unsere Freundinnen. Wie sich herausstellt dürfen wir uns aber nicht hinsetzen, denn in Reihe 1 ist für irgendwelche bedeutende Personen reserviert worden. Macht nichts, sage ich zu meiner Frau, dann setzen wir uns auf den Fußboden davor, der hier zum Glück noch frei ist. Es ist 11.15 Uhr. Die Wartezeit geht indes schnell rum. Luisa zeigt mir ihre Familie auf dem Handy, erzählt mir vom Kilimandscharo und was sie vorhat, wenn sie nach

Hause kommt. Sie plant, wieder nach Litauen zurück zu kehren, Heimat ist Heimat. Ich erzähle ihr, dass es mir ähnlich geht. Ich bin seit über 10 Jahren in der Schweiz und will nach Deutschland zurück. In der Fremde sind wir fremd, dorthin gehören wir einfach nicht. Die Schweizer haben sehr ungewöhnliche Gebräuche (und dabei denke ich nicht nur an Urnäsch), sage ich. Luisa antwortet, die Amerikaner ebenso. Wir lachen leise. Ihre Schwester erzählt von ihrer Familie, bis uns die Nachbarn ermahnen.

Ruhe bitte! Ja, sorry.

Da die Respektspersonen irgendwie nicht kommen, setzen wir uns jetzt selber auf die Bank. Ja, tatsächlich. Wir sitzen Reihe 1 zur heiligen Ostermesse in Santiago.

10 Minuten vor 12 Uhr fängt die Predigt an. Ein Herr im schwarzen Gewand liest in mehreren Sprachen vor: Wir begrüßen Pilger aus der ganzen Welt, heute sind Pilger aus Australien, USA, Frankreich, Deutschland, Spanien usw. da. Dann fängt er erneut an und nennt die Einstiegsorte. Wir begrüßen Pilger, die in St. Pied-de-Port, Roncesvalles – er meint tatsächlich uns, sage ich meiner Frau – Pamplona, Logroño, Burgos, León, Astorga, O Cebreiro, Sarria gestartet sind. Die Liste ist lang. Namentlich wäre noch besser gewesen, denke ich. Dann, es ist kurz vor 12 Uhr, kommen vier Priester im dunkelroten Gewand, lösen den *Botafumeiro* von seiner Halterung und zünden in ihm die Weihrauchschale an.

Punkt 12 Uhr wird er hochgezogen. Jetzt bleibt keiner mehr still, ein tiefes Raunen und Seufzen geht durch die Reihen, den Menschen stockt der Atem. Dann beginnen die Priester mit einer Spezialtechnik den riesigen Kessel zu schwenken. Wir sitzen im rechten Seitenschiff, der Kessel saust über unsere Köpfe hinweg. Einmal soll das Seil gerissen sein und dabei sauste der Kessel wohl mit voller Wucht durch eine Tür aus der Kathedrale raus. Bitte nicht heute, denke ich. Es ist ein lautes Zischen, wenn der *Botafumeiro* aus großer Höhe direkt auf uns niedersaust, dann schwingt er ins andere Seitenschiff hinüber. Immer höher, immer höher. Jetzt scheint an der Decke beider Seitenschiffe anzustoßen, so hoch schwingt er bereits. Alle Blicke sind nach oben gerichtet. Weihrauch überzieht die riesige Kathedrale. Ich bekomme Gänsehaut, die Augen werden feucht. Oh weh. Was für ein Gefühl! Ich werde der folgenden Predigt alles glauben.

Das ist es, was man Ehrfurcht nennt.

Ein lange vergessenes Gefühl, ich bin froh, dieses so wichtige Gefühl in mir zu entdecken. Ruhe. Schweigen. Schauen. Irgendwann, viel zu früh, lassen die Priester den *Botafumeiro* ausschwingen. Langsam pendelt er an seinem lange Seil aus. Ein hoher Priester tritt nach vorne und die Pilgermesse beginnt. Und ich glaube alles, was dort gesagt wird.

Nach der Messe verabschieden wir uns schweren Herzens von den Litauerinnen, beide müssen zum Flieger. Agnes weint bitterlich, Tränen rinnen ihre Wangen runter, auch mir ist komisch. Wir werden nach Litauen eingeladen. Wir müssen kommen, wir dürfen diesen Zufallskontakt niemals wieder fallen lassen. Wir versprechen uns all das und winken beiden noch sehr lange nach. Tolle Menschen auf dem Camino. Unsere Tochter ist sichtlich berührt, wie viele Leute wir in dieser Stadt kennen, denn auf einmal stehen Jim und Therese vor uns. Ach ja, wir waren verabredet. Platz 1, haben wir am Vortag noch gewitzelt. Wir gehen zusammen auf den großen Vorplatz, um einen Kaffee zu trinken. Der Wirt ist von dem Ansturm jedoch sichtlich überfordert. Nach 30 Minuten gehen wir ins Kaffeehaus und holen unseren Kaffee selber. Es gibt viel zu erzählen und Jim berichtet mir, warum er vorhin ganz hinten stand. Er war seit 50 Jahren nicht mehr in einer Kirche. Er war früher mal sehr christlich, er war Messdiener, aber ihm wurde Leid angetan, das hat er nie überwunden. Seit 50 Jahren hat er keine Kirche mehr betreten, heute hat er dieser Kirche verziehen. Jim ist den Tränen nahe, ich nehme seine Hand und drücke ihn. Jim, wir dürfen uns nie wieder verlieren, das ist doch klar. Er nickt, und wir tauschen die Adressen aus. Auch Jim und Therese wollen morgen weiter, viel Zeit bleibt nicht.

Gerade als wir uns verabschieden wollen, bekomme ich einen Schreck. Vor mir steht, ... ich stoße mein Frau an, nein, das kann nicht sein, und doch, ... vor uns steht Eddy. Eddy, der Schornsteinfeger. Eddy, was machst du hier, stelle ich die blödeste Frage des Tages. Eddy grinst und erzählt von seiner Tour. Sein Weg nach Santiago lief nicht so glatt, gleich hinter Santo Domingo hatten wir uns ja verloren und er hatte sich alleine bis Rabanal durchschlagen müssen. Dort sei er weiter über Foncebadón zum *Cruz* gelaufen, dann nach Manjarin, als plötzlich ein riesiger Stier vor ihm stand.

Meine Frau und ich, wir blinzeln uns zu und Eddy schwört. Ja, ein riesiger Stier, dies müsst ihr mir glauben. Und nur durch beherzte Flucht auf einen Baum konnte Eddy sich retten. Und er erzählt weiter, dass die drei Aussteiger von Manjarin ihm das Leben gerettet hätten, indem sie den riesigen Stier verjagten und Eddy vom Baum runter halfen. Später hätten sie ihm noch ein Auto besorgt, mit dem er bis Ponferrada und weiter fahren konnte. Wir glauben mittlerweile kein Wort mehr, aber Eddy steht vor uns, das können wir nicht abstreiten. All die hunderte Kilometer, er ist ein Lebenskünstler.

Ja, so sehen Lebenskünstler aus.

Eddy berichtet besorgt, dass er zum ersten Mal im Leben Medikamente nehmen musste. Er ist 65 und wollte das immer vermeiden. Aber die Schmerzen im Bein waren zu groß. Er hatte sich beim Sprung auf den Baum wohl zu schwer verletzt. Jetzt sucht Eddy eine Mitfahrgelegenheit nach Portugal, er möchte nicht nach Hause und seine Frau habe ihm noch weiteren Urlaub gegeben. Eddy spricht nur Deutsch und ich übersetzte seine Fragen an Jim und Therese. Als ich merke, dass Eddy mit beiden zusammen weitertrampen will, Therese dies aber gar nicht gut findet, finde ich einen Ausweg. Ich habe schon immer gewusst, dass Dolmetscher übersetzen, was sie wollen. Ich probiere es aus und es klappt. Therese würde Eddy morgen liebend gerne mitnehmen, sage ich zu Eddy, aber leider haben sie nur einen Zweisitzer gemietet, was sie jetzt sehr bedauern. Eddy ist daraufhin gar nicht böse. Er suche dann halt weiter, antworte ich, wieder zu Therese gewandt.

Eddy ist ein Lebenskünstler, ich bin sicher, in zwei Tagen ist er ohnehin in Portugal. Irgendwie. Schornsteinfeger ziehen das Glück an. Dann verabschieden wir uns. Eddy, wir werden auch dich vermissen.

Am Nachmittag gehen wir in den Park westlich der Altstadt. Hier treffen wir nur die Einheimischen. Es ist ein sehr schöner Park, der Blick auf die Kathedrale ist wie für die Postkarte bestimmt. Nur, dass die Westtürme gerade eingerüstet sind stört etwas. Aber weniger als man denkt. Der Park lässt uns verschnaufen, ausruhen, die Gedanken schweifen. Morgen geht es weiter, morgen pilgern wir Richtung Atlantik.

Am Abend findet direkt neben unserem Hotel ein kleiner Konzertabend statt. Wir gehen kurz hinein und winken Jim und Therese zu, die dort zufällig auch sitzen. Dann suchen wir ein ruhiges Lokal. Dies ist schwieriger als man denkt, denn Tausende von Menschen sind unterwegs, viel zu viel für diese kleine Altstadt, aber es ist eben Ostersonntag. Das ist schon was besonderes. Im April 2015 kommen 5.000 Pilger in Santiago an, das wissen wir bereits aus der Statistik. Ich glaube jedoch, sie konzentrieren sich alle auf Ostern. Und es gibt zwanzigmal mehr Touristen, Santiago zieht über das Jahr 4,5 Millionen Touristen an, hat aber nur 200.000 Pilger. Wenn man das umrechnet, laufen gerade 50.000 bis 100.000 Menschen durch die Altstadt. Mich wundert, wie man hier leben kann. Hier, am Wallfahrtsort, am zweitgrößten Heiligtum Europas.

Irgendwo spielt jemand irische, oder besser keltische Musik. Ja, Galicien hat drei große Mysterien, die Kelten, die Hexen und das Grab des Heiligen Jakobus. Niemand weiß, was ist Legende, was wahr, und es spielt überhaupt keine Rolle. Alleine die Zusammenkunft all der Menschen hier ist etwas Besonderes. Sie alle vereint die Suche nach Halt. Fast niemand pilgert aus rein sportlichen Gründen, immer wird die Hoffnung mitschwingen, vielleicht ist da ja doch noch mehr. Religion hat wieder eine magische Anziehung bekommen. Darüber reden wir beim Spaziergang durch den Park.

Sogar die Wissenschaft sei der Religion mittlerweile auf der Spur, erkläre ich meiner Tochter. Ich habe von Hirnforschern gehört, die EEG-Signale am Kopf messen, während ein Mensch innig zu Gott betet. Mein Tochter schaut fragend auf. Quatsch! Die Experten haben solche Signale sogar schon gefunden, fahre ich geheimnisvoll fort. Was hat man denn davon? Sie schüttelt zweifelnd den Kopf. Nichts, ist meine provozierende Antwort, du hast recht. Es ist ein völlig abstruser Irrweg und ich gebe ihr dazu ein Gedankenexperiment. Stellt dir vor, Jule, du misst EEG-Signale, während jemand die Farbe Grün ansieht. Sie nickt. Dann verstehst du trotzdem nicht wie die Farbe Grün aussieht, d.h. wie sie sich für den Sehenden anfühlt, denn stelle dir nun eine *farbenblinde* Forscherin vor und frage sie, ob sie nach ihrem 20-jährigem Studium solcher EEG-Signale endlich wisse, wie die Farbe Grün wirklich *aussehe*. Das kann sie niemals! Sie hat ja nur EEG-Signale studiert. Nein, so kann man sich Gott nicht näherkommen, ist mein Resümee (und mag mich irren). Religion muss man erfühlen, niemals vermessen.

Und wir fühlen uns gut.

Santiago, du tust uns unheimlich gut.

Auf dem Platz vor der Kathedrale hat eine spanische Gruppe Aufstellung genommen. Es ist Mitternacht geworden, wir stehen vor dem Luxushotel Parador de Santiago und die Band lässt es richtig krachen. Wir gehen näher, wir wollen mittanzen. Auf einmal kommen Jim und Therese auf uns zu, auch sie wollen nicht ins Bett, auch sie wollen den Tag so lange wie möglich in die Länge ziehen. Morgen ist ihre Abfahrt. Unsere ja auch. Wir sind noch eine Stunde vor Ort, tanzen, lachen, tanzen, lachen, dann schlendern wir am Parador vorbei, in unser Hotel San Francisco. Wohl nur das zweitbeste am Platz gebucht, lästert meine Frau aufgebracht. Sollte mir einen anderen Mann suchen. Ich nicke. Das Parador war früher ein Hospital für arme Pilger, die hier schwer verwundet ankamen. Es unterstand der spanischen Krone. Irgendwann wurde es privatisiert, aber auch heute noch können die ersten 10 Pilger des Tages hier kostenlos frühstücken oder zu Mittag essen. Man muss nur seine *Compostela* vorzeigen, die wohl nicht älter als drei Tage sein darf. Wir haben es nicht ausprobiert, hoffen aber, dass Luji aus Grenoble hier irgendwann verköstigt werden wird. In unserem Hotel angekommen, lösen wir noch unseren Cocktailgutschein an der Bar ein, dann wird es 2 Uhr. Morgen geht es weiter. Unsere Tochter ist aufgeregt, morgen ist ihr erster Pilgertag.

Tag 37 - 6. April
Kein Ereignis hat irgendeine Macht über Dich, außer der, die Du ihm gibst.
A. Robbins

Santiago de Compostela – Negreira

Als der Wecker klingelt, quälen wir uns mühsam aus dem Bett. Wie schön war es doch, hier Tourist zu sein. Nein, natürlich nicht, wir waren die letzten Tage ruhende Pilger, die hier einen sehr hohen sozialen Status besitzen. Die letzten drei Tage haben sich wunderbar angefühlt, sie werden unvergesslich bleiben. Nach dem Frühstück packen wir unsere Sachen und lassen die Hälfte des Gepäcks (Souvenirs für zu Hause) im Hotel zurück. In einer Woche wollen wir sie hier wieder abholen. Der Hotelier wundert sich, dass wir nicht mit dem Bus nach *Finisterre* fahren, das machen alle hier so. Wir nicht. Wir wollen nochmals pilgern. Und wir wollen trotzdem in Hotels wohnen, etwas, was auch den Spaniern noch recht unbekannt ist. Die Spanier unterscheiden in *Standardpilger*, also diejenigen, die mit Rucksack pilgern und in Albergues schlafen, in *Luxuspilger*, diejenigen mit Hotelnächtigung und Gepäcktransport und in *Touristenpilger*, also diejenigen, die wegen der

Compostela in Sarria starten bzw. die mit Reiseunternehmen pilgern. Wir passen (mal wieder) in keine Kategorie, trotzdem oder gerade deshalb wünschen sie uns viel Glück.

Der Weg aus Santiago raus ist leicht bergig. Wir haben mit dem Wetter immer noch Glück. Seit einer Woche nur Sonne, blauer Himmel. Was ist bloß mit diesem Frühling los? Die Spanier werden noch lange davon reden. Wir können uns kein anderes Wetter vorstellen. Und doch, wir haben einen Mann kennen gelernt, der ist zum 7. Mal hier, sechsmal hatte er Regen, jetzt endlich, Santiago in Sonne gehüllt. Er schwärmt von der Stadt, er hat sich in sie verliebt. Auch wir werden wiederkommen. Santiago lässt keinen kalt.

Nach einer Stunde Ausmarsch sollte man sich umdrehen. Man hat einen sehr schönen Blick zurück. Die Kathedrale zeigt sich von einem Berg aus in voller Pracht, und obwohl die Westtürme eingehüllt sind, geht eine große Erhabenheit von der Kathedrale aus. Im Reiseführer steht für die heutige Strecke, es gehe hoch und runter, auf Dauer ermüdend. Es wird unser Leitspruch werden. Wir haben gedacht, ab Santiago kann man übers flache Land zur Küste laufen, aber die Strecke ist sehr beschwerlich. Hier ist nichts flach, nicht mal der letzte Abschnitt wird flach sein. Vor uns liegen knapp 100 Kilometer Mittelgebirge. Wir wissen das noch nicht und gehen gut gelaunt durch die Landschaft.

Der Pilgerweg stellt sich als völlig anders heraus. Wir hatten Hundertschaften von Pilgern erwartet, aber es ist niemand da. Gar niemand. Wir treffen einen halben Tag einfach niemanden. Und es gibt absolut auch keine Einkehrmöglichkeit. Wir sind völlig überrascht, denn wir haben uns das viel touristischer vorgestellt. Hin und wieder kommt uns ein Pilger entgegen. Man kann auch von der Küste aus nach Santiago pilgern, ob man auch dafür die *Compostela* erhält, wissen wir nicht. Aber wenn man in Muxia startet, sind es auch über 100 Kilometer, wahrscheinlich reicht das aus.

Und doch fühlt es sich für mich verkehrt herum an, von der Küste aus anzufangen. Dabei ist mein Gefühl nicht korrekt. Auch der Heilige Jakob kam - wie wir bereits wissen - an der Küste Galicien an, in Iria Flavia, nicht weit für einen motorisierten Touristen. Wir kommen zu Fuß dort aber leider nicht vorbei.

Viele Legenden ranken sich um die erste Grabstätte. Ich lese meiner Frau erneut aus dem Internet vor, da wir vieles bereits wieder vergessen hatten. Nachdem der Heilige Jakob in Jerusalem hingerichtet worden war, nahmen seine Jünger seinen Leichnam mit auf ein Boot. Nach sieben Tagen landete das Boot an der Küste von Galicien. Die Jünger, sieben an der Zahl, legten den Apostel auf einen großen Marmorstein, der sich sofort zu einem Sarg formte. Die Jünger wollten ihren Apostel gebührend begraben und baten die herrschende Königin um ein kleines Stück Land. Die Königin jedoch, wir erinnern uns wieder an Lupa, wollte dies nicht und stellten den Jüngern mehrere Fallen. So sendete sie die Christen zu einem König namens Dyo, der sie umbringen sollte und die Jünger weit über das Land verfolgte. Während einer solchen Verfolgung stürzte jedoch eine Brücke ein und alle Soldaten des Königs ertranken. Die Königin sandte darauf hin wilde Stiere, die die Abtrünnigen töten sollten. Aber auch dieser Versuch scheiterte kläglich. Mit Gottes Hilfe wurden die Stiere in zahme, aber starke Rinder verwandelt, die den Marmorsarg des Apostels zum Palast der Königin zogen. Daraufhin besann sich die Königin und dem Heiligen Jakobus wurde eine kleine Grabkirche erbaut, den Rest kennen wir bereits.

Ich kann diese Legende gut glauben. Was wissen wir, was vor 2.000 Jahren wirklich war. Wir wissen ja nicht einmal, was vor 20 Jahren wirklich war. Die Vergangenheit ist genauso unsicher wie die Zukunft. Wenn man das mal so sieht, werden auch Legenden möglich. Historiker tun immer so als könnten sie die Wahrheit finden, aber das ist prinzipiell unmöglich. Es ist auch nur eine Geschichte, die sie uns erzählen. Heute wird sie mit wissenschaftlichen Fakten untermauert, morgen werden ebendiese Fakten für unglaubwürdig erachtet. Warum sich also nicht an Legenden halten? Und ja, was war los in Spanien bis zum Jahre 800. Niemand weiß das. Spanien war von Mauren besetzt, die haben ihre eigene Geschichte. Das christliche Europa selber versank nach der Zerschlagung des römischen Reiches in Vergessenheit. Und erst ab dem Jahre 800 erhob sich Europa wieder aus dem Nichts. So ist es sicher auch kein Zufall, dass sein Grab zur Zeit Karl des Großen wieder entdeckt wurde. Manche Legenden sprechen sogar davon, dass Karl der Große selbst aufgrund von Lichterscheinungen zum Heiligen Grab geführt wurde, nachdem er unterwegs schwere Gefechte in Pamplona und vielen anderen Stätten führen musste.

Aber am weitesten verbreitet ist die bereits berichtete Legende, dass ein Eremit über einem Hügel in dichtem Wald ein seltsames Licht sah. Der Hügel erhob sich genau an jener Stelle, an der heute die Kathedrale von Santiago de Compostela steht. Und auch in den folgenden Nächten wiederholten sich die seltsamen Lichterscheinungen an jenem Ort, gefolgt von leisen Engelschören. Und wenig später kam die Sensation zu Tage, denn unter der Erde fand man ein Mausoleum mit den Reliquien des Heiligen Jakobus. Dort steht jetzt die Kathedrale. Wir waren direkt im Schrein, dort wo die Reliquien aufbewahrt sind. Mir ist klar, dass der Skeptiker zu Hause sagt, wer weiß, was da drinnen ist. Wer weiß, wer weiß. Aber zum Glück sind mir die Skeptiker hier egal.

Diese Gedanken diskutieren wir erneut beim Mittagessen, irgendwo in der Pampa. Es ist sehr heiß geworden, 30 Grad. Der Kopf kocht bereits. Auf dem Camino hat man schon verrückte Gedanken. Hier, alleine mit sich, ohne dauernde Reizüberflutung kommt so manches aus dem Inneren hochgespült. Wer weiß, was es dort im Untergrund so alles getrieben hätte, sage ich halbironisch zu meiner Frau. Sie lacht mich aus. Abstruse Gedanken, schau dir lieber die Landschaft an. Von der Bar aus können wir den Alto do Mar do Ovelia sehen, dort müssen wir nachher hinauf. Es sind nur 270 Höhenmeter, aber es ist heiß. Niemals hätten wir gedacht, dass es nochmals so anstrengend werden wird. Ich zwinkere meiner Tochter zu, aber sie zeigt keinerlei Schwäche. Ihr erster Tag. Wir hätten langsamer machen müssen. Das Problem der Etappen zum Atlantik sind die Übernachtungen, die sind eine echte Herausforderung. Hier ist touristisch nichts erschlossen, man muss die Etappen so laufen, wie sie in den Büchern stehen, zwischendurch gibt es keine Schlafmöglichkeiten.

Wir müssen heute bis Negreira.

Der Aufstieg ist wirklich kräftezehrend, aber der Blick ist schön. Der ganze Weg ist schön. Ich komme langsam wieder in meinen Rhythmus. Ich glaube, ich will nie ankommen. Du willst wohl nicht ankommen, meine Frau lächelt mich an. Ich weise das strikt von mir. Nein, ich schaue nur die Landschaft an. Natürlich freue ich mich, bald wieder zu Hause zu sein, antworte ich. Nach einer Stunde haben wir es geschafft, dachten wir. Wir kommen an der Ponte Maceira an, einer wirklich wunderbaren Stelle. Ein sauberer, klarer Fluss kommt über einen kleinen Wasserfall, die Brücke hier ist eine der schönsten Brücken vom gesamten Jakobsweg. Und es gibt ein kleines Schild zu unserem Landhaus. 2,7 Kilometer steht dort und eine Telefonnummer für den Abholservice. Wir entscheiden, die paar Meter noch zu laufen. Ein großer Fehler. Wir schleppen uns noch über eine Stunde auf mehreren Autostraßen entlang, ehe wir fernab vom Pilgerweg im Hotel Alda Casa sind. Fix und fertig werfen wir die Rucksäcke ins Gras und ich melde uns an. Meine Tochter ist jetzt auch am Ende, ihr erster Tag, man muss aufpassen.

Das Hotel entpuppt sich als Perle. Vier junge Leute haben hier etwas aus dem Boden gestampft, was den Umweg lohnt. Wir sitzen an einem Swimmingpool und trinken einen Cocktail nach dem anderen. Weitere Pilger treffen mit dem Fahrrad ein. Ich entscheide, diesmal keinen Rundgang zu machen. Hier ist ein Paradies geschaffen worden. Wir zahlen keine 70 Euro und bekommen ein komplettes Haus mit zwei Etagen. Das Abendessen wird von den jungen Herbergsleuten selber gekocht. Wir sind sehr zufrieden, der Umweg ist längst vergessen. Die Nacht ist allerdings laut. Dies ist uns schon mehrmals passiert. Die Dörfer sind einfach laut, viel lauter als die Städte. In den Städten herrscht ab 2 Uhr Ruhe, die Menschen werden schließlich müde, die Tiere in den Dörfern scheinbar nicht. Es gibt ununterbrochen ein Hundekonzert. Hört ein Hund auf, fängt der nächste an. Es geht bis zum Morgengrauen. Und trotzdem haben wir uns erholt. Man gewöhnt sich irgendwie an alles.

Tag 38 - 7. April

Es gibt nur einen Erfolg: Nach Deinen eigenen Vorstellungen leben zu können.
Ch. Morley

Negreira – A Picota (Santa Marina)

Wir stehen früh auf und frühstücken ausgiebig. Es gibt frischen O-Saft und leckeres Omelette. Der Reiseführer spricht davon, dass wir 33 Kilometer bis Oliveira vor uns haben, dies schafft unsere Tochter nicht, nicht am 2. Tag. Wir haben daher entschieden, irgendwo fernab vom Camino eine Zwischenübernachtung einzulegen. Ein Fehler, aber wir können nicht in den Albergues am Wegesrand schlafen, haben ja unsere Schlafsäcke bereits in León nach Hause gesendet. Wir haben keine andere Wahl. Dass es auf dem Weg zum Atlantik so mühsam werden wird, etwas Gescheites zum Schlafen zu finden hätten wir niemals vermutet.

Der Pilgerweg jedoch ist wunderbar. Wir lassen uns mit dem Shuttle-Service der jungen Leute direkt wieder zur Ponte Maceira bringen und laufen die noch restlichen drei Kilometer bis Negreira rein. Gut, dass wir gestern Abend hier nicht abgestiegen sind. Uns gefällt der Ort gar nicht. Wir stoppen trotzdem in einer Albergue, unsere Tochter sammelt fleißig Stempel und wir trinken einen Espresso. Negreira ist ein typischer Durchlaufort - in mir steigen Erinnerungen an Sahagún auf - nur mit einem schönen Pilgerdenkmal am Ausgang. Ein Pilger hat hier wohl irgendwann im Mittelalter eine Liebschaft gefunden und Kinder gezeugt, dann wollte er eilig weiter, aber die junge Frau mochte ihn nicht gehen lassen und hängt an seinem Gehrock. Dieses Denkmal erzählt eine schöne Geschichte. Man kann sich kaum vorstellen, welche kreative Zerstörung die Pilger in diesen entlegenen Dörfern hinterlassen haben. Und früher sind sicher noch mehr Pilger hier vorbei gekommen. Denn man musste als Zeichen seiner Pilgerschaft eine Jakobsmuschel mit nach Hause bringen. Sicher konnte man diese in Santiago erwerben, aber noch schöner muss es gewesen sein, diese selber zu finden. Und schließlich, dass darf man nicht vergessen, war hier tausend Jahre lang die Welt zu Ende. Dahinter kam nur noch das Meer und die Sonne, die jeden Abend in der Hölle versank. Dieser Ort am Atlantik, Finisterre, das Ende der Welt, muss eine magische Kraft auf alle Pilger ausgeübt haben. Wenn man einmal im Leben schon mal in der Nähe ist, muss man zum Atlantik. Ich bin sicher, früher war hier mehr los.

Nach Negreira geht es wieder in die Hügel hinauf. Und wieder hinab. Meine Tochter liest aus den Reiseführer vom Vortag. Es geht auf und nieder, auf die Dauer ermüdend. Wir müssen lachen, denn wie recht der Autor hat. Hier ist jemand exakt unsere Tour gegangen. Unterwegs treffen wir zwei Damen aus Deutschland. Sie sind die Tour aus Portugal hinauf gekommen. Das interessiert uns sehr, denn auch wir wollen in den nächsten Jahren erneut einen Camino laufen, das ist uns schon längst klar geworden. Aber die Damen raten von der Portugalroute ab. Die Landschaft sei traumhaft, ja klar, aber der Spirit fehle. Wenn man das hört, denkt man, der andere spinne sich irgendwas zusammen. Wenn man aber den Spirit des Camino erfahren hat, weiß man genau, was die beiden meinen. Sie sind *gewandert*, dies war ihr jetziges Lebensgefühl, aber im Vergleich zum *Camino Francés*, den sie zwei Jahre vorher gegangen waren, war es völlig anders. Und sie haben nur Spanier und Portugiesen getroffen und die sprechen in der Regel kein Englisch. Doch der Camino lebt von seinen Menschen. Das ist Teil seines Spirits. Wir sind froh, den Hauptweg gepilgert zu sein und denken an all unsere Zufallsbekanntschaften. Wo mögen Jim und Therese gerade sein? Oder Agnes und Luisa? Oder was machen die Frauen aus Duisburg? Was sind wir doch gesellige Wesen, ohne soziale Beziehungen bekommen wir keine Luft zum Atmen. Und ich merke, wie ich jahrelang in die Irre geleitet worden war. Denn durch die langen Bürozeiten reduzierten sich meine persönlichen sozialen Beziehungen auf das Arbeitsumfeld. Aber diese Beziehungen waren falsch. Schließlich gibt es überall eine Unternehmenshierarchie, egal wie flach aufgestellt wir uns vorgaben. Das haben wir doch alles nur erfunden, um den Unterstellten ein Gefühl der Gleichheit zu vermitteln. Ein schöner Trick, auf den alle reinfallen, insbesondere die jungen Leute. Leider bin ich aber selbst drauf reingefallen. Alle waren nett zu mir, welch Wunder, wenn ich Ende des Jahres über deren Gehalt oder Verbleib entscheide. Wie naiv ich war, diese Nettigkeit für mehr zu halten, als sie ist, als sie überhaupt sein kann. Freundschaft kann es nur auf Augenhöhe geben. Wie heilsam doch die Menschen auf dem Camino, denn hier sind wir wirklich alle gleich. Wir alle haben einen Weg hinter uns, wir alle hatten Grund von irgendetwas auszusteigen. Pilger sind eine große unsichtbare Familie. Natürlich nur auf Zeit, da darf man sich keiner Illusion hingeben, aber das machen wir auch nicht. Sicher werden wir nur wenige Menschen später wieder sehen.

Es ist heiß geworden, wieder 30 Grad. Der Weg stellt sich als ziemlich mühsam heraus. Und er führt an einer Straße entlang. Irgendwo soll sich ein Dorf befinden, was für seine Lampen berühmt wurde, leider finden wir es nicht. Obwohl der Weg schattig geworden ist, drückt uns die Hitze nieder. Nach einer Stunde machen wir auf einem Waldboden Picknick, machen sehr lange Picknick. Ich weiß, dass es für unsere Tochter zu viel ist. Sie gibt es zwar nicht zu, aber morgen wird sie keinen Schritt mehr laufen können. Es werden heute knapp 28 Kilometer, zu viel für ihren Tag 2. Ein großer Fehler von uns. Sorry, Jule.

Irgendwann finden wir eine Bar, die sogar geöffnet hat. Der Mangel an Bars ist hier wirklich ein Problem. Die Strecke nach Finisterre ist absolut nicht touristisch, es gibt einfach keine Einkehrmöglichkeiten. Während aber in der Navarra wenigstens Getränkeautomaten in den Dörfern standen, wo man für ein bisschen Geld Wasser oder Cola kaufen konnte, gibt es hier einfach nichts. Wahrscheinlich lohnt es sich für die wenigen Pilger nicht. Jetzt endlich haben wir eine Bar erreicht. Wir fallen auf die Stühle und bleiben fast eine halbe Stunde sitzen. Niemand will mehr weiter, ich ganz besonders nicht. Doch Santa Marina ist noch 8 Kilometer entfernt, das sind zwei Stunden Fußmarsch durch die brütende Hitze.

Die Strecke geht wieder an der Straße entlang, und es geht hoch und runter, hoch und runter, nur zum Schluss wird der Weg schön.

Dann endlich – wir singen bereits jede Menge Blödel-Lieder, um uns abzulenken - sehen wir Santa Marina vor uns. Aber das ist kein schöner Ort, er übertrifft die vorherigen noch an Hässlichkeit. Wir suchen einen markanten Punkt, um den Shuttle-Service des Hotels anzurufen, in dem wir heute Abend schlafen wollen. Wir wollen nicht den Fehler von gestern wiederholen und über eine Stunde zum Hotel laufen, fernab vom Camino. Da wir nichts Markantes finden, nicht mal eine kleine Bar, gehen wir weiter, bis am Ortsausgang eine Albergue angezeigt wird. Meine Frau hat jedoch keine Kraft mehr und sie setzt sich fertig mit der Welt ins Gras. Es ist klar, meine Frau streikt, sie geht heute keinen Meter mehr weiter. Jule und ich, wir laufen in den Vorort hinein, um Erfrischungen zu besorgen.

In diesem Ortsteil sind wir jedoch nicht willkommen. Überall laufen knurrende Hunde herum, und die Besitzer rufen sie *nicht* zurück. Ein spezielles Völkchen hier am Ende der Welt, knurrig, rau und schweigsam. Ich bringe meiner Tochter zur Albergue und gehe zu meiner Frau zurück. Bei diesen vielen Hunden möchte ich nicht, dass sie alleine irgendwo auf den Shuttle-Service wartet. Als die Hunde mich alleine sehen, kommen drei von denen auf mich zugerannt. Hinter den Fenstern wackeln die Gardinen. Es wird nach mir geschaut. Ich sollte also sicher sein. Aber in mir steigt Angst auf, denn ein Hund geht mir bis zum Bauchnabel hoch, ein Riesenhund. Er ist aber noch der Netteste, die beiden Kleineren kläffen und kläffen und kläffen. Irgendwann reicht es mir und ich benutze aus Panik mein Pfefferspray. Die Hunde stieben davon. Zum Glück, sie hätten ja auch aggressiver werden können. Dann rufe ich frustriert zu den Häusern hinüber, *i am just killing your dogs*. Dabei zeige ich mein Spray hoch und hole mein Taschenmesser raus. Ich bin aufgebracht. Nun wird sofort reagiert, die Bauern rufen ihre Hunde augenblicklich zurück. Geht doch, blödes Volk, denke ich mir und bin vor Aufregung klitschnass. Ich habe keine Lust von den Viechern gebissen zu werden. Als ich mit meiner Frau 5 Minuten später an diesem Platz wieder vorbeikomme, liegt er in tiefer Stille und Frieden. Meine Frau kann gar nicht glauben, dass wenige Minuten vorher noch ein heroischer Kampf *"Feiger Mensch mit Spray gegen bösartiges Tier"* stattgefunden hatte. Auch meine Tochter hat nichts mitbekommen, sie sitzt vor der Albergue und trinkt bereits ihre zweite Cola. Alles ist gut. Ich beruhige mich, dann teile ich dem Herbergsvater mit, wo wir heute Nacht reserviert haben. Er ist enttäuscht und bietet nochmals seine eigenen Privatzimmer an, aber wir haben ja bereits woanders vorgebucht. Doch dies stellt sich als Fehler heraus. Der Shuttle-Service lässt uns 90 Minuten warten, und später kommt nicht einmal ein Wort der Entschuldigung. Die Shuttlefahrt dauert ca. 15 Minuten, es sind maximal 8 Kilometer. Welch eine Frechheit, man hätte uns eher abholen können. Verärgert checken wir ein, das Dinner nehmen wir bewusst nicht in diesem Hotel ein.

Auch das Zimmer ist schlecht. Wir sind in der schlechtesten Unterkunft unserer 42-tägigen Pilgerreise gelandet. Dieses Hotel sollte man schließen, aber wir wollen keinen Ärger und gehen in eine Pizzeria. Der ganze Ort, A Picota, ca. 8 Kilometer vom Jakobsweg entfernt, ist völlig frustrierend. Hier steht ein baufälliges Haus neben einem renovierten, immer abwechselnd, soweit das Auge reicht. Das gesamte Stadtbild strahlt eine Traurigkeit aus, ich hoffe nicht, dass dies für alle spanischen Städte und Dörfer gilt, die nicht am Jakobsweg liegen. Wie kann man hier nur leben, denke ich. Meine Frau und meine Tochter denken ähnlich. Dann finden wir einen deutschen Edeka, sind völlig überrascht und mit dem Ort etwas versöhnt. Da wir morgen nicht in dem Hotel frühstücken wollen, kaufen wir etwas ein.

Als wir am Abend im Bett liegen, sind wir alle genervt. Ich bin erschrocken, wie schnell man aus dem *Flow* kommen kann und nehme mir vor, mich nicht mehr so schnell über Kleinigkeiten aufzuregen. Wir beschließen, am morgigen Tag eine Pause zu machen. Meine Tochter hat die Füße voller Blasen, sie präsentiert sie uns stolz. Eine Auszeit tut ihr sicher gut. Begeistert von unserer eigenen Idee trinken wir noch eine Flasche Wein auf dem Zimmer und schlafen gegen Mitternacht ein.

Tag 39 - 8. April

Wenn Du besonders ärgerlich und wütend bist, erinnere Dich, dass das menschliche Leben nur einen Augenblick währt.
M. Aurel

Umweg nach Muxia

Der *Camino Francés* ist der frühere Sternenweg der Kelten, es war der Einweihungsweg ihrer Priester. Auch sie mussten mehrere Wochen von den Pyrenäen zum Atlantik wandern, um ihre Gedanken zu reinigen. Und am Atlantik gab es Wundersteine, es ist also klar, dass sie dort hin mussten. Warum aber sollten die Priester genau diesen Weg gehen? Die Kelten waren wohl gute Astronomen. Ihr Camino stellte ein Spiegelbild der Milchstraße dar, sozusagen eine genaue Projektion des Milchstraßenbandes auf ihre Erde. Im Traum war mir damit alles klar, denn ich habe mich immer gewundert, warum die Pilger nicht den leichtesten Weg zum Atlantik gehen. Manchmal gab es Umwege, die mir schleierhaft waren. Wollte man einfach nach Santiago, dann geht man den einfachsten Weg, immer geradeaus und niemals macht man Umwege. Aber man macht sie. Geht man den richtigen Camino, wundert man sich sehr oft, warum man nicht eine Straße gegangen ist oder einen anderen Feldweg. Ist der Camino aber von den Kelten übernommen und damit ein Abbild der Milchstraße, dann ist alles klar. Zufrieden wache ich auf. Keine Ahnung was stimmt, aber ich erfreue mich der Logik des Traumes. Jule hat mich zwei Tage vorher auf diese Idee gebracht, das hat in mir weiter gearbeitet. Meine Familie holt mich in die Realität zurück. Aufstehen, wir wollen weg hier, rufen sie mir aus dem Bad zu. Wir haben alle schlecht geschlafen, das Hotel sollte man großräumig umfahren. Erstmalig und einmalig gibt es die Note 5.

Heute wollen wir Pause machen, nein, müssen wir. Jule, sei Dank. Wir rufen ein Taxi und fahren zu unserer nächsten Albergue, O Logoso. Dort deponieren wir unsere Rucksäcke und wollen dann bis Muxia weiter. Muxia ist ein anderes beliebtes Endziel der Pilger, aber unser Weg führt nach Finisterre, dort wo die berühmten "0,00" Kilometer am Wegesrand stehen, dort wo der Weg offiziell zu Ende ist und dort, wo es Jakobsmuscheln geben soll. Man kann auch vom Ende der Welt an der Steilküste entlang nach Muxia weiterpilgern, aber dafür fehlt uns leider die Zeit. So schieben wir einen echten Urlaubstag ein und fahren mit dem Taxi die 30 Kilometer bis Muxia. Der Ort empfängt uns freundlich. Es ist 10 Uhr, der Himmel ist blau. Die Sonne strahlt eine behagliche Wärme aus.

Muxia. Heute 5.000 Einwohner. Früher ein berühmter Ort der Kelten. Und obwohl im stetigen Niedergang, muss man hier gewesen sein. Wir gehen an der Uferstraße entlang zur Landspitze, auf der die heutige Kirche steht. Leider ist sie geschlossen, mal wieder, aber noch viel schlimmer ist, dass sie Weihnachten 2013 völlig ausgebrannt war. Ein Jammer. Durch ein kleines Fenster kann man ins Innere schauen. Gerne wäre ich hinein gegangen. Aber ich weiß, das wirklich Gewaltige an diesem Ort ist nicht die Kirche, nein, es ist das Atlantikufer selbst. Gewaltige Steine liegen vor uns, die Wellen zerstoßen sich an ihnen in einer erhabenen Brandung. Man kann sich nicht satt sehen an diesem Meer. Ja, das Meer. Seit knapp 40 Tagen pilgern wir, immer mit dem Ziel ans Meer zu kommen. Eigentlich sind wir ja erst übermorgen dort, aber die heutige Verschnaufpause stillt die lang aufgestaute Sehnsucht. Obwohl wir jährlich ans Meer fahren ist das diesmal anders. Als wir es vorhin vom Taxi aus erblickten, wurden wir von einem Glücksgefühl durchströmt. Die Seele bekam das zu sehen, was sie seit Wochen anvisiert hatte. Das Meer, das erhabene Meer. Ich gehe auf die Steine der Kelten und versuche viel über ihre geheimnisvollen Kräfte zu erfahren.

Ein alter Bauer steht auf einem Stein, der aussieht wie eine Barke und in der Tat, er sagt, dass das hier die Barke sei, mit der Maria ankam, als der Heilige Jakob zu zweifeln anfing. Diese Barke hat wohl magische Kräfte. Dann sieht man einen anderen heiligen Stein unter dem man mehrmals hindurch kriechen müsse, um von Leiden wie Rheuma geheilt zu werden. Ich schwöre, hätte ich Rheuma, ich würde mich hier hindurch quälen. Die Reise begann mit "man weiß ja nie" und hörte mit einer Sicherheit auf, dass es mehr gibt als Atome, Moleküle und Zellen. Eine ordnende Hand hat dies alles zusammengeführt und hat uns hier glücklich und gesund ankommen lassen. Mehr weiß ich nicht, aber mehr muss ich auch nicht wissen. Zu ahnen, dass es mehr geben könnte zwischen Himmel und Erde, und es hier zu *erfühlen*, das sind Welten. Ich bin dankbar und schaue ins Meer. Heiliger Jakob, rufe ich mein Gebet hinaus und ende mit einer Danksagung. Meine Frau und meine Tochter haben Geduld mit mir, sie haben mich eine Stunde vorne sitzen lassen. Dann versuche ich noch ganz auf die Spitze zu kommen, aber die großen Wellen halten mich ab, also kehre ich zu meinen Damen zurück.

Auf dem Rückweg beschließe ich mit meiner Tochter zum Gipfelkreuz über Muxia aufzusteigen, was sich als viel, viel schwerer raustellt als gedacht. Meine Tochter hat mit ihren Badelatschen keine Chance, ich klettere alleine weiter. Oben angekommen, wird mir ganz schwindlig, es ist furchtbar heiß, mein Kopf dreht sich. Ich halte mich erschöpft am Gipfelkreuz fest und beruhige mich. Was für eine Landschaft. Muxia ist ein toller Ort, es ist als Pilgerziel nur zu empfehlen. Auf der einen Seite sieht man das blaue Meer, was mit dem Himmel am Horizont verschmilzt, auf der Landseite sieht man einsame Buchten und Strände. Sieht aus wie das Paradies, sage ich in einem netten Café, aber die Einheimischen belehren uns. Nur heute sei es so schön, wir hätten wohl Glück. Die Herrschaften pilgern wahrscheinlich mit dem Segen des Heiligen Jakobus, antworten sie uns lächelnd. Meistens regnet und stürmt es hier fürchterlich, fahren sie fort, dann wollen alle nur weg! Glauben sie uns, Muxia ist extrem rau, nur die wenigsten kommen zum Strandurlaub. Ich kann das kaum glauben, aber sicher, bei Regen und Sturm sieht die Welt anders aus. Wir genießen unser Glück und gehen zur Albergue Munizipal. Hier gibt es ein berühmtes Zertifikat, die *Muxiana*. Man muss jedoch von Santiago zu Fuß hergelaufen sein, was wir nicht sind. Mit Müh und Not überreden wir die Herbergsleute jedoch ein Auge zu zudrücken, denn wir erzählen von unserem beschwerlichen Weg seit Roncesvalles. Und das alles nur, um nach Muxia zu kommen, übertreibe ich und humple gebückt und schmerzvoll durch den Gang der Herberge. Meine Tochter zeigt mir heimlich einen Vogel, aber die beiden haben tatsächlich ein Einsehen und wir bekommen eine sehr schöne Urkunde. Meine Tochter freut sich riesig, denn es ist ihre erste Urkunde auf dem Pilgerweg. Und sie wird sich des Pilgerns würdig erweisen. Ab morgen geht es ja zu Fuß weiter.

Nach dem Mittagessen gehen wir an den Strand, es ist Ebbe und wir alle suchen wie verrückt die Jakobsmuscheln. Aber hier gibt es keine, erfahren wir. Da wir ja noch Finisterre vor uns haben, sind wir beruhigt und genießen die Mittagssonne. Entspannt liegen wir am Strand und schauen den Wellen zu. Die Sonne brennt über uns, erste Pilger kommen mit ihren Rucksäcken vorbei. Wir reden ein wenig, und gestehen, dass wir heute nicht zu Fuß hier sind. Ein deutsches Pärchen wandert auch schon seit Wochen, ein französischer Pilger ist den Camino von Portugal gekommen und viele mehr. Dann kommt eine ältere Dame auf uns zu, da sie uns hat Deutsch sprechen hören. Sie ist eine Hoteleigentümerin hier und hat mehrere Jahre in Deutschland gelebt. Sie liebt die Deutschen, außer mit dem Fußball hat sie so ihre Probleme. Es ist mir einige Genugtuung als Nation mal geliebt zu werden, aber es ist uns wiederholt aufgefallen. Die Spanier lieben Deutschland. Nun, ich liebe Spanien. Was gibt es Schöneres.

Um uns die Zeit zu vertreiben, gehen wir auf den offiziellen Pilgerweg, und erreichen auch hier sein Ende. Aber das Ende ist erschreckend trivial. Auf der Straße sind Pfeile aufgemalt, die dem Pilger bedeuten, dass hier Schluss ist. Weiter geht es nicht. Ein Pfeil deutet wieder den Rückweg an. Ja, hier kann man auch starten und nach Santiago laufen. Früher sind viele vom Meer aus gepilgert, sie starteten hier oder in Finisterre, was ca. 20 Kilometer im Süden liegt.

Am liebsten würde ich noch den Sonnenuntergang über dem Meer sehen, viele Pilger sammeln sich bereits auf dem Parkplatz. Man kommt ins Gespräch. Keiner kam aus den Pyrenäen, soviel Zeit hat man auch normalerweise nicht. Alle bleiben heute Nacht hier, man begrüßt sich und man kennt sich. Dort ist Hans, der

Starke, dort Goofy, der Schnarcher. Wir können nicht mitreden, alle kennen sich aus den 30-Mann-Zimmern der letzten Albergues. Es ist in der Tat schwierig hier, nicht in Albergues zu übernachten. Bis Santiago war das kein Problem, aber danach mussten wir auf Hostals ausweichen, die einige Kilometer vom Camino entfernt waren, mit all den Unzulänglichkeiten. Heute Abend werden wir auch in einer Albergue sein, hoffentlich klappt das mit dem Privatzimmer.

Unsere Rückfahrt mit dem Taxi ist kurz vor Sonnenuntergang, was ich sehr bedauere, aber wir müssen schließlich noch einchecken und wollen in der Albergue zu Abend essen. Der Herbergsvater ist ein cleverer Geschäftsmann. Als er uns sieht, bietet er uns sein eigenes Haus gegenüber an. Wir können sehr gerne privat bei ihm übernachten. Die Albergue wäre vielleicht nichts für uns. Das ist zwar eine Beleidigung, aber ich stimme (leichtsinnigerweise) zu, habe keine Lust auf Doppelstockbetten. Das Privathaus ist schön, aber es ist bewohnt, dies hat uns der Herbergsvater verschwiegen. Die kranke Mutter des Chefs irrt nachts im Hause umher. Unsere Tochter verrammelt und verriegelt ihre Zimmertür und macht kein Auge zu, wie sie uns am nächsten Morgen erzählt.

Tag 40 - 9. April

Lebe so wie es Dir gefällt, ohne einen anderen zu verletzen.
M. Aurel

Logos – Cee

Eigentlich hätten wir in Olveiroa starten müssen, da wir vorgestern kurz vor Olveiroa gestoppt hatten, aber wir haben alle keine Lust die paar Kilometer zurückzufahren. Jetzt sind wir ja bereits hier, warum sollten wir das nicht nutzen. Meine Familie hat mich sofort überzeugt. Außerdem sagen alle, dass es gestern der letzte schöne Tag war. Ab jetzt soll es nur noch regnen. Wie gut, dass wir gestern in Muxia Pause gemacht haben und am Strand lagen. Wenn es jetzt durchregnet, es wäre mir egal, wir hatten ja fast nur schönes Wetter.

Kaum auf der Straße trauen wir unseren Augen nicht. Der Schweizer ist soeben in der Albergue angekommen, neben ihm eine uns unbekannte junge Frau. Es ist tatsächlich der Schweizer, mit dem wir uns in Burgos (wann war das nochmal?) angefreundet hatten, den wir immer wieder getroffen haben, der mit Nico und den Blister-Sisters lief. Nico sei schon lange weg, sagt er. Der Schweizer hat jetzt eine feste Freundin. Man sagt, der Camino scheidet Ehen und der Camino schmiedet Ehen. Der Schweizer scheint sein Glück gefunden zu haben. Er sieht prachtvoll aus, und auf meine Frage, wie viele Kilometer er bereits gelaufen ist, windet er sich ganz schweizerisch. 1.600 Kilometer sind es, wie er dann erzählt. Fast das Doppelte unseres eignen Weges, ja, in Roncesvalles war seine Hälfte. Ich bewundere ihn wirklich. Er hat durchgehalten. Zwischen drinnen war er von Bettwanzen zerfressen, bis die Nonnen alle seine Sachen desinfizierten. Der Schweizer will gar nicht mehr aufhören mit pilgern, am liebsten würde er die Welt durchwandern. Ich gebe eine Limonade aus, stand ja noch in seiner Schuld, dann verabschieden wir uns herzlich. Wir werden ihn nicht wieder sehen.

Der Weg nach Cee führt über Hospital, es geht an einem sehr großen und hässlichen Stahlwerk vorbei, dann sind wir auf einer Hochebene angekommen. Wolken ziehen auf, das schöne Wetter lässt uns nun zum Ende der Reise doch noch im Stich. Hauptsache kein Regen, denke ich. In der Ferne kann man den Atlantik sehen, jedenfalls behaupte ich das. Meine Frau lacht mich aus, aber ich bestehe drauf, dass ich den Atlantik gesehen habe. In den Reiseführern steht, dass man von hier aus tatsächlich bereits den Atlantik sehen kann, ich bestehe also drauf, auch wenn ich zu Hause die blinde Kuh bin. Der Weg geht wieder hoch und runter, hoch und runter. Auf die Dauer ermüdend, ergänzt meine Tochter und wir müssen wieder lachen. Wie recht der Reiseführer hatte. Der Autor kannte unsere Gefühle. Hätte man nicht gedacht, dass sich der Weg zum Meer so hinzieht. Wir reden wenig, jeder hängt seinen Gedanken nach. Die Ruhe lässt immer wieder Gedankenfetzen aufsteigen. So war es auf dem ganze Weg. Ich beobachte sie, bis sie abziehen. Alles geschieht im Geist, alles ist irgendwie virtuell, imaginär. Seit Jahren versuche ich mit einem Team zu zeigen, dass im Gehirn ganz, ganz spezielle Vorgänge ablaufen. Für sowas ist die Schweiz perfekt, genau wie Amerika. Beide Länder sind wesentlich offener als Deutschland, viel freiere, viel unabhängigere Forschung ist in diesen Ländern möglich. Danke Schweiz! Deutschland erstickt in Paragraphen und Budgets. Aber noch besser als totes Wissen zu gewinnen, ist es natürlich Erfahrungen zu gewinnen. Dazwischen liegen Welten. Und die Erfahrungen des Weges haben mich verändert, haben jeden von uns verändert. Man muss *nicht* spirituell werden, um die Chancen des Weges zu begreifen.

Die Sonne zieht auf, wir gehen einen Waldweg hinunter, dann wieder hoch. Plötzlich taucht die Bucht von Cee vor uns auf, und ganz hinten am Horizont kann man das *Ende der Welt* bereits sehen. Dort werden wir morgen sein.

Über der Bucht von Cee liegt wieder blauer Himmel, keine Ahnung wo die Wolken auf einmal hin sind. Es ist ein dramatisch schöner Abstieg, obwohl unter uns ein Industriehafen sichtbar wird. Man sieht das Meer in seiner ganzen Gewaltigkeit. Wie müssen sich die Pilger vor 1.000 Jahren gefühlt haben, als sie das erste Mal dieses Meer erblickten. Was geht im Kopf eines Bauern vor, wenn er sowas das erste Mal im Leben erblickt? Es kann nur Demut vor der Gewaltigkeit der Welt sein. Demut, die uns allen fehlt, weil wir ja bereits überall waren. Aus Demut wurde Hochmut, wir machen uns die Erde Untertan. Ja, machen wir. Und bald ist das Universum an der Reihe. Doch der kleinste Wirbelsturm, in dem man gerät, bringt die Demut zurück. Oder das gewaltige Meer, nach so vielen Tagen Wanderung. Lange machen wir eine Picknickpause und betrachten die Bucht, dann entschließen wir uns weiter abzusteigen.

Cee. Der Einmarsch in Cee geht an einer Straße entlang, langsam öffnet sich das Zentrum vor uns. Wir suchen unser Hotel und lassen uns mal wieder vom Camino führen. Genau an der richtigen Stelle tauchen Menschen auf, die uns den Weg durch die Stadt zeigen. Hätte ich das nicht selber erlebt, würde ich es nicht glauben. Sowas kann man eben nur selber *erfahren*. Man kann es für andere aufschreiben, in der Hoffnung, andere zu inspirieren. Aber nur die eigene Erfahrung gibt einem das tiefe befriedigende Gefühl, dass man auf dem Camino geführt wird, wenn man es denn zulässt. Ich beneide Menschen, die erleuchtet wurden, zutiefst, denn die haben eine Erfahrung in sich, die wohl alles verändern muss. Aber Erleuchtung ist eine Gnade, man kann das nicht erzwingen, aber ich beneide diese Menschen aus tiefsten Herzen.

Der Camino führt uns genau vor das Hotel und wir beziehen ein sehr schönes Dreibettzimmer. Während meine Frau traditionsgemäß ins Bett geht, um eine Stunde zu schlafen, erkunden meine Tochter und ich die Stadt. Cee ist nett gelegen, aber irgendwie zu schnell gewachsen. Es gibt nur ein einziges historisches Gebäude, der Rest ist purer Neubau. Wir gehen in ein Kaffeehaus und schauen einer alten Frau beim Stricken zu. Das beruhigt die Seele. Dann gehen wir hinunter zum Meer. Es ist Ebbe, vielleicht finden wir ja

Jakobsmuscheln. Meine Tochter ist verrückt nach diesen Dingern. Leider wussten wir zu diesem Zeitpunkt nicht, dass es nur noch einen Strand gibt, wo man derartige Muscheln finden kann. Und dieser Strand ist tatsächlich in Finisterre. Nach einiger Zeit geben wir genervt auf und holen meine Frau vom Hotel ab. Der Abendspaziergang führt uns nach Corcubión, wovon der Reisführer nur so schwärmt. Wir sind total enttäuscht. Die Stadt liegt auch an der Bucht, aber etwas weiter am Camino entlang. Sie ist historisch gewachsen, aber aus jeder Pore quillt Armut, nein, Einsamkeit. Wie kann man hier nur leben, denke ich. Meiner Frau geht es ähnlich. Wir kehren in ein Fischrestaurant ein, essen das Pilgermenü und lassen den Abend ausklingen.

Buen Camino. Morgen sind wir am Ziel.

Tag 41 - 10. April

Wir mögen enttäuscht sein, wenn wir versagen, aber wir sind verloren, wenn wir es nicht versuchen.
B. Trinkle

Cee – Finisterre

Das Frühstück im Hotel ist sehr gut. Das ganze Hotel kann man empfehlen. Frisch gestärkt (wieder O-Saft und Omelette) starten wir zu unserer letzten Etappe. Mir geht es nicht gut. Meine Frau mustert mich und erkennt, dass ich nicht ankommen will. Es stimmt, ich will nicht, dass heute Abend Schluss mit pilgern sein soll. Ich könnte ewig weiterwandern. Ich weiß, dass es nicht geht, aber ich möchte es trotzdem. Es gibt Pilger, die freuen sich, dass sie es geschafft haben und andere, die sich in einen Art Rausch hineingesteigert haben. Ich gehöre zu letzteren. Ich bin vom Pilgervirus befallen, dieser Weg ist mir zu einer Art zweiten Heimat geworden, und das nach nur 40 Tagen. Wandern ist meine persönliche Bewegungsart, dies habe ich herausgefunden. Ich bin mit ihr in völligen Einklang gekommen. Das Tragen des eigenen Gepäcks über mehr als 800 Kilometer macht mich stolz, man ist ja doch nicht nur Büromensch. Oder Manager. Man ist ein sportliches Wesen, eine schöne Erfahrung für mich.

Nein, ich will natürlich nicht ankommen.

Gleich hinter Corcubión, was wir gestern schon besucht hatten, geht es wieder einen steilen Berg hinauf. Es ist bereits um 9 Uhr morgens schwül, heute wird es gewittern, wir werden sicher doch nochmals richtig nass werden. Der Aufstieg ist schwer, obwohl wir das alles bereits hundert Mal gemacht haben. Den Rucksack merke ich aber nicht mehr. Es ist, als ob ich die Last des Lebens nicht mehr spüre. Aber man kann nicht sagen, dass man die Berge nun im Sturm erobern kann. Ich kann das jedenfalls nicht.

Bloß nicht umknicken und dann doch nicht ankommen. Ich konzentriere mich auf den Weg. Überall tauchen jetzt gelbe Blumen am Wegesrand auf, es ist eine wahre Freude. Nach einer Stunde geht es erneut auf einen Strand hinunter. Es ist ein einsamer Strand, die Brandung bringt hin und wieder Muscheln mit. An einem Bachlauf finden wir eine Muschel, die der Jakobsmuschel sehr ähnelt und mit einiger Anstrengung bekommen wir diese nach 30 Minuten aus dem Wasser. Sicher ist sicher, jetzt haben wir wenigstens etwas gefunden. Ich bin glücklich und gehe mit vollem Gepäck am Strand entlang und schaue lange auf das Meer hinaus. DAS ist für mich die ultimative Pilgererfahrung. Man ist angekommen. Das Meer stürmt einem entgegen. *Ende der Welt*, wir kommen, rufe ich so laut ich kann auf das Meer hinaus. Das Meer antwortet mit besonders schönem Raunen. Meine Familie sucht nach weiteren Muscheln, ich habe Zeit gewonnen. Leider kommt

Regen auf und wir müssen uns in unsere Regenkleidung zwängen. Dabei stellen wir uns wie die ersten Menschen an, die Stimmung ist dennoch ungetrübt. Da es später wieder einen Berg hinauf geht und der Schweiß ausbricht, ziehen wir die Kleidung wieder aus. Lieber vom Regen nass werden, als vom eigenen Schweiß. Erneut geht es eine Anhöhe entlang und irgendwann kommen wir an einen der berühmtesten Strände Spaniens, es ist der Playa de Langosteira, über einem Kilometer lang, sehr breit und wunderbar. Wäre er jedenfalls, wenn es nicht aus Kannen gießen würde. Mittlerweile haben wir die Regenkleidung doch wieder an, der Regen ist zu stark geworden. Rechts vom Strand stehen vereinzelt Häuser, irgendwo muss unser Hotel sein, schließlich heißt es ja wie der Strand. Leider steht es dann aber in der dritten Reihe, direkt an der Hauptstraße. Der Name ist nicht fair. Der Hotelier gibt uns jedoch ein schönes Zimmer, nein, eine Suite, mit Blick über die Bucht. Erschöpft und völlig durchnässt fallen wir auf die Betten. Da die Heizungen aus sind, bringe ich die nasse Kleidung hinunter und gebe sie an der Rezeption ab. Man wird sich schon kümmern.

Diesmal will meine Frau doch nicht ins Bett und gemeinsam gehen wir ins Zentrum von Finisterre. Leider steht unser Hotel 2 Kilometer außerhalb, eine klassische Fehlbuchung jetzt zum Schluss, aber in der Innenstadt gab es nichts anderes, nur die berühmten Albergues. Der Weg zur Stadt ist schön, der Regen hört sogar auf, vielleicht klart es ja doch noch auf, denke ich hoffnungsvoll, glaube es aber nicht so ganz. Nach zwei Kilometern sind wir im Ortszentrum. Dort erwarten uns eine Vielzahl voller Reisebusse. Ist ja klar, die meisten Pilger, die bis Santiago gepilgert sind, nehmen aus Zeitgründen einen Bus. Jeder will hierher kommen, aber nicht jeder hat genug Zeit, diesen Weg bis zum Ende zu erlaufen. Aber es kommen auch andere Reisebusse. Vor uns steigt eine Gruppe aus einem Rentnerbus der Schweiz aus und alle prüfen gerade die Kaffeebars am Hafen. Belustigt sehen wir zu. Meistens sind wir ja selber Touristen, heute aber noch nicht. Wir sind noch ganz normale Pilger.

Nachdem wir uns in einem Kaffeehaus gestärkt haben, gehen wir zur Leuchtturmspitze weiter, als neben uns ein nächster Bus voller Rentner anhält. Diesmal keine Schweizer, sondern eine Reisegruppe aus Bayern. Der *Bayerische Pilgerverein* ist angekommen und bringt 40 Herrschaften mit. Mit einigen kommen wir auf dem Weg zur Spitze ins Gespräch. Als sie hören, wo wir herkommen, sind sie schon neugierig. Was so lange, wie schafft man das nur, wie kann man so schlafen, ja schlafen wäre unser Problem, so höre ich alle sagen. Die Herrschaften sind ungläubig, dass wir nun schon seit 900 Kilometern gut untergekommen sind. Niemand muss in diese berüchtigten Albergues. Spanien bietet alles. Man kann super gut essen, schlafen, pilgern, erkläre ich den Bayern. Sie können das kaum glauben, es sei immerhin Spanien, aber ich stehe als Beweis vor ihnen. Wäre es nicht so, ich hätte den Weg gar nicht geschafft. Noch während sie beschließen, es später auch mal zu Fuß zu probieren, wenigstens stückweise, lasse ich mich zurückfallen. Ich möchte die letzten Meter nicht mit banalen Gesprächen zubringen. Meine Frau und meine Tochter gehen bereits voraus. Ich wende mich im Stillen an den Heiligen Jakobus und danke ihm von ganzen Herzen. Wie hat er uns nur geführt, dass wir jetzt nach fast 6 Wochen hier sein dürfen. Das ist keine Selbstverständlichkeit, das ist mir klar geworden. In León hätten wir fast aufgeben müssen, weil meine Frau mit ihrem Fuß ins Krankenhaus musste. Auf dem *Cruz de Ferro* hat uns Schnee überrascht und auf dem O Cebreiro der dichteste Nebel, den wir je in den Bergen hatten. Und doch sind wir hier, und doch sind wir glücklich. Heiliger Jakob, ich danke dir für die Bestärkung und den Schutz. Ich sage das voller Ernst und Inbrunst in mich hinein. Wir sind hier. Heiliger Jakob, du hast mich überrascht. Die letzten 6 Wochen werde ich niemals wieder vergessen.

Plötzlich stehen wir vor dem berühmten Stein mit der "0,00" – Anzeige. Ja, wir sind da. Ungläubig stehen wir davor.

Dann begreifen wir es. Wir machen so viele Fotos wie lange nicht mehr. Tränen, Glück und Lachen durchströmen uns.

Wir sind da.

Lange bleiben wir bei dem Stein und schauen auf das Meer hinunter, dann gehen wir am Leuchtturm vorbei, direkt bis zur Felsspitze. Hier sitzen wir auf den Steinen. Das Meer ist nun an drei Seiten um uns herum, es tobt mit voller Kraft und die Brandung bricht sich gewaltig an den Steinen. An verschiedenen Stellen findet man Feuerstellen, denn nach alter Tradition verbrennen die Pilger hier ihre Sachen, gehen baden … und fangen ein neues Leben an.

Wir entscheiden jedoch, heute nichts zu verbrennen, da es hier oben auf dem Felsen extrem windig ist. Auch das obligatorische Pilgerbaden muss warten. Es ist viel zu gefährlich, man müsste 100

Meter hinabsteigen und unten droht eine gefährliche Brandung. Was für ein stürmisches Ende, denke ich. Will ich so ein Lebensende, frage ich in mich hinein, dann gehe ich doch Richtung Brandung hinunter. Auf halbem Weg bleibe ich aber an einem Eisenstab stehen, es ist eine Antenne. An dem Stab sind Schlösser, Bilder, Fotos uvm. angebracht. Am schönsten finde ich jedoch ein pinkes Seidenhöschen, was mit aller Kunst um den Stab geknotet ist. Hier hat jemand seine Liebe ausgedrückt. Ich kann mir ein herzliches Lachen nicht verkneifen. Schönes Höschen. Wahrscheinlich hat jemand auf dem Camino die Liebe seines Lebens gefunden. Ja, das ist sehr wahrscheinlich. Ich drehe mich zum Meer und rufe meine Freude hinaus. Die Liebe hatte ich ja schon, nun habe ich *mich* gefunden.

Dies ist mehr als genug.

Als wir wieder oben am Leuchtturm angekommen sind, steht wie aus dem Nichts ein Mann vor uns. Stempel gefällig? *The End!* Gibt es nur bei mir, ruft er laut über den Felsen. *The End 0,00.* Den wollen wir unbedingt haben, und ich habe genau noch ein letztes Feld im Pilgerausweis frei. Was für ein Zufall. Wir geben ein kleines Trinkgeld und drehen uns um. Als wir uns zurückdrehen, ist er bereits weg. Was war das? Meine Frau und ich, wir sehen uns an. Was war das? Wir können es nicht glauben, verbuchen das dann aber wieder unter der Rubrik glückliche Zufälle des Caminos. Davon würde ich gern ein ganzes Buch schreiben, aber dann hätten alle zu viele Erwartungen. Vielleicht muss man einfach nur in den *Flow* kommen. Man kann diesen Stempelmann nicht planen, 5 Minuten vorher oder nachher und wir hätten ihn nie gesehen. Wir freuen uns riesig und gehen gedankenversunken nach Finisterre zurück. Wir wollen zu einer Fischauktion.

Plötzlich bleibe ich verdutzt stehen. Vor mir hält der Mann mit dem Esel, den wir kurz vor *Santiago* getroffen haben. Auch er erinnert sich an mich und wir kommen ins Gespräch. An Zufälle gewöhnt, wundert mich das alles nicht mehr, irgendwen muss man ja treffen, so ist das halt mit Statistik. Aber wir freuen uns. Der Mann erklärt uns erneut, dass der Esel sehr störrisch ist, weshalb er einen Tag länger gebraucht hat als sonst, dabei haut er dem Esel mit der Knute fest auf den Hintern. Der Esel zuckt nicht mal, er kaut irgendwas. Die Verbindung Mensch Tier kann sehr stark sein, auch der Mann selber sieht sehr störrisch aus. Er wandert ja schon sein halbes Leben irgendeinen Camino entlang. Wir erzählen miteinander, dann muss er weiter, denn er muss am Leuchtturm unbedingt die letzten Reisebusse abpassen. Davon lebt er. Die Touristen sind bei Tieren spendabel, der Esel soll nicht hungern. Auch ich stecke einen Schein zu, der Esel soll schließlich nicht hungern.

Die Fischauktion ist faszinierend. Ich verstehe nichts und ich verstehe alles. Wir stehen auf einem Glasbalkon über den Fischern, unter uns wird jeder Fisch fachmännisch bewertet und sortiert. Die Restaurants der Region kaufen hier ein. Ist man sich handelseinig wird der Fisch in eine Truhe geworfen und mit Eiswürfeln bedeckt. Eine schöne Tradition, und schön, dass wir zuschauen dürfen.

Als wir nach einer Stunde aus dem Auktionshaus treten, sind alle Wolken weg. Das ist nun wirklich kaum zu fassen. Gut, dass unsere Tochter da ist, niemand zu Hause würde uns das glauben. Es ist blauer Himmel. Nur am Horizont sind die dicken Wolken noch zu sehen, wie sie mit Windeseile davon ziehen. Das gibt's doch nicht. Wir freuen uns riesig. Mit einem Taxi fahren wir umgehend ins Hotel zurück und ziehen uns um, dann geht es zu einem geheimen Sandstrand.

Von Einheimischen haben wir erfahren, dass es auf der Westseite der Halbinsel, nur zwei Kilometer weg, einen einsamen Strand gibt, hier wollen wir hin. Hier werden wir die Jakobsmuscheln finden. Wie Kinder rennen wir auf den Strand zu, vorher bringt uns noch ein alter Mann extra auf den Trampelpfad, der über die Dünen und auf einem Waldweg hinweg auf den Strand führt. Danke, Jakob. Ich reise mir die Kleider vom Leib und renne ins Meer.

Die Wellen schmeißen mich zurück, sie sind höher als ich erwartet habe und ich werde vorsichtiger. Und doch renne ich wieder und wieder und wieder ins Wasser. Ganz hinten sehen wir Camper, die hier illegal zelten, aber wir merken, dass wir uns nicht gegenseitig stören. Wir machen hunderte Fotos.

Das war doch unser Traum.

Vom Schnee in den Pyrenäen zum Baden an den Atlantik.

Dieser Traum ist soeben wahr geworden. Mehr brauche ich nicht. Ich schreie meine Freude den Wellen entgegen. Sie werfen sie zurück auf den Sand. Kind sein, Kind sein, wir haben es uns verdient. Dies haben wir uns redlich verdient. Na klar, wir sind zwischendurch auch gefahren. Trampen, Taxi, Bus, über 80 Kilometer geschummelt. Aber das ist uns egal. Nein, diese Freude haben wir uns redlich verdient. Ich lege mich auf den Sand und schaue in den Himmel.

Die Sonne neigt sich dem Horizont entgegen, es wird wohl noch einen schönen Sonnenuntergang geben. Wir gehen vom Strand auf ein Hochplateau, von dem wir die gesamte Bucht überblicken können. Links von uns positionieren sich erste Fotografen. In 20 Minuten wird es schöne Farben geben, sagt mir ein Einheimischer. Da warte ich gerne. Auf einmal schieben sich doch einige Wolken vor die Sonne, sie sind plötzlich von irgendwo her gekommen. Der Himmel ist nicht mehr blau, sondern grau. Schade, denke ich enttäuscht, doch dann erkämpft sich die Sonne wieder ihren Platz zurück und kurz bevor sie untergeht, schickt sie uns ihre Strahlen direkt in die Augen und den Fotografen ins Objektiv. Wie das richtige Leben, denke ich. Regen. Sonne. Regen. Sonne. Ja, so ist das Leben und ich nehme mir vor, mehr zu genießen. Nach jedem Regentag, kämpft sich die Sonne wieder hervor. Und so geht es immer weiter. So wird es noch sein, wenn wir nicht mehr da sind.

Das Abendessen im Zentrum von Finisterre ist typisch. Es gibt für 10 Euro erneut ein Pilgermenü, diesmal mit viel Fisch. Erregt werten wir die letzten Tage aus. Unsere Tochter ist begeistert, auch sie hat das Pilgervirus erfasst.

Wir werden ihr einem Monat später zum Geburtstag eine solche Reise schenken. Jedem tut das gut. Jeder wird mal eine Auszeit brauchen.

Tag 42 - 11. April

Was für eine Raupe das Ende der Welt ist, nennt der Meister einen Schmetterling.
R. Bach

Finisterre - Santiago

Glücklich und erschöpft wache ich auf. Die Nacht war voller Träume, nicht nur schöne, aber siegreiche. Ich merke an jeder Faser meines Körpers, dass ich nicht zurück will. Zum Glück haben wir noch den ganzen Vormittag Zeit. Erst um 14 Uhr wird das Taxi kommen. Da der Hotelier 100 Euro für eine Taxifahrt zurück nach Santiago verlangt, sein Trinkgeld wohl inbegriffen, entscheide ich mich, später zu einer Albergue zu laufen, um dort ein Taxi zu bestellen. Dies war eine gute Idee, denn dort wird es nur noch 80 Euro kosten.

Vorher gehen wir jedoch wieder an den Hauptstrand. Wir wollen nochmals nach den Muscheln schauen, aber der Strand gibt (noch) nichts preis. Vereinzelt laufen ein paar Hunde hin und her, manchmal auch Menschen, doch der Strand ist so riesig, dass man ganz privat sein kann. Meine Frau und meine Tochter fangen sofort mit der Suche an, ... und werden fündig. Es sind nur Mini-Jakobsmuscheln, und doch ist es eine Riesenfreude. Hurra, wir haben Muscheln gefunden, das spornt alle an. Unsere Ausbeute wird immer besser, so dass ich zur Albergue ins Dorf gehe, um das Taxi für später zu bestellen.

Auf dem Rückweg vom Zentrum *Finisterre* traue ich meinen Augen nicht. Es ist Ebbe und das Meer zieht sich unerwartet schnell zurück. Und tatsächlich, das war die große Hoffnung, überall werden Muschelbänke frei. Ich ziehe meine Schuhe aus und laufe dem Meer entgegen. Und, ich finde echte Jakobsmuscheln. In der Ferne sehe ich meine Frau und meine Tochter das Gleiche machen, ein Wettbewerbsfieber ist in uns erwacht. Wollen wir doch mal sehen. Und nach 30 Minuten sind vier große Jakobsmuscheln gefunden. Stolz, nein mehr als stolz, kehre ich zurück. Dort werden mir ihre Funde präsentiert und man einigt sich auf Unentschieden, obwohl ich definitiv die schöneren Muscheln gefunden habe. Soll es so sein. Glücklich liegen wir in der Sonne und schauen in den Himmel. Es sind wieder 30 Grad. Finisterre verabschiedet sich von seiner besten Seite, und das im April. Solches Wetter ist nicht normal. Wir schauen in den Himmel und reden miteinander, dann entscheiden wir, der alten Tradition folgend, doch etwas zu verbrennen. Wir graben ein Loch und werfen all das hinein, von dem wir uns trennen wollen oder sollen, dann zünden wir es an. Mittlerweile sind zahlreiche Menschen an den Strand gekommen, sie alle wollen die Ebbe nutzen und Muscheln finden. Wir sind sozusagen – endlich - am Muschelstrand gelandet. Auch die Einheimischen sind an ihrem *Langosteira*. Ich entscheide mich, noch einmal baden zu gehen und renne ins Meer hinaus. Diesmal ist das Meer ruhig, kein Vergleich zu gestern, aber da waren wir ja auch auf der Westseite, dort waren wir dem Atlantik zugewandt. Hier sind wir in einer schützenden Bucht. Entspannt schwimme ich mit kräftigen Zügen durch das kalte Wasser. Es ist das erste Baden im Meer seit zwei Jahren, es tut unheimlich gut. Es gibt Kraft. Und es gibt Sicherheit. Weit schwimme ich hinaus, ich weiß, dass ich beschützt werde. Und auf dem Rückweg schenkt mir der Heilige Jakob sein Abschiedsgeschenk für diesen Weg. Vor meinen Augen wird eine handgroße Jakobsmuschel durch das Wasser getrieben. Sie treibt 10 cm vor mir her, schwebt und treibt immer wieder hin und zurück. Ich kann mein Glück nicht fassen und jage ihr hinterher, dann habe ich sie und renne mit erhobener Hand ans Land. Meine Familie traut ihren Augen nicht, meine Frau freut sich riesig für mich. Sie hat mir diese Reise ja so gewünscht. Gesund im Geiste sollte ich werden, mich wieder freuen können. Die Arbeit der letzten Jahre hat mich ziemlich ausgelaugt. Ich war nicht mehr wie früher, vieles war verschüttet. Wann hatte ich in den letzten Jahren eine solche Freude? Verantwortung nimmt definitiv den Humor. Mein Wesen hat sich unter der Last der Manager-Jahre verändert. Niemals möchte ich sowas wieder machen, bei all den Erfolgen, bei all dem Geld. Glücklich nehme ich meine Jakobsmuschel. Sie wird zu Hause ihren Ehrenplatz bekommen und mich an diese Zeit erinnern. Ich sage nur *Wall-of-Fame*, meine Frau zeigt mir lachend einen Vogel. Möge diese Muschel die Gefühle immer wieder abrufen können. Heiliger Jakob, ich danke dir von ganzem Herzen.

Meine Tochter freut sich nicht ganz so. Sie stampft erbost auf und rennt zum Wasser. Ihr Papa, eine so große Muschel, das geht gar nicht. Und - das ist das Geheimnis des Weges - das ist seine Magie - sie findet tatsächlich eine noch größere. Auch diese wird ihr vor die Hände gespült. Man kann sie nicht suchen, man kann sie nicht erwarten, sie würde an den Steinen des Strandes zerschellen, so filigran ist sie, nein, diese Muschel wird ihr direkt in die Hände gespült. Sie stößt einen riesigen Freudenschrei aus. Alles ist gut.

Ja, alles ist gut.

Als das Taxi kommt, sind wir alle noch im Hochgefühl. Die Rückfahrt wird rasant, leider zu rasant, meiner Tochter wird nach 45 Minuten so schlecht, dass der Taxifahrer danach nur noch 30 km/h fährt. Bitte nicht auf die Bezüge, mag er denken. Über Geheimwege kommen wir in unserem alten Hotel San Francisco an. Santiago, ja Santiago, was haben wir hier nicht alles erlebt. Ich denke wieder an Jim und Therese, an Agnes und Luisa und an das Glückskind Eddy. Und ein warmes Gefühl durchströmt mich. Und doch ist es was anderes hier rein zu fahren, als rein zu pilgern. Ich möchte aber unbedingt noch ein letztes Mal Pilger sein und ich muss nochmals in die Kathedrale. Meine Familie stimmt zu, wir haben noch drei Stunden Zeit. Die Kathedrale wirkt jedoch ganz anders als an Ostern, sie ist nahezu leer, sie ist ruhig und majestätisch, der *Botafumeiro* hängt ruhig an seinen Seilen. Wir entschließen uns, diese Reise nun endgültig zu beenden und gehen nochmals zur goldenen Büste des Heiligen Jakobs. Seit langen Zeiten kann man von hinten an die Büste herantreten und den Heiligen Jakobus umarmen. Eine tolle Tradition. Ich stehe oben und blicke hinunter in den Kirchenraum, vereinzelt sieht man Menschen, vereinzelt hört man Gespräche. Dann bin ich an der Reihe und lege meine Arme ganz fest um diese Goldstatue. Heiliger Jakob, ich danke dir für eine der schönsten und wichtigsten Reisen meines Lebens..., beginne ich und in meinem Kopf gibt es ein Feuerwerk. Ich stehe da, schaue auf die Kathedrale hinunter und küsse der Statue auf den vergoldeten Nacken. Dann steige ich hinab.

Es ist ein Hinabsteigen in ein neues Leben.

Das ist die Garantie des Weges.

Ich wünsche den Lesern alles, alles Gute für Ihren ganz persönlichen Weg.

Buen Camino!

Anhang

Weitere Texte aus dem Kartenspiel: Der spanische Jakobsweg

Wenn Du das tust, was Du immer getan hast, wirst Du auch das bekommen, was Du immer bekommen hast.
H. Ford

Jede Begegnung ist eine Chance, Deinen Weg zu gehen.
Ch. Brandstetter

Tu was Du kannst, mit dem was Du hast, wo immer Du bist.
Th. Roosevelt

Nicht die Umstände sind es, die Dich schaffen, Du bist es, der die Umstände schafft.
B. Disraeli

Ein zahmer Vogel im Käfig singt von der Freiheit. Ein freier Vogel fliegt.
Unbekannt.

Diejenigen, die sagen es ist unmöglich, sollten diejenigen nicht dabei stören, die es möglich machen.
Unbekannt

Packliste für 6 Wochen

Um Interessierten das Packen zu erleichtern, wird hier eine geeignete Packliste angegeben. Das Gewicht des gesamten Gepäckes sollte 10% des Körpergewichtes nicht übersteigen. Überflüssiges Gepäck kann in jeder größeren Stadt mit der spanischen Post nach Hause gesendet werden (Achtung teuer).

Wäsche

- 2 Paar Wandersocken
- 1 Paar normale Socken
- 3 Paar Unterhosen (Funktionsunterwäsche)
- 3 Paar Unterhemden (Funktionsunterwäsche)
- 1 T-Shirt lang, dünn
- 1 T-Shirt lang, dick (gefüttert)
- 1 T-Shirt kurz, dünn
- 1 Schlafanzug ;-)
- 1 Badehose
- 1 Handtuch/Mikrofaser (zurück gesendet)
- 1 Wetterjacke
- 1 Regenjacke + Regenhose
- 1 Sonnen-Käppi / Sonnenhut
- 1 Wollmütze (wenn im März gestartet wird)
- 2 Schals bzw. Tücher

Schuhe

- 1 Paar mittelschwere Wanderschuhe (keine Kletterschuhe)
- 1 Paar leichte Straßenschuhe (man liebt sie am Abend)
- 1 Paar Badelatschen

Sonstiges

- Personalausweis (muss in jedem Hotel vorgelegt werden)
- Pilgerausweis, Stempelkarten
- Geld und Kreditkarten
- Handy und Ladegerät
- 1 Wanderrucksack (Leergewicht < 1 kg)
- 1 Mini-Stadtrucksack (100 g)
- 1 Lesebuch + 1 Tagebuch, Stifte
- 2 Reiseführer: Empfehlung: Camino de Santiago, 34 Etappen, Verlag Michelin + Spanischer Jakobsweg – 41 Etappen, Verlag Rother Wanderführer (man benötigt in der Tat beide)
- Brillen / Sonnenbrillen
- Toilettenartikel
- Medikamente, Pflaster, Blasenpflaster, 2 große Binden
- Handwaschpaste (jeden Abend Wäsche waschen)
- Sonnencreme
- Hirschtalg (morgens und abends für die Füße, ohne geht nicht)
- 4 Müsli-Riegel, 4 Traubenzuckerstangen, 1 Dose Salz (im Sommer)
- 1 Liter Wasserflasche
- 2 große Müllbeutel (zum Einwickeln der Wäsche im Rucksack bei Regenwetter)
- 1 Taschenmesser mit Weinöffner
- 1 Klappmesser (zurück gesendet)
- 1 Schlafsack (zurück gesendet)
- 1 Taschenlampe (zurück gesendet)
- 1 Pfefferspray (benötigt, wegen streunender Hunde)
- 1 sogenannter Sorgenstein für das Cruz de Ferro (von zu Hause oder Beginn des Weges)
- 1 Jakobsmuschel (am Rucksack, Erkennungszeichen der Pilger)
- 1 Pilgerstab oder ein paar Wanderstöcke (ohne geht nicht!)

Etappen, Hotels und Empfehlungen in der Übersicht

Im Folgenden gebe ich eine Übersicht über die Etappen und eine persönliche Kurzeinschätzung der Unterkünfte.

Dabei ist zu beachten, dass es immer nur *spontane Einschätzungen* sind. Ein unfreundlicher Wirt könnte am nächsten Tag ganz anders auftreten und eine andere Bewertung erhalten oder umgekehrt.

Bei den Entfernungen sollte man so planen, dass man anfangs nicht mehr als 20 Kilometer pro Tag läuft. Je nach Kondition kann man sich später bis auf 40 Kilometer täglich steigern, jeder muss hier sein Optimum finden. Am besten für die meisten Pilger sind ca. 25 Kilometer pro Tag. Etappe 11 und 21 muss man daher teilen oder man muss 10 bis 25 Kilometer trampen. Bei Etappe 11 kann man zusätzlich in Belorado übernachten, bei Etappe 21 in Villadangos. Etappe 14 könnte man auch teilen und in Hornillos absteigen. Auch Etappe 24 kann man aufteilen und in Acebo übernachten. Dies ist dann auch die einzige Änderung, die wir nachträglich machen würden, sollten wir die Reise wiederholen. Acebo ist ein sehr schöner kleiner Ort in den Bergen.

Zu achten ist immer auf Wasser. Die gesamten Strecken - außerhalb der großen Städte - sind viel weniger touristisch erschlossen als man erwarten würde.

In allen Unterkünften haben wir in guten und immer sauberen Doppelzimmern übernachtet. Es gibt europäischen Stromanschluss, jeder Rasierapparat oder Fön kann angeschlossen werden. Die meisten Unterkünfte waren zentral gelegen, in Dörfern erübrigt sich die Einschätzung. Lag eine Unterkunft wider Erwarten außerhalb, ist das in der Tabelle vermerkt. Die Kosten einer Unterkunft für 2 Personen lagen zwischen 45 Euro (Privatzimmer) und 90 Euro (4 bis 5 Sterne Hotels) pro Doppelzimmer, manchmal mit, manchmal ohne Frühstück. Überraschend ist, dass selbst sehr gute Hotels am Wege preiswert sein können. Es lohnt sich nahezu immer, auch diese Hotels anzufragen.

	Etappe	km	Bewertung der Etappe	Ankunftsort	Unterkunft	Bewertung
1	Anreise		Flug, Bus, Taxi	Pamplona	Hostal Arriazu (zentral)	++
2	Roncesvalles-Aurizberri	6	Schwer: 1 Gesamt: ++	Aurizberri	Hostal Rural Haizea	++
3	Aurizberri-Larrasoaña	21	Schwer: 3 Gesamt: +++	Larrasoaña	Pension Tau	+++
4	Larrasoaña-Pamplona/ Cizur Menor	22	Schwer: 2 Gesamt: ++	Cizur Menor	AC (Marriott) Hotel Zizur Mayor	++
5	Cizur Menor-Puente la Reina	20	Schwer: 3 Gesamt: +++	Puente la Reina	Albergue/Hotel Jakue, Privat-zimmer	++
6	Puente la Reina-Estella	22	Schwer: 2 Gesamt: ++	Estella	Hospederia Cha-pitel (zentral)	+++
7	Estella – Los Argos	22	Schwer: 2 Gesamt: ++	Los Argos	Hostal Suetxe (Baustelle)	-
8	Los Argos - Logroño	28	Schwer: 2 Gesamt: +++	Logroño	Hotel Carlton Rioja (10min vom Zentrum)	++
9	Logroño - Nájera	31	Schwer: 2 Gesamt: ++	Nájera	Hotel Duques de Nájera (zentral)	++++
10	Nájera – Santo Domingo de la Calzada	21	Schwer: 2 Gesamt: ++	Santo Do-mingo de la Calzada	Parador de Santo Domingo de la Calzada (zentral)	+++++
11	Santo Domingo de la Calzada - Atapuerca	55	Schwer: 3 Gesamt: +++	Atapuerca Santoven de Oca	Hotel Sierra de Atapuerca (8 km ausserhalb)	+
12	Atapuerca - Burgos	22	Schwer: 1 Gesamt: +	Burgos	Hotel Fernán Gonzáles (zentral)	+++
13	Burgos	0	Gesamt: +++	Burgos	Hotel Fernán Gonzáles	+++
14	Burgos - Cas-trojeriz	40	Schwer: 3 Gesamt: +++	Castrojeriz	Pension/Hotel El Meson	+++
15	Castrojeriz - Frómista	23	Schwer: 2 Gesamt: +++	Frómista	Hostal Camino de Santiago	+
16	Frómista-Carrion de los Condes	20	Schwer: 1 Gesamt: +	Carrión de los Condes	Hostal Santiago (zentral)	++

17	Carrion de los Condes - Sahagún	39	Schwer: 2 Gesamt: +	Sahagún	Hostal la Codornitz	-
18	Sahagún – Mansilla de las Mulas	37	Schwer: 1 Gesamt: +	Mansilla Mayor	Guest House Joaco (Casa)	+
19	Mansilla de las Mulas - León	20	Schwer: 1 Gesamt: +	León	Hotel Conde Luna (zentral)	+++
20	León	0	Gesamt: +++	León	Hotel Conde Luna	+++
21	León - Astorga	48	Schwer: 2 Gesamt: ++	Astorga	Hotel Ciudad de Astorga (zentral)	+++
22	Astorga	0	Gesamt: +	Astorga	Hotel Ciudad de Astorga	+++
23	Astorga - Rabanal de Camino	20	Schwer: 2 Gesamt: ++	Rabanal de Camino	Apartamentos Rurales (weit ausserhalb)	+++
24	Rabanal de Camino - Ponferrada	33	Schwer: 4 Gesamt: +++	Ponferrada	Hotel Aroi Bierzo Plaza (Marktplatz)	+++
25	Ponferrada - Villafranca del Bierzo	23	Schwer: 2 Gesamt: +++	Villafranca del Bierzo	Hotel Posada Plaza Mayor (Marktplatz)	+++
26	Villafranca del Bierzo – Las Herrerías	22	Schwer: 1 Gesamt: +	Las Herrerías	Centro de Turismo Rural Paraiso	++
27	Las Herrerías - Fonfría	22	Schwer: 4 Gesamt: ++++	Fonfría	Albergue A Reboleira	+++
28	Fonfría - Samos	19	Schwer: 2 Gesamt: +++	Samos	Hotel A Veiga	++++
29	Samos - Sarria	12	Schwer: 2 Gesamt: ++	Sarria	Pension Escalinata (zentral)	++
30	Sarria - Portomarín	22	Schwer: 2 Gesamt: ++	Portomarín	Hotel Villa Jardim (zentral)	+++
31	Portomarín – Palas de Rei	25	Schwer: 3 Gesamt: ++	Palas de Rei	Hotel Complejo la Cabaña	++
32	Palas de Rei - Salceda	38	Schwer: 2 Gesamt: ++	Salceda	Albergue Turistico Salceda	+++
33	Salceda - Labacolla	18	Schwer: 2 Gesamt: ++	Labacolla	Hotel Ruta Jacobea	++
34	Labacolla- Santiago	10	Schwer: 1 Gesamt: ++	Santiago	Hotel Monumento San Francisco	+++++
35	Santiago	0	Gesamt: ++++	Santiago	Hotel Monumento San Francisco	+++++

36	Santiago	0	Gesamt: ++++	Santiago	Hotel Monumento San Francisco	+++++
37	Santiago - Negreira	22	Schwer: 3 Gesamt: ++	Amés bei Negreira	Casa Alda Gasamans in Amés (3 km abseits)	+++
38	Negreira - A Picota/ Mazaricos	33	Schwer: 2 Gesamt: ++	Picota/ Mazaricos	Casa Jurjo	-
39	Logoso – Muxia - Logoso	0	Badepause	Logoso	Albergue O Logoso	++
40	Logoso - Cee	16	Schwer: 2 Gesamt: +++	Cee	Hotel Insua	+++
41	Cee–Cap Finisterre	18	Schwer: 2 Gesamt: +++	Finisterre	Hotel Playa Langosteira (Achtung: nicht zentral)	+
42	Rückreise		Taxi, zurück 80,-€	Santiago		

Legende

Schwierigkeitsgrad:
1 – leicht, 2 – mittel, 3 – schwer, 4 – sehr schwer

Gesamteinschätzung der Etappe:
- nicht zu empfehlen, + ok, ++ schön, +++ sehr schön, ++++ exzellent

Gesamteinschätzung der Unterkünfte:
- nicht zu empfehlen, + ok, ++ gut, +++ sehr gut, ++++ exzellent, +++++ Luxus

Website für Albergues am Camino: www.redalberguessantiago.com

Website für gehobene Hotels am Camino: www.posadasdelcamino.com

FSC
www.fsc.org
MIX
Papier | Fördert
gute Waldnutzung
FSC® C083411

Zeitfracht Medien GmbH
Ferdinand-Jühlke-Straße 7
99095 Erfurt, Deutschland
produktsicherheit@kolibri360.de